訳者まえがき

本書は一般の読者向けに書かれており、この翻訳もできるだけ読みやすいものとなるように心掛けてきた。従[illegible]説といったものをここで書く必要はないかもしれない。しかし、本書[illegible]ある「福祉」と「潜在能力」については一言付け加えておいた方がい[illegible]

「福祉」は'well-being'[illegible]によれば、'well-being'とは、満足のいく状態、安寧、幸福などと訳[illegible]六七頁で「個人の福祉は、その人の生活の質、いわば「生活の良さ[illegible]ができる。」と述べている。このように「福祉」とは「暮らしぶりの[illegible]はであって、福祉政策や福祉サービスを指すものではない。

一方、「潜在能力」は[illegible]ある。日本語の「潜在能力」とセンが使う'capability'にはかなりズ[illegible]われる。しかし、センの'capability'に対応するようなピッタリした訳語がなく[illegible]また[illegible]この言葉が訳として広まっているために、この翻訳でも「潜在能力」という訳語を用いることにする。潜在能力については、第三章で詳しく説明されるので、ここでは最低限の解説に留めておく。

「潜在能力」は「機能」の集合として表される。「機能」とは、人の福祉(暮らしぶりの良さ)を表す様々な状態(○○であること)や行動(○○できること)を指す。例えば、「適切な栄養をとっている」「健康である」「教育を受けている」などである。センが機能に注目するのは、人の福祉を直接表すからである。これに対し、所得や効用や資源などは人の福祉の手段や結果を表すものであり、人の福祉そのものとの間にギャップを生じる。この点は、人間の多様性を考慮した場合に特に深刻なものとなる。センが「機能」に注目するのはこのためである。

「潜在能力」は、ある人が選択することのできる「機能」の集合である。すなわち、社会の枠組みの中で、その人が持っている所得や資産で何ができるかという可能性を表すものである。ここで注意すべきは、なにができるかは社会のあり方からも影響を受けるということである。差別を受けていて、できることが限られる場合には、「潜在能力」はそれだけ小さくなる。このように「潜在能力」を用いることによって、差別などの分析が可能となる。「潜在能力」が大きいほど、価値ある選択肢が多くなり、行動の自由も広がる。「潜在能力」は、この意味で「自由」と密接に結びついた概念である。

はじめに

本書は、表題(Inequality Reexamined)が示しているように不平等を考え直すことを目的としている。同時に、社会制度全般の評価にも関わっている。前者は後者に依存しているのである。

何の平等か

平等についての分析や評価の中心にある問題は「何の平等か」であると、私は本書で主張したい。また社会制度の倫理的アプローチの中でも歳月の試練に耐えて生き残ってきたもののほとんどは、何かについての平等、すなわち、その理論の中で重要な位置を占める何かについての平等を求めているという特徴を持っているという点で共通しているということも主張したい。(もしそう呼んで良ければ)「所得平等主義者」が平等な所得を求め、「厚生平等主義者」が厚生水準の平等を求めるように、古典的な功利主義者も全ての人々の効用に等しいウェイトが与えられるべきであると主張し、また純粋なリバタリアン〔訳注1〕もあらゆる種類の権利や自由が平等に与えられることを要求している。かれらは皆、本質的には平等主義者であり、各々のアプローチにとって極めて重要と見なすものを全ての人が平等に持っていなければならないと主張する点で共通している。これまでの議論の中でしばしば行われてきたように、争点を平等主義者と反平等主義者との間の対立と見てしまうと、この問題の中心的なものを見失うことになる。

ある面ではみな平等主義者であるという共通した特徴は、あるレベルで全ての人々に対して等しい関心を払う必要があるということを意味しており、社会制度に対する提案がそのような特徴を欠いては社会に受け入れられないということも主張したい。

中心的平等とそこから生じる不平等

「何の平等か」という問いの決定的に重要な役割は、様々な思想間の論争を、それらの思想がそれぞれ何の平等を追求すべき社会的課題と見なしているのかという基準で整理できるという点にある。そして、これらの諸要求が、それ以外の社会的取決めの性質を決めることになる。ある理論が一つの変数〔訳注2〕について平等を要求することは、その他の変数に関して平等主義的でないかもしれない。それは、これら二つの変数が対立する可能性が十分あるからである。

例えば、ある種のエンタイトルメント〔訳注3〕に関して等しい権利を要求するリバタリアンが、権利の平等と同時に所得の平等を要求することはできない。あるいは、効用のどの一単位にも等しいウェイトを与える功利主義者は、この要求と矛盾することなく自由や権利の平等を要求することはできない(そして、その場合には、各個人が享受する総効用を等しくすることも要求できない)。「中心的」と見なされている社会的課題の平等を求めることは、中心的ではない「周辺的なもの」の不平等を受け入れることを意味する。争点は、結局、何を中心的な社会的取決めと見るかである。

不変の要求と条件付きの性質

「何の平等か」という問いに対して与えられる解答は、社会制度に関する倫理の諸理論を分類する基礎として用いることができる。このような分類上の原理は、それぞれのケースで何が不変の属性であり、何が条件付き、あるいは付随的であるかを明らかにする。例えば、ある種の個人の自由が全ての人に平等に分かち合われるように求めるリバタリアンにとって、ある状況の下で所得の平等が自由の平等と同時に達成されたとしても、その人は一人のリバタリアンとしてそれに反対する必要はない。しかし、状況が変わった時に保ち続けるべきものは、自由の平等の方であって、たまたま達成された所得の平等の方ではない。

これに関連して、ウィラード・クワインが最近私に示唆してくれたのは、(一)(実際の関係が変わった時にも)守られるべき平等にもとづいた社会制度の倫理学を分類する原理と、(二)フェリックス・クラインがエルランゲン・プログラム〔訳注4〕で幾何学の総合化を試みた時に用いた分類の原理、すなわち、ある種の変換を行っても不変にとどまるような次元を基準にした分類の原理とを比較してみるべきだということだった。両者の間には、ある重要な関係があり、しかもその関係は示唆に富むものであると考えられるが、本書ではこの関係を考察することはしない。

人間の多様性と異なる平等

「何の平等か」という問いの重要性は、現実の人間の多様性から生じているのであり、一つの変数を基準にして平等を求めることは、単に理論上だけでなく現実的にも他の変数における平等の要求と衝突することが多い。わたしたちは、外的な状況(例えば、資産の所有、社会的な背景、環境条件など)においてだけでなく、内的な特質(例えば、年齢やジェンダー、一般的な力量があるか、特別な才能があるか、病気にかかりやすいかどうか、など)においてもまた実に多様である。ある面で平等主義を主張することが、ほかの面での平等主義を拒否することになるのは、まさにこのような人間の多様性のためなのである。

このように、「何の平等か」という問いの本質的な重要性は、人間の多様性という現実に関わっている。(「全ての人間は平等に創られている」といったような)人間の同一性を前提にして(理論的もしくは現実の)不平等の考察を進めると、問題の重要な側面を見落とすことになる。人間の多様性は、（無視したり、後から導入すればいいという程度の）副次的な複雑性ではない。私たちが平等に対して関心を持つのは、この多様性が人間の基本的な側面だからである。

自由と潜在能力への注目

本書では、以上のような議論、それらを提示する理由、そしてそれらの主張が持っている一般的な含意から始める（これらの論点は、第一章で取り上げられる）。本書の残りの部分は、このような分析の流れに従っており、平等というものの一般的な性質を論じることから出発して、次第に「何の平等か」という問いに答える一つの方向に進むことにする。

ここで選んだアプローチは、わたしたちの人生を構成する、価値ある「機能」を成し遂げる「潜在能力」、より一般的には、わたしたちが十分な理由をもって価値あるものと認めるような諸目的を追求する自由に焦点を当てる（実は、ある段階までは本書には『平等と自由』という題が考えられていた）。私は功利主義や自由主義からロールズの「公正としての正義」に至るまでのあらゆる種類の理論を論じることによって、中心的な問いに対する他のアプローチから私のアプローチを区別する。実際のところ、知的な面で私がジョン・ロールズに負うところが大きいことは疑いない。私はかなりの領域まで彼の論法に導かれている。そして、(例えば、ロールズの「基本財」よりも自由の広がりの方に焦点を置くなど)私が違った方向へ進んでいく時も、その決断は、ロールズの理論を明示的に批判することから出発している。

方法と内容に関わる主張

本書は、不平等という問題を取り扱う一般的なアプローチを発展させることと同時に、どのようにしたら社会制度を評価することができるのかという、ある特定の内容に関わるアプローチを探求する。序章では、本書で提示される議論の主な流れをまとめている。

クズネッツ講義やその他との関連

本書は、一九八八年四月にイェール大学で行ったクズネッツ記念講演に基づいている。私は経済成長センターおよびポール・シュルツ同所長からいただいた招待と歓待、そして知的刺激に感謝している。経済の性質について私が知っている事柄の多くはサイモン・クズネッツの著作の影響を強く受けており、この講義を通じて彼の記念に貢献できるのは大変光栄なことである。

他にも関連するものがある。本書の様々な部分は、デリー経済大学(一九八六年)、テキサス大学(一九八六年)、ケンブリッジ大学(一九八八年のマーシャル講義)、ピッツバーグ大学(一九八八年のマリオン・オッケリー・マッキー講義)、およびルーヴァン大学経営工学・計量経済学センター(一九八九年)で行った関連したテーマについての講義にも基づいている。私はまた、いくつかの関連したテーマについて王立経済学協会(年次講演、一九八八年)、国際経済学会(会長講演、一九八九年)、インド経済学会(会長講演、一九八九年)で講義を行った。こうした機会において行われた討論でのコメントや批評から私は多くのことを学んだ。

謝　辞

この研究に対してラッセル・セージ財団から一九八八年夏に研究助成を頂いたこと、また当財団総裁であるエリック・ワーナー博士が関心を持たれ励ましを頂いたことに対して篤く御礼申し上げたい。クラレンドン出版のアンドリュー・シュラーさんと、ハーバード大学出版会のアイダ・ドナルドさんからも数多くの有益な助言を頂いたが、これらの方々にも篤く御礼申し上げたい。研究の中にはロンドン大学(LSE)滞在中に行われたものもあり、その中でも特にSTICERD研究センターではニコラス・スターン所長の下、ルーバ・マンフォード氏の効率的な運営による素晴らしい研究環境には感謝している。

本書の初期の草稿はA・B・アトキンソン、スーザン・ブリソン、ジャン・ドレーズ、ジェイムズ・フォスター、シディック・オスマニ、デレック・パーフィット、ダグラス・リー、グスタフ・ラニス、ジョン・ロールズ、エマ・ロスチャイルド、ポール・シュルツ、およびバーナード・ウィリアムズに読んでいただいたが、これらの方々から無数の有益なご教示を頂いた。本書の一部はまたウィルフレッド・ベッカーマン、ジョー・デュ・ボー、モッシェ・ハルバータル、スティーブン・ハウエス、アタール・フセイン、ロバート・コヘイン、ピーター・ランジョウ、スティーブン・マーグリン、ジェイムズ・マーリス、マーサ・ヌスバウム、サンジャイ・レディ、およびトマス・シェリングに読んでいただいたが、この方々のコメントは極めて有益であった。何年にもわたってこれらの主題や関連する主題について多くの人たちとの討論から多くのことを得る機会にも恵まれた。そして、スティール・アナンド、ケネス・アロー、プラナブ・バルダン、カイシク・バスー、ピーター・バウアー、アンドレ・バタイユ、チャールズ・ブラッコルビー、クリストファー・ブリス、ジョン・ブルーム、ジェイムズ・ブキャナン、G・A・コーエン、ダグラス・デイシー、ラルフ・ダーレンドルフ、パーサ・ダスグプタ、クロード・ダスプリモン、アングス・ディートン、メグナド・デサイ、バスカー・デュッタ、ロナルド・ドゥウォーキン、ウルフ・ガートナー、ルイ・ジュヴェー、ジョナサン・グローバー、ジェイムズ・グリフィン、キース・グリフィン、ピーター・ハモンド、マバーブ・ウル・ハック、リチャード・ヘアー、アルバート・ハーシュマン、エリック・ホブズボーム、ラル・ジャヤワルディナ、クマリ・ジャヤワルディナ、ラヴィ・カンブー、ナナク・カクワニ、ジョン・ナイト、リチャード・レイヤード、アイザック・レヴィ、ジョン・マッキー、ムクル・マジュムダール、ジョン・ミュルバウアー、アムルヤ・ラトナ・ナンダ、ロバート・ノージック、プラサンタ・パタナイク、ヒラリー・パトナム、ルース・アンナ・パトナム、ウィラード・キューネ、V・K・ラマチャンドラン、マーティン・ラヴァリオン、アショーク・ルドラ、トーマス・スキャンロン、A・F・シャロックス、T・N・スリニバサン、デイビッド・スターレット、ヒレル・シュタイナー、フランシス・スチュアート、ポール・ストリーテン、鈴村興太郎、ラリー・テムキン、フィリップ・ファン・パリス、パトリシア・ウィリアムズ、ベングト・クリスター・イサンダー、シュテファーノ・ザマニ、およびヴェラ・ザマニに感謝する。

チトリタ・バネリ、シュテファン・クラセン、およびサンジャイ・レディからは貴重な研究補助を受けた。また、ジャッキー・ジェニングスとアンナ・マリー・スヴェドロフスキーから、組織的なご支援を受けたことにも感謝したい。

いくつかの表記上の注意点

最後に表記上の側面について二、三の注意をしておく。第一はジェンダーや言葉遣いについての問題である。本書の内容は様々な形でのジェンダーの不平等の問題を含むものである。しかし、ここで言っているのはそういった内容に関わることではなく、ジェンダーを表す代名詞の使い方が整合的でないように見えること、すなわち、ある時は「彼」を使い、ある時は「彼女」を使い、またある時には「彼あるいは彼女」を使ったりすることがあることである。「彼」という言葉だけを女性と男性の両方に使うことは性差別主義として咎められることであろう。反対に「彼女」だけを使うことはなんとなく意識のしすぎということがあるし、またおかしいだろう(逆の方向の差別として咎められることであろう)。どこでも、いつでも、「彼あるいは彼女」を使うのはくどいし、煩わしいし、また格好も良くない。代名詞の男女の形式に象徴的な重要性を付与しないのであれば、自然なのは違った形式を入れ替え可能な形で用いること、そして、このやり方に矛盾を感じないようにすることであろう。これが、私が試みたことである。〔訳注5〕

第二に、正式に経済学の訓練を受けた人たちよりももっと広範な読者に私の考えが届くようにしたかったので、私は専門的な概念や数学的な表現はできるだけ少なくするようにした。そのため特定化すべき余地を残してしまったことも時にはあったが、そういった問題については、より深く論じた他の著作(私自身のものも含めて)に言及しておいた。

第三に、本書に含まれている長い参考文献リストは読者を当惑させるかもしれない。しかし、この分野の研究成果は多様かつ膨大で、それらから得るものも多かったので、この膨大な著作全体の存在を知らせないのは誤りであろう。本書はこれらの研究を総合するのではなく、これまでの伝統からは幾分違った方向で不平等を論じることを目的とする。しかし、そのためには伝統との違いがどこにあるのかを知るためだけであっても、過去や現在進行中の研究の位置付けをはっきりさせておかなければならない。引用された著作には異論が出されているものもあるが、それらを取り上げることで得るべきものも多い。また、この文献リストが読者の役に立つことを願っている。それらは不平等分析の様々な側面を含んでいるので、読者によって違った部分が役に立つであろう。いずれにせよ、私は驚きあきれる読者をかえりみずに突き進むことにする。

訳注

〔1〕　リバタリアンとは、リバタリアニズムを支持する人々の総称。リバタリアニズムとは、自由尊重主義、完全自由主義、自由至上主義などの訳語が当てられる言葉で、社会的平等の実現のために国家に大きな活動の義務と権限を与える「リベラリズム」に対して、それへの反省から、社会的平等よりも個人的自由の確保と国家権力の制限を重視する立場を表現するもの(『岩波　哲学・思想事典』岩波書店、一九九八年、参照)。

〔2〕　ここで変数とは、例えば所得、富、自由などを指している。

〔3〕　エンタイトルメントとは、他者の手によって付与された諸権利・諸機会の行使を通じて、ある個人が自由に使える財貨の組合せを意味し、所有および交換はその下位概念に位置付けられる。センは、飢えは誰がどのくらいの食糧を入手できるかを決定する現実の財と人間

の関係、そしてその背景にある所有権の構造が重要であると考える。エンタイトルメントは、その所有構造の分析のために提案した概念。エンタイトルメントはリバタリアンのノージックが用いた「権原」、すなわち、正義の原理に従って正しい手続きによって財を取得した人がその財に対して持つ「正当な資格」という規範的な意味で用いられることもある。しかし、センのエンタイトルメントは、リバタリアンのノージックが用いた「権原」とは違ってあくまで記述的な概念であり、他者による承認・資格付与という回路を通じて所有権の正当化がなされることに注意を喚起することをねらったものである。川本隆史『現代倫理学の冒険』(創文社、一九九五年)四四—四五頁、および一三九—一四〇頁参照。

〔4〕　エルランゲン・プログラムは、フェリックス・クライン(一八四九—一九二五)が一八七二年に行った提案。非ユークリッド幾何学などいろいろな幾何学の性質やそこで与えられた空間は、その空間の写像(具体的には全単射)の中で、対応する幾何学的構造を保存するもの全体のつくる変換群によって規定されるので、この点に注目して様々な幾何学での空間を組織的に研究しようとするもの。S・マックレーン／彌永昌吉監修、赤尾和男・岡本周一共訳『数学——その形式と機能』(森北出版、一九九二年)参照。

〔5〕　日本語の場合、性別を特定する必要のないケースもあり、例えば、「彼」や「彼女」を「その人」のような性とは関係のない語に訳しているところもある。

目　次

訳者まえがき
はじめに
序章　問題とテーマ …… 1
第一章　何の平等か …… 19
1　なぜ平等か、何の平等か　19
2　公平さと平等　25
3　人間の多様性と基礎的平等　28
4　平等 対 自由？　31
5　複数性と平等の「空虚さ」　33

6 手段と自由 37
7 所得分配、福祉、自由 40
第二章 自由、成果、資源……53
1 自由と選択 53
2 実質所得、機会、選択 56
3 資源とは区別された自由 59
第三章 機能と潜在能力……67
1 潜在能力の集合 67
2 価値対象と評価空間 70
3 選択とウェイト付け 72
4 不完全性——原理的なものと実際的なもの 75
5 潜在能力か機能か？ 79
6 効用 対 潜在能力 85

第四章　自由、エージェンシーおよび福祉……97
1　福祉とエージェンシー　97
2　エージェンシー、手段および実現　99
3　自由は福祉と対立するか　101
4　自由と不利な選択　107
5　コントロールと有効な自由　109
6　飢え、マラリアその他の病気からの自由　113
7　福祉の妥当性　117
第五章　正義と潜在能力……131
1　正義の情報的基礎　131
2　ロールズの正義と政治的構想　133
3　基本財と潜在能力　140
4　多様性——目的と個人的特性　147

第六章　厚生経済学と不平等……159
1　空間の選択と評価目的　159
2　不足分、到達度、潜在性　161
3　不平等、厚生、そして正義　165
4　厚生に基づく不平等評価　168
第七章　貧しさと豊かさ……183
1　不平等と貧困　183
2　貧困の性質　189
3　所得の「低さ」と「不十分さ」　193
4　概念はどれほど重要なのか　197
5　豊かな国々における貧困　199
第八章　階級、ジェンダー、その他のグループ……211
1　階級と分類　211

2　ジェンダーと不平等　218
3　地域間の対照性　221

第九章　平等の要件……………………………233

1　平等に関する問い　233
2　平等、領域、そして多様性　235
3　複数性、不完全性、評価　237
4　データ、観察、そして有効な自由　242
5　総体的観点、平等主義、そして効率性　243
6　その他の不平等擁護論　247
7　インセンティブ、多様性、そして平等主義　251
8　社会的関心としての平等について　254
9　責任と公正　260
10　潜在能力、自由、そして動機　264

［訳者解説］

センの歩み……野上裕生……275
教育者としてのセン……佐藤　仁……287
翻訳を終えて……池本幸生……294
現代日本の不平等についての議論とセンの不平等論……池本幸生……299
――「現代文庫版訳者あとがき」にかえて
参考文献
索　引

序章　問題とテーマ

平等という概念は、ふたつの異なったタイプの多様性に直面している。すなわち、(一)人間とはそもそも互いに異なった存在であるということであり、(二)平等を判断するときに用いられる変数は複数存在するということである。本書は、この両方の多様性にそれぞれ関わっており、また両者の関係にも関わっている。人間は互いに異なった存在であるために、異なった変数によって平等を評価すると多様な結果が導かれる。このことが、「何の平等か」という問いを非常に重要なものにしている。

多様な人間性

人間とは全く多様な存在である。われわれは、相続した資産や自然的・社会的住環境などの外的な特性において異なっているだけではなく、年齢、性別、病気に対する抵抗力、身体的・精神的能力などといった個人的な特性においても異なっている。平等を評価する場合、人間につきまとうこのような多様性を考慮せざるをえない。

「人類の平等」という強力なレトリックは、このような多様性から注意をそらしてしまう傾向がある。このようなレトリック（例えば「人は生まれながらにして平等である」）は、平等主義の重要な要素と見なされているが、個人間の差異を無視することは実は非常に反平等主義的であり、すべての人に対して平等に配慮しようとすれば不利な立場の人を優遇するという「不平等な扱い」が必要になるかもしれないという事実を覆い隠すことになっている。対処すべき不平等が多数存在しているときには、本質的な平等を求めることは特に困難で複雑なものとなる。

しばしば人間の多様性は、「人間の平等」という「崇高な」見地からではなく、単純化の必要性という現実的な「低い」見地から無視されてきた。その結果、平等に関する中心的で重要な特徴を無視することにつながっている。

焦点の多様性

平等は、ある人の特定の側面（例えば、所得、富、幸福、自由、機会、権利、ニーズの充足など）を他の人の同じ側面と比較することによって判断することができる。このように不平等の判断はそのような比較を行う変数（所得、富、幸福など）の選択に依存している。このような変数のことを、異なった人々を比較する際に分析の焦点となる変数であるという意味で「焦点変数（focal variable）」と呼ぶことにする。

このようにして選ばれた焦点変数は、その内部に複数性を持っている可能性がある。例えば、異なったタイプの自由が組み合わさって分析の焦点となっているかもしれないし、選択された変数は自由と成果の組合せであるかもしれない。このような選択されたひとつの変数内の複数性は、いくつか選択された焦点変数の間の多様性とは区別しなければならない。しばしば基本的で均質であると見なされている変数(例えば、実質所得や幸福)も、実はそのような内的な複数性を含んでいる(1)。

われわれ経済学者がしばしば用いる類の表現を使うと、これは異なった人々を比較する時にどのような「空間(space)」[訳注1]を選択すべきかという問題である。このような空間のアナロジーは、数学の座標軸をまねたものであるとしても、分類上の工夫としては役に立つ。したがって、焦点変数の選択(すなわち「空間の選択」)の問題を不平等の評価に伴う諸問題と区別するために、それを利用することにする。

一致と不一致

異なった空間(例えば、所得、富、幸福など)における不平等の特徴は、人間の持つ多様性のために相互に異なったものとなりがちである。ある変数に関して平等であったとしても、他の変数で見た場合にも平等であるとは限らない。例えば、機会が平等に与えられているとき、非常に不平等な所得分配を生み出す可能性がある。平等な所得分配は相当の資産格差を伴っているかもしれないし、平等な資産分布は非常に不平等な幸福と共存しているかもしれない。また、平等な幸福がニーズの充足の面では大きな格差を伴っていることもあるだろう。ニーズの充足における平等が全く不平等な選択の自由と結びついていることもあろう。

もし各個人が互いに非常に似通っていれば、このような不調和の主要な原因は消え去るであろう。また、もし異なった空間における平等のランキングが相互に一致すれば、「何の平等か」という問題は重要ではなくなるだろう。しかし、実際には人間は本質的に多様であり、平等を評価する際に「焦点の多様性」を考慮することが必要になる。

多様な平等主義

社会制度に関する主要な倫理理論はそれぞれ異なった「焦点変数」を選択しているが、いずれの理論もその理論が「焦点変数」と見なすものについての「平等」を支持するという共通点を持っている。反平等的な理論であると広く認められ、またその理論を唱える人たち自身によってもしばしば反平等的であると見なされている理論でさえも、別の焦点から眺めてみると平等主義的であることを示すことができる。ある理論において、ひとつの「焦点変数」について見れば反平等的であったとしても、他の焦点変数から眺めれば平等を指向していると捉えることができる。

例えば、ロバート・ノージックが『アナーキー・国家・ユートピア』[2]で力強く展開したエンタイトルメント理論のようなリバタリアン的アプローチは広範な自由を各人に等しく保証することを優先し、所得分配や幸福など結果の平等(あるいは「パターン化」〔訳注2〕)を否定することを求めている。通常、暗黙の内に中心的な焦点変数であると見なされるものが支配的役割を果たしており、この中心的な領域で平等などの秩序を守るために、周辺と見なされる変数に関する不平等は受け入れなければならない。

妥当性と平等

平等主義が多様であるのには理由がある。ある理論が重視する空間上ですべての人々が等しい配慮を受けられないならば、その理論が倫理的な妥当性を得ることはできない(第一章)。これは論理的必然であるとか、あるいは道徳の言語を分析する研究の一部門に過ぎないと(誰かがすでにやったように)主張することはあまりにも野心的過ぎるが[3]、ある特定のレベルですべての人に等しい配慮をすることがなければ、その倫理理論が社会的に受け入れられることは困難である。

「なぜ平等でなければならないか」という問いは決して無視していいわけではないが、それはいくつかの標準的な理論を区別する中心的な論点ではない。なぜなら、いかなる理論も、ある「焦点変数」に関しては平等主義的だからである。問われなければならないのは、「何の平等か」ということである。

「何の平等か」という問いに対して、理論が異なれば答えも異なってくる。異なった答えは原則として区別することができ、それぞれ異なった概念的アプローチを持っている。しかし、このような違いが現実にどれだけ影響してくるかは、ある空間での平等を他の空間での平等から乖離させてしまうような人間の多様性が、実際上、どのくらい重要であるかにかかっている。

成果と自由

異なったアプローチの間の乖離は、単にどの空間が取り上げられるのかということ以上に、その空間を利用する方法の違いから生じることもある。標準的な不平等尺度の理論では、このような適切な指標を作るという問題が注目を集めてきた。その空間において、不平等の評価に関する受け入れ可能な公理を明示的にであれ暗黙のうちにであれ仮定することによって、効果的に分析を進めることができる。本書では空間の選択とその含意に焦点を当てるが、与えられた空間内で指標化するという問題の現実的な重要性を否定するつもりはない(実際、これは私の不平等に関する著作の主要な分析課題であった(4))。

これまで然るべき注目を浴びてこなかった不平等評価のひとつの側面は、「成果」と「成果を達成するための自由」との区別である。このような成果と自由を区別することの意味、範囲、妥当性については、差別についての基礎的概念と近代経済学の分析手法を利用して第二章で簡単に議論する。

機能と潜在能力

本書は次に、「達成するための自由」という観点から特定の空間を選び出し、展開し、さらにそれを擁護する(第三章)。個人が理性的に評価している機能を達成する潜在能力は、社会のあり方を評価する一般的なアプローチを提供する。そして、それによって平等と不平等を評価する新しい視点がもたらされる。

ここで言う「機能」とは、最も基本的なもの(例えば、栄養状態が良好なこと、回避できる病気にかからないことや早死にしないことなど)から非常に複雑で洗練されたもの(例えば、自尊心を持っていられることや社会生活に参加できることなど)まで含む幅の広い概念である。どの機能を選び、どのようなウェイトを与えるかは、様々な「機能の組合せ」の達成を可能にする潜在能力の評価に影響する。

このアプローチのルーツは、アリストテレスにまで遡ることができる。しかし、その分派は様々な異なった形式を取る。本書で展開されるアプローチは、他のアプローチに比べてそれほど断定的でもないし、完全なものでもない。同時に、それは個人間の合意に関してそれほど厳しい要求をするわけではないし、未解決の論争に対しても寛容である。

「有効な自由」の評価

単に「達成された成果」の水準だけではなく「達成するための自由」に注目することにより、成果の評価とそれを達成する自由との間に存在する重要な問題が浮かび上がってくる(第四章)。自由を重視する視点をとったとしても、実際の成果の性質と価値に対しては特別な注意を払わなければならない。そして、成果の不平等は、各個人が享受している自由の不平等を解明することにも役立つ。このような認識に立つと、選択可能な選択肢の数を数えることによって自由を評価しようとするような方法は拒否しなければならない。もっと建設的な方法は、実際の成果に関する観察可能なデータを用いることにより、各個人が享受している自由について、部分的ではあるが重要な見通しを得るというものである。

この文脈において、私は福祉上の目的と他の目的との違いについても議論したい。この違いは、自由という概念自体が持つ複数性の問題に行き着くだけでなく、成果の観点と自由の観点との乖離についても重要な意味を含んでいる。

これに関連して取り上げる論点は、ある人にとっては自由は多いほど不利になるかもしれないという可能性である。もしそれが一般的に真実であるとすれば、不平等を自由によって判断する根拠を崩すことになりかねない。真の対立は様々なタイプの自由の間で生じるのであって、単に自由とその利点との間に生じるのではない。

潜在能力と効用の違い

様々な機能によって構成される空間――そして機能を達成する潜在能力――に焦点を当てるということは、所得や富や幸福などの変数にのみ着目する従来の伝統的なアプローチとは本質的に全く異なったものである(第三章、第四章)。人間の多様性は、平等や効率性や正義を評価する時に異なった「情報的基礎」に焦点を当てることから生じる本質的な対立と密接に関連している。

特に、成果を達成する潜在能力によって平等や効率性を判断することは、標準的な功利主義のアプローチとも異なるし、他の厚生主義者の定式化とも異なる。一般的には厚生主義、中でも特に功利主義は、快楽や幸福や欲望といった心理的特性によって定義される個人の効用にのみ究極的な価値を見出す(5)。これは個々人の優位性を次の二つの方法によって取り入れた制限の強いアプローチである。その方法とは、(一)自由を無視し成果にのみ注目すること、(二)心理的尺度によって測れないような成果を無視することである。効用が個人の福祉を表す限りにおいて、この手法は極めて限定的に福祉を説明するに過ぎない。そして、それは「福祉を追求する自由」やその他の目的に対して直接注意を払うこともしない(第三章)。

このように個々人の優位性を見る方法は、固定化してしまった不平等が存在する時には特に限界がある。永続的な逆境や困窮状態では、その犠牲者は嘆き悲しみ不満を言い続けているわけにはいかないし、状況を急激に変えようと望む動機すら欠いているかもしれない。実際、根絶しえない逆境とうまく付き合い、小さな変化でもありがたく思うようにし、不可能なことやありそうにないことを望まないようにすることの方が、生きていくための戦略としてはよっぽど理にかなっている。逆境におかれている人は、たとえ困窮した生活に押し込められていても、欲望とその達成から生じる心理的状態を計測し、快楽のプラスと苦痛のマイナスを合計してみると、それほど悪い生活をしているようには見えないかもしれない。適切な栄養を摂り、そこそこの衣服を着て、最低限の教育を受け、適切に雨風を防げる場所に住むという機会すら欠いている人も、効用による評価では困窮の程度は相当に覆い隠されてしまうかもしれない。

このように効用の計算は誤った方向に導く性質を持っており、この点は階級、ジェンダー、カースト、コミュニティーに基づく持続的な差別がある場合には特に重要な意味を持ってくる。効用アプローチとは対照的に、潜在能力アプローチでは、困苦を強いられている人々が基本的な機能を達成する自由を欠いているということを直接説明することができる(第三章)。

潜在能力と機会――平等と効率性

潜在能力という視点は、これまで長い間、支配的であった「機会均等」に関わる様々な概念とも異なっている。非常に基本的な意味では、潜在能力はその人の目的を遂行する機会を文字通り意味している。しかし、「機会均等」という概念は政策論の中では、特定の手段が等しく利用可能であるとか、特定の障壁や制約が等しく適用される(あるいは適用されない)というように制限的に用いられることが多い。

このような「機会均等」は全般的な自由の平等を表すものではありえない。その根拠は、(一)人間の基本的な多様性であり、(二)標準的に定義された「機会均等」の視野には入ってこない様々な手段(所得や富など)の存在とその重要性にある。本書で提示し主張しようとしているのは、「真の機会均等」を捉える適切な方法は「潜在能力の平等」でなければならないということである(一般的に潜在能力の比較は不完全なものでしかないので、厳密に言えば、潜在能力における明白な不平等を取り除くことによって真の平等を考えなければならない)。

しかし、われわれが関心を持たなければならない社会的義務は平等だけではなく、効率性に対する要求も存在する。総体的な配慮を欠いて潜在能力の平等を達成しようとすれば、人々が持っている潜在能力の一部を奪い去ることにもなりかねない。潜在能力の平等は、それと競合する効率性、より一般的には総体的な観点に照らして考えなければならない。平等の概念の重要性は、総体的な観点、[6] あるいは広い意味での効率性の面に注意を払わずには適切に理解することはできない（第九章）。

ロールズの視点との違い

ここで特に重要なのは、潜在能力に基づく評価と所得、富、機会、自尊心の社会的基礎などを含む基本財（primary goods）の保有に焦点を当てるロールズ（Rawls 1971）のアプローチとの対比である。基本財は「公正としての正義」というロールズ理論の重要な構成要素である格差原理（difference principle）の一部分である。私自身のアプローチもロールズの影響を強く受けてはいるが、[7] ロールズのように特定の情報に限定することは、平等だけでなく効率性の本質を評価する際に非常に重要な観点を欠くことになる。[8]

両者の対比は、再び人間の基本的な多様性に行き着く。同一の基本財を持っている二人の人間でも、善（望ましいもの）と考えること（それは両者の間で一致する場合もあるし、そうでない場合もある）を遂行する自由は全く異なっているということも起こりうる。基本財によって平等（さらに言えば効率性）を評価することは、自由の程度の評価よりも自由の手段を優先することになる。このことは多くの文脈において欠点となる。ジェンダー、場所、階級、受け継がれてきた特質の格差一般に関わる不平等を取り扱うとき、この違いは非常に大きな実践的重要性を持つ。

経済的不平等と貧困

機能と潜在能力という視点は、経済的不平等を評価する際に新しいアプローチを提供する。それは、厚生経済学で標準的に用いられる情報(すなわち、所得、富、効用など)とは異なる(第六章)。また経済理論で一般に用いられる不平等の評価の分析手順に対しても疑問を投げかける。

不平等評価の理論は貧困評価の理論と密接な関係にある。どのような人々が貧困であるかをはっきりさせ、そのような人々の状態に関する情報を集計する上で、どのような変数が選ばれるかは中心的な課題となる。もし満たされるべき最低限の基本的な潜在能力が欠けている状態を貧困であると考えれば、なぜ貧困が絶対的側面と相対的側面の両方を持つのかを理解するのは容易になる。このような考え方は、貧しい国であれ豊かな国であれ貧困問題を取り扱う上で重要であるが、米国や西欧の国々のように豊かな国々の貧困の性質を理解する上で特に役に立つ(第七章)。豊かな国の貧困がなかなか解消できないのは、明らかに不可解な現象であり、今日、重大な関心が寄せられつつある。この問題を理解し取り除いていくためには、様々な領域における困窮の関係、特に安全で生きがいのある生活を送るための潜在能力と所得の関係について明示的に考慮することが重要である。

階級、ジェンダー、その他のカテゴリー

第八章では、潜在能力を用いることの妥当性を、階級、ジェンダー、その他の社会的特性における格差に関連して論じる。ここでも人間の多様性は決定的な意味を持ち、所得、機会、幸福、基本財などの変数を超えて、「機能の達成」や「機能の達成を可能にする潜在能力」を直接取り上げることの意義が強調される(第八章)。

潜在能力の視点は、固定化してしまった困窮状態に希望や期待を順応させ効用水準に歪みを生じさせている状況を効用アプローチよりも敏感に捉えることができる。また潜在能力アプローチは、自由の手段に注目するのではなく自由を直接取り扱うという点で、より公正である。このような違いは、階級やジェンダーやその他の社会的区分の間に見られる不平等や不公正を評価する上で重要である。

平等、効率性、インセンティブ

最終章は本書を要約するものでもなく、主要な結論のリストでもなく、むしろ本書が対象としている課題についての広い範囲の議論を含んでいる。そこでは、平等の分析手法上の議論と、平等の判断基準として潜在能力を用いることの本質的部分とを結びつけ

ることも試みている。この文脈で、平等は、他の要件(特に全体的な目的や全体の効率性)との関連において見ることなしには適切に評価することはできないことを論じる。平等を他の要件から切り離して眺める時、平等の評価は歪められることになろう。なぜなら、平等という概念が別の方法によって適切に取り扱うことのできる効率性の問題をも考慮しなければならなくなり、不必要に重荷を背負わされることになるからである。この観点は、ロールズの理論を含めて「正義論」の定式化とも関わってくる。

集計的な目的と分配上の目的との対立を考える時、もし階級やジェンダーなどに典型的に見られる固定化した差異によって不平等がもたらされている場合には、インセンティブの問題よりも平等主義の方がより重要なものとなる。人間の多様性が広範に存在する時に不平等の問題は特に深刻になるので、この問題は社会経済政策を考える上で重要になってくる。

分析手法と本質的内容

本書は分析手法だけではなく、同時に本質的な論点も取り上げる。本書の前半では、主として概念の明確化に専念し、「何の平等か」という問いの重要性を強調し、それを人間の広範な多様性に関連づける。内容に関わる本質的な主張は、この問いに答えるひとつの方法を提案し、その答えの様々な含意を提示するという形で示されている。一連の含意は理論的関心と同時に、実践上の重要性も持っている。

注

(1) このような問題については別の機会に論じた。また、本質的に複数の変数を単一の集計量として評価する問題やその全体的なランク付けの問題についても言及しておいた。(Sen 1980-81, 1982a)

(2) Nozick (1973, 1974) 参照。再評価と改訂については、Nozick (1989) 参照。

(3) 特に Hare (1952, 1963) 参照。

(4) *On Economic Inequality* (Sen 1973a)。この本はこれからもしばしば引用されるので、以下では *OEI* と略記する。

(5) これまで極めて多様な形で定義されてきたように、効用を選好によって特徴付けることには曖昧さがつきまとっている。もしそれを Samuelson (1938) のように個人の選択によってのみ定義した場合、この見方では個人間比較に関して何ら直接的な内容を示すことはできず、従って不平等に対して直接的な判断を与えることはできない。例えば、Harsanyi (1955) が、我々が誰の立場を選ぶのかによって我々の選好を考えようと提案したようにいくぶん人工的に作り出された工夫は概念的な問題と実証的な困難を伴っている(この点については Sen 1982a で論じた)。一方、Edgeworth (1881) や Hicks (1939) が行ったように、もし選好を個人の欲望や満足によって定義しようとすれば、選好アプローチは本文で論じているような心理的尺度の持つ欠陥に陥る。

(6)　いくつかの倫理的なフレームワークにおいて効率性に対して十分な注意が払われてこなかったことは、不平等評価の指標の中でもこの点にあまり反応しないものを選択してきたということと結びついている。かくして効率性を無視したとしても、それほどひどい結果を導くということにはならなかった。しかし、このような「二重の制限」は平等に対しても効率性に対しても正当な扱いをしているとは言い難い。このような問題はロールズの格差原理の定式化の中にも存在していることを第九章で論じる。

(7)　ロールズの分析と私が提案してきた方法との違いを強調する理由のひとつは、私がまさにロールズに多くを負っているからである。ロールズの立場からの離脱を明確にすることによって(第五章、第九章)、何を主張し、なぜそう主張するのかをはっきりさせることができる。

(8)　いくぶん異なった理由によるが、Dworkin(1981)の「資源の平等」の議論についても同様の批判をすることができる(第五章、およびSen 1984第一三章)。

訳注

〔1〕　空間とは、二次元空間、三次元空間、一般的にはn次元空間という言葉が示すようにいくつかの変数によって表される点の集合を示す。ここではいくつかの焦点変数が空間を構成する。本書では'space'の翻訳として文脈に沿って「空間」「変数」「領域」などを当てる。

〔2〕　分配の正義を「〇〇に応じた分配」というパターンに基づいて判断する構想のこと。

第一章　何の平等か

1　なぜ平等か、何の平等か

平等の倫理分析におけるふたつの中心的な課題は、(一)なぜ平等でなければならないかということと、(二)何の平等かということである。このふたつの課題は別個のものであるが、相互に密接な依存関係にある。どの面(例えば、所得、富、機会、成果、自由、権利など)の平等について論じているのかを知らずに、平等を擁護したり批判したりすることはできない。(二)の課題に言及することなしに、(一)の課題に答えることはできないだろう。この点は十分、明らかなように思われる。

しかし、逆に(二)の課題に答えようとすると、(一)の課題にも答えなければならないだろうか。もしある変数x(xは、結果、権利、自由、敬意など、何でもいいのだが)に関して平等を支持する議論を成功裏に行うことができたとすると、われわれはxを比較の基準として平等を支持する議論をすでに行ったことになる。この視点からすれば、なぜ平等か(あるいはなぜ平等でないのか)という点に関して、それ以上に深く答えるべき問題は残ってはいない。この分析では、課題(一)は課題(二)の出来の悪い代用品に過ぎないように見える。

平等をこのように見ることには、より興味深い本質的な論点が含まれている。すなわち、時の試練に耐えて生き延びてきた社会制度に関するいかなる規範的理論も、その理論が特に重要であると見なしている何かに関する平等を要求しているということである。そのような諸理論は多様であり、しばしばお互いに対立することはあっても上述の特徴を共通に持っている。現代の政治哲学の論争において、ジョン・ロールズ(自由の平等と「基本財」の分配における平等)、ロナルド・ドゥウォーキン(平等なものとしての扱い、資源の平等)、トーマス・ネーゲル(経済的平等)、トーマス・スキャンロン(平等)やその他平等を支持する考えを持った人々の著作の中で平等はとりわけ重要な位置を占めてきた。(1)しかし、平等や分配の公正を擁護する主張に対して論争を仕掛けたと見なされる人たちでさえ、ある領域における平等を求めていたと見ることができる。例えば、ロバート・ノージックは効用の平等や基本財所有の平等を求めてはいなかったが、(ある人が他の人より多くの自由に対する権利を持ってはならないという)リバタリアン的「権利の平等」を求めていた。ジェイムズ・ブキャナンは、「良い社会」の条件に平等な法的政治的扱いを組み込んでいた。(2)いずれの理論においても、その理論で中心的役割を果たす変数に関して平等が求められていると言える。(3)

しかし、功利主義はどうなのだろうか。確かに、一般的に功利主義者は人々の総効用の平等を求めてはいない。功利主義者は、すべての人々の総効用の和を最大化することを求めているのであって、これは明らかに平等主義ではない(4)。功利主義者が求める平等とは、効用の増減に関して人々を平等に扱うということである。つまり、功利主義者の主張は、功利主義的目的関数上で各人の効用の増分に対して等しいウェイトを与えるということである。

このような意味で功利主義哲学も「隠れた」平等主義を内包しているという認識は、功利主義が実際に総効用最大化というアプローチを採っているという理由によって受け入れがたいものに見えるかもしれない。結局、功利主義の平等主義的側面は全くの偶然以上の何ものでもないと考えられるかもしれない。しかし、このような論法は人を誤らせるものである。功利主義者のアプローチは確かに最大化アプローチであるが、真の問題は、最大化しようとする目的関数の性質がいかなるものかということである。特定の人の効用に対して他の人々より大きなウェイトを与えることにより目的関数を非平等主義的にすることもできる。しかし功利主義はすべての人々の効用に対して全く等しい重要性を認め、最大化の定式化によって各人の効用の増分に対して等しいウェイトを付けることを求めている。このように功利主義は、平等主義的な要素を持っていると言える。このような平等主義的な性質は、「すべての人々の同じ利害に対して等しいウェイトを与える」(Hare 1981, p. 26)、あるいは「すべての人々の利害に対して常に等しいウェイトを付ける」(Harsanyi 1982, p. 47)という功利主義の基本原理に関わっている。(5)

このことからどんな結論が得られるだろうか。ひとつの明らかな結論は、平等主義(すなわち、非常に重要であると考える変数に関して平等主義であること)は理論を「統合する」特徴ではないということである。(6)実際に、重要であると見なす変数に関して平等を求めるという点では様々な学者の間で基本的な共通点を持っていながら、それが明確にならないのは、彼らが平等を求める変数が本質的に異なっているからである。このことは、「平等」という言葉が暗黙のうちに特定の変数に関する平等として定義されるときに特に起こりやすい。

例えば、ウィリアム・レットウィン(Letwin 1983)は『反平等主義』と題した興味深い本の中で、このテーマに関して何人かの著者が書いた論文を紹介している。そして、彼は所得や財の平等な分配に反対する議論を次のように展開している。「人々が不平等である限り、彼らは不平等に取り扱われるべきであるということは合理的である」(それは必要としているものにはより多く配分することを意味するかもしれないし、それだけの価値のある者にはより大きなシェアを与えることを意味するかもしれない「平等主義の理論的弱点」p. 8)。しかし、ニーズを平等に満たすという要求でさえ、ある特定の変数上での平等の要件であるし、実際、長くそのように認められてきた。「それだけの価値がある」ということを特徴付けるのは困難ではあるが、それだけの価値のある者には大きなシェアを与えるということを定式化する場合、価値の等しい者は等しい扱いをする、あるいは同じ報償を与えるということになろう。このように、平等主義に対する批判も、他の面では平等主義を求めていることになる。[7] 問題は、「何の平等か」という問いに対して暗黙のうちに異なった答えを支持する議論を行っているということに帰する。

「何の平等か」という問いは、平等をある観点から定義した上で「なぜ平等でなければならないか」を議論する際に間接的に示されることがある。例えば、ハリー・フランクフルト(Frankfurt 1987)は「道徳的理想としての平等」を批判する論文の中で、「すべての人は同じ額の所得と資産(簡略化して「貨幣」)を持つことが望ましい」という形で表された経済的平等主義に対して論争をしかけている。[8] ここでは平等主義が被告席に座らされているように表現されているが、これはフランクフルトが「平等」という一般的な言葉で経済的平等主義の特定の説に言及しているからである。「このタイプの経済的平等(簡略化して「平等主義」)は、「貨幣」の分配に不平等はあってはならないという教義として定義できるだろう」(p. 21)。

このように、平等を論じるためにどの観点を選択するかがフランクフルトにとって中心的な論点である。[9] 彼は経済的平等に対する特定の要求を批判して、(一)そのような平等には固有の重要性などないということ、(二)より本質的で重要な価値、すなわち、適切な方法ですべての人々に等しい配慮をする必要があるという価値を侵害することになるだろう、と論じている。

重要と見なすものの平等を求めるという点で、諸理論は明らかに共通していると言えるだろう。しかし、この点では共通していてもすべての論者を同じ側の陣地に立たせるわけではない。このことは論争の焦点が「なぜ平等か」にあるのではなく、「何の平等か」にあるということを示しているにすぎない。

政治、社会、経済哲学における平等の要求は特定の変数と伝統的に結びついており、平等主義として取り上げられるのはこれらの変数(例えば、所得、富、効用)のひとつにおける平等である。私は、平等主義という言葉がこれらの意味のひとつで用いられ続けていることを批判しようとしているのではない。それが特定の変数に関する平等の要求である(従って、他の変数に関しては反平等的であることを意味する)ということさえ理解しているなら、そのやり方に害はない。しかし、そのような言葉の使い方には限界があることは認識しておかねばならないし、またある変数における平等(それが伝統によっていかに神聖化されていようとも)は他の変数に関して反平等主義的になるということ、またその相対的な重要性は、総合的評価の段階で批判的に評価しなければならないということを認識しておくことは重要である。

2　公平さと平等

前節では、「なぜ平等でなければならないか」という主張の持つ党派的な性質を指摘した。しかし、その問題は、反平等主義者と見なされ、また自らもそうであると認めている人たちも直面するものである。なぜなら、彼らも自らが重要と考える変数に関しては平等主義者だからである。「なぜ平等でなければならないか」という問いが無意味であると言おうとしているのではなく、より根本的な論点は「何の平等か」にあるということである。しかし、どの変数に関して平等を必要としているのかという点は、また考えなければならない問題である。たとえ、今はやりの社会制度に関するどのような理論も中心となる変数に関しては平等主義であったとしても、それぞれのケースについてその一般的な特徴を説明し、弁護する必要が残る。たとえ普遍的に共有されている慣習であっても、それは弁護する必要がある。

問題は、厳密に形式的な理由によって、社会制度に関するすべての倫理理論がすべての人々に、あるレベルで等しい配慮をしなければならないのかどうかということではない。(10) それはおもしろい課題であるが、難しいものであり、ここで取り上げる必要のないものであるし、私の判断では、その答えは決して明確なものではない。私の関心は、平等というわれわれが生きているこの世界で倫理理論が本質的な妥当性を持つために、基本的な特徴を持たなければならないのか否かということである。

社会のあり方に関する多くの異なった倫理理論が、それぞれ重要とみなすものに関して平等を求めるという共通の特徴を持っているのはなぜか、を考えてみることは意味のあることかもしれない。社会的なことがらに関する倫理的根拠が何らかの妥当性を持つためには、その根拠はある側面ですべての人々に等しく基本的配慮をしなければならない。もしそのような平等性がなければ、その理論は恣意的に差別を行っていることになり、正当化することが難しくなる。理論というものは多くの変数に関して不平等を容認し、あるいは求めるものであるが、そのような不平等を正当化するためには何らかの適切な方法ですべての人々に等しい配慮がなされる必要がある。

おそらく、このような特徴は、倫理的根拠、特に社会制度の根拠に関して、第三者（潜在的にはすべての他者）の視点から信頼にたるものでなければならないという必要によるものだろう。「なぜこのシステムでなければならないか」という問いはそのシステムに属するすべての人々に対して答えられなければならない。求められる平等は必ずしも厳密にカント的な構造を持っている必要はないが、このような理由付けの仕方にはカント的な要素が含まれている。(11)

最近、トーマス・スキャンロン（Scanlon 1982）は、「自分の行動を正当化するためには、他の人々がそれを理性的に拒否できないということを条件とすべきである」という要件の妥当性と説得力を分析している。[12]　ロールズ(Rawls 1971)の「正義論」の基礎となっている「公正」の条件は、人が理性的に拒否できることとできないことを決めるための、ひとつの枠組みを提供していると見ることができる。[13]　同様に、一般的な要件として、あるきちんとした方法で平等な配慮をするという特徴を持つために、「公平さ」(そして、「普遍性」)の要件が必要になってくる。[14]　このような一般的な形での理由付けは、倫理学の基礎と大いに関連しているが、それはそれぞれの倫理的提言の中で異なった形で現れている。[15]

自らの理論や判断や主張を、直接間接に関わっている他の人に対して認めさせる必要性があるために、あるレベルにおいて平等な配慮をするという条件を避けることは困難である。この条件の位置付けに関して、方法論上の興味深い問いは、それは論理的に満たされるべき要件なのか、あるいは本質的な要件なのか、ということであり、[16]　倫理学の客観性と関わっているのか否か、ということである。[17]　しかし、この問いについてはここではこれ以上深入りはしない。なぜなら、本書の主要な関心は、これらの問いにどんな答えを出すかに因らないからである。[18]

ここで関心があるのは、以下のような主張の妥当性である。すなわち、「社会制度に関する政治的倫理的理論を提示する場合、重要と見なされるレベルにおいて平等な配慮をすることは容易に避けて通ることのできない要件である」という主張である。この分野において支持を受け続け、合理的な擁護が行われている主要な倫理的政治的提言は、何らかの形で公平さや平等な配慮を共通の背景としているということを指摘しておくことは、非常に実践的な意味がある。[19] そのひとつの帰結は、問題となる領域において個人間で優位性に格差があることを正当化する必要性を（しばしば暗黙の内に）受け入れるということである。このような不平等は、より重要なその他の変数に関する平等と強く結びついているということを示す形で正当化されることが多い。[20]

ある変数に関する不平等を付随的な形で求めることになるのは、より重要な他の変数における平等を求めるからである。ある面における不平等が正当化されるのは、倫理体系の中で、より基本的であると見なされる他の面における平等が優先されるからである。より基本的と見なされる変数に関する平等は、その結果として生じる「周辺部」における不平等を理論的に正当化するために用いられる。

3　人間の多様性と基礎的平等

人間は様々な面で互いに異なった存在である。外的な特徴や環境の面で異なっている。異なった資産や負債を相続して人生をスタートする。異なった自然環境（ある場所は暮らしやすく、ある場所は暮らしにくいかもしれない）の中に住んでいる。属している社会やコミュニティーは、人々ができること、できないことに関して非常に異なった機会をもたらす。住んでいる地域の疫学的環境は人々の健康や福祉に大きな影響を与える。

このような自然的・社会的環境や外的特徴の差に加えて、個人的な特徴(例えば、年齢、性別、身体的・知的能力など)の面でも互いに異なっている。このような差は不平等を評価する場合、重要な意味を持ってくる。例えば、所得は平等であっても、行う価値があると認めることを行う能力の面で不平等はまだ残っている。例えば、体の不自由な人は、たとえ健常者と全く同じ所得を得ているとしても健常者と同じように活動することはできない。このように、あるひとつの変数(例えば、所得)に関する不平等は、他の変数(例えば、「機能を達成する能力」や福祉)に関する不平等とは全く違ったものになりかねない。

他の人と比べて相対的に有利な点や不利な点は、多くの変数(例えば、所得、富、効用、資源、自由、権利、生活の質など)によって評価することができる。個人間の不平等を評価するために焦点を当てる変数、すなわち焦点変数が複数存在するために、どのような視点を採用すべきかという点に関して、非常に基本的なレベルで困難な決断をしなければならない。「評価空間」(すなわち適切な焦点変数の組合せ)の選択は、不平等を分析する際に決定的に重要な意味を持ってくる。

人間の幅広い多様性のために、焦点をどこに置くかということの違いは特に重要になる。もし、すべての人々が互いに全く同じであったならば、あるひとつの変数(例えば、所得)に関する平等は他の変数(例えば、健康、福祉、幸福)に関する平等と一致し、問題は起こらない。しかし、人間の多様性から生じるひとつの帰結は、ある変数に関する平等は他の変数に関する不平等を伴いがちだということである。

例えば、もしノージック(Nozick 1974)によって示されたリバタリアン的権利の平等を求めようとするなら、(ノージックの便利な用語を用いれば)厚生水準やその他の「パターン化」に関する平等を同時に求めることはできないであろう。もし平等な権利を受け入れるなら、それによって生じる結果もすべて受け入れなければならないし、それは所得、効用、福祉や、積極的な自由に関して生じる不平等を含むことになろう。

このような議論がどこまで説得的であるかという点について、これ以上は立ち入らない。(21) ここでの議論で重要な点は、平等によって不平等を正当化しようとする戦略の性質である。ノージックのアプローチは、この一般的な戦略の明快でエレガントな例である。もし、ある重要な変数に関する不平等が正当である(あるいは良い、受け入れ可能な、我慢しうる)ものであるという主張を(反対論者を「撃ち殺す」のではなく)理性的に擁護しようとするのであれば、より中心的で重要な変数に関する平等の結果としてそのような不平等が生じたということを示す形で、議論を展開することになろう。基礎的な変数に関する平等の必要性について人々が合意し、(すでに論じたように)この合意が人々の間で公平でなければならないとすると、重要な論点は選択された「基礎」の妥当性になければならない。かくして、「何の平等か」という問いは、この文脈では「基礎的平等を求めるべき変数は何か」という問いと実質的には差はない。「何の平等か」という問いに対する答えは、その変数(すなわち基礎的平等に関連する焦点変数)上での平等を裏付けているだけではなくて、その他の変数上の分布パターン(必然的に伴う不平等も含めて)に対しても大きな影響を及ぼすことになる。「何の平等か」という問いは、実に重要で、かつ中心的なものなのである。

4　平等 対 自由?

平等の重要性は、しばしば自由の重要性と対比される。実際、平等と自由の間の対立でどちらの立場をとるかは、その人が政治哲学や政治経済学をどのように見ているかを示す良い指標であると見なされてきた。例えば、ノージック(Nozick 1974)のようなリバタリアンは単に反平等主義者と見なされるだけではなく、まさに彼らが自由を最重要視しているという理由だけで反平等主義者であると判断されてきた。[22] 同様に、平等主義者と見なされる人たち(例えば、Dalton 1920, Tawney 1931, Meade 1976)は、まさに平等に関しては熱心であるというだけで、自由にはそれほど関心がないように見えるかもしれない。

しかし、前節までの議論を踏まえると、自由と平等との間の関係をこのようにとらえるやり方はまったく間違ったものであると言わなければならない。リバタリアンは確かに人々が自由であることが重要であると考えている。そうであるとすると、直ちに生じる問題は、だれの自由か、どの程度の自由か、自由はどのように分布しているのか、それはどの程度平等か、ということであろう。[23] このように、平等の問題は自由を重視する主張に付随して直ちに生じてくる。リバタリアンの提言は、関係する人々の間で権利がどのように分配されているかというところまで詰めることによって完結されなければならない[24]。実際、典型的なリバタリアンが主張する自由には、例えば、他人からの干渉から平等に免れるべきであるという主張のように「自由の平等」が重要な条件として含まれている。このように、自由が重要であるという信念は、人々の自由を平等に促進するような社会制度を考案しなければならないという考え方と対立するものではないのである。

自由以外の変数(例えば、所得、富、福祉など)に関して平等を求める人と、自由の平等だけを求める人の間でも、当然、対立が生じる。しかし、これは「何の平等か」という問いをめぐる対立である。同様に、分配を無視した一般的な自由の促進(すなわち、分配のパターンには注意を払うことなく可能な限り自由を促進しようとすること)は、その他の変数(例えば、所得)における平等との間に対立を引き起こす。しかし、それはある部分は、(一)自由に注目するか、あるいは所得に注目するか、という対立であり、またある部分は、(二)分配のパターン(この場合には所得の分配パターン)に注目するのか、あるいは分配を無視した総量(この場合には自由の総量)に注目するのか、という対立である。いずれの場合にも、「自由対平等」という観点から違いを考えることは正確でもないし、役に立つものでもない。

厳密に言うと、後者のような対比で問題を提示することは「カテゴリーの過ち」を犯している。それらは二者択一的なものではないからである。自由は平等の応用分野のひとつであり、平等は自由の分布パターンのひとつである。[25]

すでに論じてきたように、変数の選択を明示することは、平等の要件を特定し合理的な評価を行うために避けて通ることのできないステップである。一方の極端には、平等なリバタリアン的権利のみを主張する立場があり、他方の極端には、様々な成果と、それらを達成するための自由を表したリストのそれぞれに対して平等を求める立場がある。本書の関心は、このような複数性と、その多種多様な帰結にある。

5　複数性と平等の「空虚さ」

平等を評価する変数が複数存在するという認識は、平等の内容に関していくつかの疑問を引き起こす。複数性は、政治的概念としての平等の説得力を弱め、不必要なものにしてしまうのだろうか。もし平等がこのように多くの意味で語りうるのであれば、そのひとつを真剣に取り上げる意味はあるのだろうか。[26]

平等の内容がこのように柔軟であるために、学者たちは平等という概念に対して深刻な困惑を抱くことになった。ダグラス・リー(Rae 1981)が現代の様々な平等の概念に関する注意深い研究の中で述べているように、「平等に反論する上で秩序や効率や自由よりもっと強力なのは、平等自身である」(p. 151)。

リーは「平等という概念は内容が詰め込まれ過ぎである」と論じる一方で、他の論者たちは同様の理由に基づいて、平等とは「内容の空虚な概念」(すなわち、それ自身の本質的な内容を持たない空虚な概念)であると論じている。[27] 平等は多くの異なった方法で定義できるので、この見方に従えば、平等は真に本質的な要求とは捉えることができない。

「何の平等か」をはっきりさせないで単に平等を求めても、特定のことを求めているとは見なせない。このことは「平等の空虚さ」という考え方がある程度妥当であることを示している。それにもかかわらず、この考え方は間違っていると私は思っている。第一に、特定の変数が選ばれる前でも、特に重要と見なされる変数に関して平等を評価する必要を一般条件として求めるということは決して空虚な要求ではない。この点は、平等な配慮、すなわち「公平さ」の必要性が課す原則と関連している。これは、少なくとも提案された評価システムの基礎をチェックするために必要である。それはまた、基礎構造を持たない理論の妥当性を問うときや、全く基礎的平等を持たない理論を拒否するときに相当の切れ味を発揮する。このような一般的なレベルでも、平等は本質的かつ実体的な要件なのである。

第二に、一旦、文脈が決まると、平等は強力で厳密な要件となる。例えば、変数を決めてしまうと、たとえ特定の平等指標を選ぶ前の段階でも、平等の要件は異なったパターンを順序付けることを可能にする。例えば、所得の不平等を扱うとき、いわゆるダルトンの移転原理は、(総額を一定として)より豊かな者からより貧しい者へ少額の所得が移転されると、分配は改善されたと見なす。(28) このように、この原理は、指標や尺度を特定することなく一般的な平等の条件のみで、総額の等しいいくつかの分布を順序付ける説得的なルールである。

ある与えられた変数に関する様々なパターンの順序付けに加えて、変数の選択自体が平等を要求する動機づけと明確な関連がある。例えば、正義、社会的厚生、生活水準、生活の質を評価するとき、変数の選択は決して形式的なものではなく、本質的な差別化を含んでいる。次章以降で示すつもりであるが、一旦、文脈を決めてしまえば、これらの変数の多くに関わる諸要求に対して強力に反論できるようになる。このことは、どのような文脈でも重要であるような平等の要件をひとつだけ正確に特徴付けることになるとは限らない。しかし、この点は真に困惑させるものではない。いずれの文脈においても、平等への要求は明確であり、強力であろう。

第三に、平等が求められる変数の多様性は、より深い多様性、すなわち価値目的が多様であること、問題となっている文脈において人の優位性をとらえる適切な概念が多様であることを反映している。多様性の問題は平等の評価に固有のものではない。様々な平等の要件は、それぞれの文脈において何が直接評価されるべきかに関して見方が多様であることを反映している。それは、問題となるケースにおいて各個人の優位性をどのように評価するのか、ということについて異なった考え方が存在することを示している。自由、権利、効用、所得、資源、基本財、ニーズの充足などは、人々のそれぞれの暮らしぶりを見る様々な方法を与えてくれる。そして、それぞれの観点は、それに対応した平等観につながっている。

このような(人々の優位性を評価する上での)複数性は、単に平等のみではなく個々人の優位性を示す情報的基礎に含まれるその他の社会的概念にも反映されている。例えば、効率性という概念は、変数の選択に関連して全く同様の複数性を持っている。[29] もし各人の優位性が向上すれば(あるいは、他を一定として少なくとも一人の優位性が向上すれば)、効率性は明確に上昇したことになる。しかし、その内容は「優位性」をどのように定義するかにかかっている。焦点変数を決めたときに初めて、この一般的構造の中で特定の効率性の定義が得られる。

効率性の比較は、異なった変数の間で行うことができる。例えば、もし優位性を個人の効用によって測るとすると、効率性の概念は直ちに厚生経済学で用いられるような

「パレート最適」の概念に結びつく。これは、「他の誰かの効用水準を下げることなしには誰の効用水準も上げることはできない状態」を指している。しかし、効率性は、自由、権利、所得などの変数によっても同じように定義することができる。例えば、効用に関するパレート最適に対応させると、「自由で測った効率性」とは「他の誰かの自由を縮小させることなしに誰の自由をも増大させることはできない状態」であることを意味する。形式的には、平等について見てきた変数の複数性と同じような複数性が、効率の概念にも存在している。

このことは驚くに当たらない。なぜなら、平等を考える際の変数の複数性は、より深い課題、すなわち、社会的な比較において個人の「優位性」を表す概念の複数性を反映しているからである。これらの変数からどの変数を選び出すかは、疑いもなく不平等の評価に関する研究の重要な論点である。しかし、変数の複数性の問題は、個人の優位性とは何かという問題に対する本質的なアプローチの多様性と、個人間比較の情報的基礎の多様性を反映したものである。変数の複数性は、平等という概念に固有の問題でもなく、また特に困惑すべきものでもない。

6　手段と自由

社会制度に関する規範的理論は、われわれがすでに論じてきた理由によって、ある変数に関する平等を要求している。この平等は、そのシステムにおける「基礎的平等」をなし、他の変数の分配パターンに影響を与える。実際に、基礎的平等は、他の変数の不平等の直接的な原因になっているとさえ言える場合がある。

ここで、変数の選択とその重要性に関して、いくつかの例を論じておく方がいいだろう。現代政治哲学と倫理学において最も強力な発言は、ジョン・ロールズ(Rawls 1971)のものであろう。彼の「公正としての正義」という理論は、変数の選択とその帰結に関して興味深く、且つ重要な例となっている。彼の「格差原理」では、効率も平等もともに「基本財」の保有と関連している。(30)

このようなシステムでは、受け継いだ資産や才能の多様性は、ノージックの体系で起こるのと同じような形では所得の不平等を引き起こすことはないだろう。なぜなら、基本財は構成要素のひとつとして所得を含んでおり、基本財の分配にはロールズが格差原理で平等主義的な条件を課しているからである。所得は確かに基礎的平等の要求の中に直接含まれている。しかし、基本財を福祉の達成に変換する可能性が個人によって多様であるために、(所得も含めた)基本財と福祉の間の関係も多様になってくるだろう。例えば、妊娠している女性が、全く同じ水準の所得やその他の基本財を持っている同じ年齢の男性と同様に快適に過ごすためには、様々な障害を克服しなければならないのに対し、男性の方にはその必要がない。

ある。[31]同様に、基本財と、個人の目的(例えば、福祉など)を追求する自由との関係も多様である。われわれは、相続した資産が異なるだけではなく、個人的特徴においても異なっている。純粋に個人的な多様性(例えば、能力、素質、身体的差異など)の他に、グループの間で構造的な対照性(例えば、妊娠や幼児の世話をしなければならないという点で男女間に存在する対照性)が存在することがある。同じような基本財を持っていても、妊娠していたり、幼児の世話をしなければならない女性は、そのような妨げのない男性に比べて、自分の目的を追求する自由はより小さなものとなっている。基本財と自由や福祉との関係は、個人間やグループ間でそれぞれの特徴が異なることによって変化する。[32]

異なった変数(例えば、所得、基本財、自由、効用、その他の成果、その他の自由)に関する不平等は、これらの互いに異なった(しかし関連した)変数間の関係が人によって多様であるために、相互に非常に違ったものとなる。人間は多様であるという基本的事実があるために、不平等を評価するときにどの変数をもって評価しているのかをはっきりさせておくことが特に重要になる。例として三人(個人1、2、3)のケースを考えてみよう。個人1は個人2や3よりも高い効用水準を達成し、個人2は個人1や3よりも高い所得を得ており、同時に個人3は個人1や2ができない多くのことを行える自由を持っている、ということが起きるかもしれない。また、たとえ異なった変数間で望ましさの順序は同じであっても、それぞれの相対的な距離(すなわち、ある状態が他の状態に対してどのくらい優れているかを示す程度)は、異なった変数間では非常に異なったものであるかもしれない。

平等主義のもっとも中心的な課題のいくつかは、まさにこのような異なった変数に対応して平等な状態が異なってくるという対照性から生じている。平等の倫理学は、異なった変数間の関係に影響を与える多様性を十分に考慮しなければならない。焦点変数の複数性は、まさに人間の多様性のために大きな差を生み出すことになる。

7 所得分配、福祉、自由

様々な身体的、社会的特徴は、われわれを非常に多様な生き物にしている。われわれは、年齢、性別、身体的・精神的健康、運動能力、知的能力、気候環境、疫学的弱さ、社会環境、その他の多くの面で相互に異なっている。しかし、そのような多様性を、不平等を評価する通常の枠組みに適切に導入することは困難である。その結果、このような基本的な課題は、不平等評価の文献では全く言及されずにいることが多い。

しばしば生じる重要な問題は、不平等分析が特に所得に焦点を当てているところに原因がある。人々が直面している機会がいかに不平等であるかは、所得の不平等の程度からは簡単に推し量ることはできない。なぜなら、われわれができることやできないことは単に所得水準に依存しているのではなく、われわれの生活に影響を与え、現在の状態をもたらしている身体的・社会的特徴の違いにも依存しているからである。

簡単な例を挙げよう。身体の不自由な人の困窮の程度は、その人の所得水準からでは適切に判断することはできない。なぜなら、その人が自分の所得を自らが価値をおく成果へと変換する際に、非常に大きな障害をかかえているかもしれないからである[33]。問題は、所得がわれわれの真の目的を達成するためのひとつの手段に過ぎないという事実からのみ生じているのではなく、(一)その他にも重要な手段が存在すること、(二)手段と目的の間の関係が個人間で多様である、ということからも生じている。

これらの問題は、経済学の不平等の計測に関する文献の中では全般的に無視されてきた。例えば、アトキンソン(Atkinson 1970b)によって示された、等価所得(equivalent income)の社会的損失に基づいて不平等尺度を作るというアプローチを取り上げてみよう[34]。このアプローチは、所得の不平等を社会的厚生の全般的な評価へと結びつけていく上で非常に影響力があり、また建設的でもあった[35]。このアプローチでは、不平等の程度は、個人所得によって定義されたすべての人々に対して同一の反応関数 $u(y)$ によって評価される[36]。不平等の計測に対するこのアプローチは、所得を福祉や自由に変換する能力において人々の間で差があったとしても、すべての人の所得を同等に取り扱うという点に限界がある[37]。

もちろん、このアプローチの目的は所得分配の不平等を評価することにあり、福祉の水準の不平等を評価することではない。しかし、その評価は各人が所得によって成し遂げたことに照らしてなされるのであり、これらの成果は社会的厚生を構成する。アトキンソンは、総所得の分布における不平等の結果として生じる社会的厚生の損失という形で、(等価総所得を単位として)所得の不平等を測ろうとする。[38] このような動機からすれば、所得の不平等を評価するためには、人々の生活や福祉に影響を及ぼすその他の要因についても考慮することが必要であろう。[39] 一般的に言えば、不平等の計測にあたっては、その他の変数に関する情報を取り入れる必要がある。それは、(一)これらの変数における不平等を評価するためであり、(二)所得の不平等を評価する基準となる真の目的(アトキンソンの場合には社会的厚生)に及ぼすその他の要因を考慮しながら、所得の不平等をもっと広い枠組みの中で評価するためである。この点については、第六章でさらに詳しく検討する。

個人間の多様性を無視しようとする傾向は、(不平等尺度の研究がそうであるように)実践的な観点から分析を単純かつ容易にしようとする誘惑から生じる他に、すでに論じたように、平等についてのレトリック(例えば、「すべての人は生まれながらにして平等である」というレトリック)によってもたらされてきた。そのようなレトリックが持つ温かみは、人々の間の多様性を「配慮しない」あるいは「ないものと仮定する」という形で、無視させることになった。このことは、ひとつの変数から他の変数へ(例えば、所得から効用へ、基本財から自由へ、資源から福祉へ）の転換が、非常に容易であることを前提にしている。それは、平等に対する様々なアプローチの間に存在する緊張関係を表面上和らげる働きをする。

ところが、そのような心地よさを得るために大きな代償を払うことになった。この仮定の結果、（われわれの多様なニーズや個人的・社会的環境を所与として）平等な所得分配の結果から直接生じる福祉や自由の本質的な不平等を見逃すことになるからである。実用的で手っ取り早い方法や壮大なレトリックは、ある目的のためには役に立つかもしれないが、他の目的のためには全く役に立たないし、間違った方向に導くものである。

注

（1）　Rawls(1971, 1988a)、R. Dworkin(1978, 1981)、Nagel(1979, 1986)、Scanlon(1982, 1988b)を参照。現代の功利主義者は最近になって、より複雑な問題を投げかけているが、もともとは「すべての人々の等しい利害に対して等しいウェイトを与える」(Hare 1982, p. 26)、あるいは「すべての人々の利害に対して常に等しいウェイトを付ける」(Harsanyi 1982, p. 47)ところから出発している。

（2）　Nozick(1973, 1974)、J. M. Buchanan(1975, 1986)を参照。また、J. M. Buchanan and Tullock(1962)も参照。

（3）　このことは、何ら建設的な代案を含んでいない平等批判には当てはまらない。建設的な代案の提示や擁護の中に、しばしば暗黙のうちに他の空間における平等を要求しているのを見出すことができる。また、富の総市場価値の最大化を提案する理論のように人間に全く言及しないような理論では、他の変数における平等の要求を期待することはできないだろう。人間の状態に関連して作られた建設的な提案において、ある種の平等に対する要求は起こる。

(4) 私の前の著作(*OEI*, Sen 1973a)の第一章で、なぜ功利主義がいくつかの重要な点で平等主義的でないのかを論じておいた。

(5) John Rawls (1971)は「古典的功利主義者が個人差を真剣に取り扱ってこなかった」(p. 187)と論じた。功利主義の理論家が単に幸福や満足などの量の最大化を論じていて、これらのことが個々の人々の特質に関わるものだということに注意を払っていないというロールズの主張には説得力がある。しかし、人々の厚生は尊敬や尊重をも含んでいると考えれば、功利主義者は、効用を捨象しきれない個人の特徴であると見ていると捉えることもできる。この点についてBentham (1789)、Mill (1861)、Edgeworth (1881)、Pigou (1952)、Hare (1981)、Harsanyi (1982)、Mirrlees (1982)を参照。このような限定的な功利主義の擁護の仕方では、功利主義を適切な倫理・政治理論であるとして支持していると見なすことはできない。功利主義は深刻な欠点を持っていると考えるべきであるが(この点については、Sen 1970a, 1979b, 1982bにおいて論じた)、個人差を真剣に捉えようとしていないと見なすのは功利主義一般に対する公正な批判ではない。

(6) この点に関連して、B. Williams (1973a)、Suppes (1977)、Sen (1980a)、R. Dworkin (1981)、Rae (1981)、Béteille (1983a)を参照。

(7) 同様に Peter Bauer (1981) の「自分が生産したものを自分で消費するという同じ権利をすべての人々に認めるべきだ」という議論も、生産への貢献度に応じて報酬を受けるという観点からは平等主義になっている。

(8) J. R. Lucas (1965, 1980) を参照。またフランクフルトに対する批判については Goodin (1987) を参照。

(9) 実際に、平等を要求したり拒否するすべての公理にとって、どのような変数を選択するかは極めて重大な問題である。例えば、私の *OEI* で取り上げた「平等の弱公理」は、総福祉という変数に関する平等の選好を表していた。集計的配慮以上に辞書式順序を優先しているため、この条件は多分、強過ぎるものであったが、この条件に対する批判は、例えば医療の配分などの他の変数に関する形式的な条件におきかえられて解釈されていたので的はずれなものであった (J. Griffin 1981, 1986 を参照。また、Brandt 1979 とそれに対する私の答え Sen 1980-81 も参照)。

(10) そのような非常に野心的な主張の古典的な提示とその擁護については、Hare (1952, 1963) を参照。

(11) 少なくともカント的に一定の形式を定めたような考え方では無視される傾向のある差異(例えば、個人的なコミットメントや義務の差異)について、注意しなければならない理由については、B. Williams (1981)、Hampshire (1982)、C. Taylor (1982) を参照。また、これに関連して B. Williams (1973a) は「平等という概念に含まれる多様な要素」がわれわれを「異なった方向に」向かわせるということを論じている (p. 248)。しかし、異なった義務やコミットメントの重要性を認めることは、われわれの倫理を他者からも信頼できるものにする一般的な必要性を否定するものではない。

(12) Scanlon (1988a) も参照。また関連事項については、Rawls (1971, 1988c)、B. Williams (1972, 1985)、Mackie (1978a)、Ackerman (1980, 1988)、Parfit (1984)、O'Neill (1989) も参照。

(13) この点に関するロールズのより明示的な分析については、Rawls (1985, 1988a, 1990) を参照。

(14) Mackie (1978a) を参照。公平さに基づく理由付けについては、功利主義的倫理学を擁護するために Harsanyi (1955) や Hare (1963) において用いられている。「公平さ」の条件としてすべての人に平等な配慮をするという考え方は、表面的には「反平等主義」的な立場を採る理論においてさえ用いられている。例えば、Gauthier (1986) の「合意による道徳」では、彼は彼独特の平等の定義に基づいて「平等は私の理論の基本的な関心事ではない」と主張するが、それに続けて「交渉者たちの間で成立する合意が公平さの道徳的基準を満たしている、ということを示すために交渉者たちの等しい合理性に訴えかけてきた」と説明している (p. 270, 傍点筆者)。

(15) Sen (1979a) 第九章を参照。

(16) この問題は、Mackie (1978a) の「普遍化の必要性は、論理的な命題なのか本質的実践的命題なのか」(p. 96) という分析と対比することができる。

(17) 客観性については、Nagel (1980, 1986)、McDowell (1981, 1985)、Wiggins (1985, 1987)、H. Putnam (1987, 1993)、Hurley (1989) を参照。また、Harman (1977)、Mackie (1978a, 1978b)、

B. Williams(1981, 1985)も参照。

(18)　この問いのある側面については Sen(1983b, 1985a)で論じている。

(19)　このようなコメントは特に社会制度に関して当てはまる。従って、個人倫理よりは政治哲学の理論の方によく当てはまる。個人の行動に関する倫理学では、異なった人々に対して非対称的な取り扱いをすることを認め、それを求める方向で議論が進んできた。このような議論は、例えば人の関心や目的や主義に対して特別の注意を払うことを許容すること(あるいはその必要性)と関連しているかもしれない。あるいは、自分の家族や自分とつながりのある人たちに対して、より大きな責任を求めるということにも関連しているかもしれない。個人の倫理学に含まれる様々なタイプの非対称性については、B. Williams(1973a, 1973b, 1981)、Mackie(1978a)、Nagel(1980, 1986)、Scheffler(1982)、Sen(1982b, 1983b)、Regan(1983)、Parfit(1984)において論じられている。このような要求はかなり特殊なタイプの平等の要件としても見ることができるが、「匿名性を持った平等」という通常の政治的な概念には反しているかもしれない(この点については Sen 1970a も参照)。

(20)　この重要性は、必ずしもその変数固有のものである必要はない。例えば、Rawls(1971, 1982, 1985, 1988a)の「基本財の平等」や、R. Dworkin(1981, 1987)の「資源の平等」は、必ずしも基本財や資源の持つ固有の重要性によって正当化されているわけではない。このような変数の平等は、それが人々の目的を達成するために必要な機会を平等に与える手段となるために、重要と見なされている。しかし、両者の間の距離は、これらの理論内部にある種の緊張を生み出している。なぜなら、基本財や資源の重要性は、基本財や資源を各人の目的の達成やそれを遂行する自由へと変換していく能力にかかっているからである。そのような変換を行う能力は、実際には人によって差があり、このことが基本財や資源を平等に保有することの重要性の根拠を弱めている。この点については第三章、第五章で詳しく論じる。また、Sen (1980a, 1990b) も参照。

(21) このようなアプローチに対するいくつかの批判については、Sen (1982b, 1984) を参照。

(22) ここでは特に Nozick (1973, 1974) に言及している。彼の立場の再評価と精緻化については、Nozick (1989) を参照。

(23) 自由の重要性を擁護する全く異なった方法も存在する。そのひとつは、善さ (goodness) や正しさ (rightness) の概念の違いに関係している。ある見方では、自由は人々が享受すべき善さであると見なし、自由が犯されることは状態の悪化をもたらすと見なす。別の見方では、自由を善さの一部分とは見ないで、正しい社会制度のひとつの特徴であると見なす。このような対比と無関係ではないが、もしだれかの自由が犯されたとき、他の人々が負うべき義務は何かという点で生じる違いもある。このような問題については、別のところ (Sen 1970a, 1982b, 1983a, 1992a) で論じておいたので、ここではこれ以上議論はしない。

(24) この点に関しては、Rawls (1971) の「平等な自由」を優先すべきであるという議論 (第四章) を参照。また、Berlin (1955–56, 1969)、Wollheim (1955–56)、Hayek (1960, 1967)、J. M. Buchanan (1975, 1986)、Haksar (1979)、Gutmann (1980)、Goodin (1988)、Suppes (1988)、Lukes (1990) も参照。

(25) 「パターン」と呼ばれるものは、曖昧さを伴っている。「パターン」という言葉は、ユニオンジャックの青と赤のように、構成要素を指定する場合にも用いられる。平等と自由の比喩として適当なのは、色の濃さのパターン(例えば、各色が同じ濃さを持っているとか、全体に最大の濃さを持っているかなど)と、色の濃さを調べようとしている特定の色(例えば、青)との違いである。

(26)　この点に関連する問題として、平等はどのような社会構造に対しても十分な正当性を与えることができるかという問題がある。Goodin(1988)は、「福祉国家の実践」の根底にある「明らかな平等主義」は結局のところ付帯現象にすぎないのではないかという疑問を呈している(pp. 51–69)。Goodinが記しているように、それは平等をどう定義するかにかかっている。そして、この問いに対する彼の肯定的な答えは、(彼が「公平さ」と呼んだものに暗黙の内に見られるものも含めて)平等に対する様々な見方の間に見られる対立から来ている。

(27)　Westen(1982, p. 596)。

(28)　この点については、Dalton(1920)、Kolm(1969)、Atkinson(1970b, 1983)を参照。この性質の規範的な含意については、P. Dasgupta, Sen, and Starrett(1973)、Rothschild and Stiglitz(1973)、および*OEI*(第三章)を参照。

(29)　このような複数性は原理的に全く同一のものであるが、経験的には不平等の比較に関する変数の多様性は、効率性のそれに比べてずっと大きいであろう。Sen(1993a)を参照。

(30)　ロールズの「公正としての正義」のふたつの原理のうち、基本財の分配に関わるのは格差原理である。ものごとを単純化し過ぎないように、次の点を付け加えておくべきだろう。(一)ロールズの第一原理(こちらの方が優先度が高い)は、個人の自由のみを取り扱い、自由の平等を求めている。(二)格差原理は分配面だけでなく、(もっとも不遇な状態におかれているグループも含め、すべての人々の状態を改善させるような変化は改善であると見なされるという意味で)効率面にも関わっている。(三)このような原理は機械的な公式を意味しているわけではない、ということである。これらの用語の用い方については「公正としての正義」の理論の重要な部分としてロールズによって説明と分析が与えられている(この理論の正確な主張をはっきりさせたものとして、Rawls 1985, 1988a, 1988b, 1988c, 1990 を参照。また、Laden 1991a も参照)。このような制限はあるものの、基本財の平等な保有はロールズの政治倫理学の構造の中で重要な地位を占めていることは明らかである。

(31) この点については、Sen (1990b) を参照。

(32) ロールズ(Rawls 1985, 1987, 1988a)自身は、これとは別のタイプの個人間の多様性、すなわち善の概念が個人によって多様であることを強調している。これは、人々が合理的に求める目的がそれぞれ異なっていることにつながる。このような多様性は、資源や基本財を目的の達成(あるいは目的を達成する能力)へと変換する能力の多様性とは区別しなければならない。いずれの多様性も他方を伴っているわけではなく、従って両方のタイプの個人間の多様性を考慮することが重要である。この点については、第五章で取り上げる。

(33) このようなケースを取り上げることの重要性については *OEI* の第一章でかなり詳しく論じた。そこでは、効用主義が効用の総和に対して排他的に関心を寄せることに対する批判の根拠として取り上げた。私はこの批判を取り下げるつもりはないが、しかし、実際には私がそこで論じた以上にもっと底の深い問題を含んでいた。その他の標準的なアプローチをレビューすれば、それらのほとんどすべてが、ここで示したケースによって表される問題を正当には扱っていないということが明らかとなるだろう。

(34)　このような不平等に対する厚生経済学的アプローチについては、第六章でさらに論じる。

(35)　このアプローチについては、*OEI* 第三章で詳しく論じた。アトキンソンのアプローチの影響も含め不平等評価に関する最近の研究の解説と評価についてはBlackorby and Donaldson (1978, 1984) およびFoster (1985) を参照。Atkinson (1983) はそのような研究に対する批判的評価を行っており、また提起された疑問に対してもいくつかのコメントを行っている。これと関連してKolm (1969, 1976) も参照。

(36)　この関数 u は一般的には効用関数と解釈される。しかし、u を必ずしも効用と見なす必要はない。この点については、Atkinson (1983, pp. 5-6) を参照。社会的厚生は、個人所得の加法的に分解可能な関数であるとされる。すなわち、個人所得に基づく社会的厚生は、人々が互いに同様の関数 $u(y)$ を持ち、その総和によって集計的社会的厚生が求められる。もし、(最も簡単でかつ最も広く受け入れられている解釈であるように) u が効用であるとするならば、すべての人に同じ関数 u を仮定することは、すべての人が同一の効用関数を持っているということを意味している。一般に $u(y)$ の解釈としてどのようなものを選んだとしても、その関数はすべての人に等しいという特徴を持っていなければならない。同様に、私が *OEI* で提案したようにアトキンソン指標を必ずしも加法的に分解可能でないように拡張した場合、対称的な集計関数 W という仮定は、すべての人の所得は全体に対して同じようなインパクトを持つことになる。形式的にはこれらのことは多くの異なったケースに応用することができるが、その中心的なケースは、異なった人々に対して同一の(所得と成果との間の)変換関係を仮定することである。変換に関する一般的な論点については、Fisher and Shell (1972)、Sen (1979c)、Fisher (1987) を参照。

(37) すべての人々の効用関数(効用を、所得あるいは所得と労働に結びつける関数)を同一であると仮定するやり方は、James Mirrlees (1971) によって始められた最適課税の研究など、資源配分に関する他の分野でも標準的なものになっている。Tuomala (1990) は、そのような文献に対する有用な説明を与えている。このことはまた、費用便益分析についても当てはまる。Drèze and Stern (1987) を参照。

(38) このアプローチ (Atkinson 1970b, 1975, 1983 を参照) は、Dalton (1920) によって始められ、Kolm (1969) が復活させたものをさらに展開したものである。このアプローチの展開とその基礎にある分析論については *OEI* でも論じた。

(39) この点に関する洞察に満ちたコメントについては、Atkinson (1983, Part I) を参照。

第二章　自由、成果、資源

1　自由と選択

社会における人の立場は、次の二つの視点から評価することができる。すなわち、(一)その人の実際の成果と、(二)それを達成するための自由である。前者はわれわれが実際に達成した成果に関わっており、後者はわれわれが行う価値があると認めることを達成するために、実際にどれだけ機会が与えられているかに関わっている。両者は、必ずしも一致するわけではない。不平等は、成果と自由の両面から見ることができ、このふたつの面での不平等も必ずしも一致しない。このような区別は効率性についても当てはまり、成果の効率性と、成し遂げる自由の効率性というふたつの面から見ることができる。このように、成果と自由の間の区別は、社会的評価において中心的な意味を持つ(1)。

もちろん、成果を判断する様々な方法がある。例えば、得られた快楽や満たされた欲望などによって表される「効用」、稼いだ所得や享受した消費などによって表される「豊かさ」、生活水準の指標によって表される「生活の質」などによって判断することができる。(2) 前章でも論じたように、これらの様々な変数からどれを選ぶかという問題は、われわれの生活と成果を評価する上で非常に重要な問題であり、不平等を評価する上でも(特に、何の平等かという問いに答える上でも)中心的な意味を持っている。しかし、どの方法で成果を特徴付けたとしても、まだ問題は残っている。すなわち、(一)達成度と、(二)達成するための自由を区別するという問題である。

個人の優位性の評価や、社会秩序の評価に対するよく知られたアプローチでは、直接扱われるのは成果のみであり、「達成するための自由」は、実際の成果を得るための手段としてしか扱われてこなかった。功利主義は、その明らかな例である。功利主義者のアプローチは、(一)社会評価のための個人間比較を成果のみに限定し、(二)成果を「得られた効用」と同一視する、という特徴を持っている。これらの二つの特徴によって、功利主義アプローチは、個人的および社会的評価のために、効用の個人間比較に情報を集中させることになる。

同様に、バーグソン(Bergson 1938)やサミュエルソン(Samuelson 1947)が提示し、展開した古典的な社会的厚生関数も、成果(例えば、選好の達成や消費者の満足)のみに焦点を当てており、個人の自由は、成果を得るための手段として間接的に評価されているに過ぎない。この点は、アローの社会的選択理論についても、ある程度当てはまる。(3) そこでは、複数の選択肢から選ぶという自由をとらえるためではなく、個々の選択肢に関する個人の選好の方に焦点を合わせて理論が組み立てられている。しかし、問題は選択肢をどのように特徴付けるかにもよる。特に、他の状況に移ることをその選択肢の一部であると見なしているかどうかにかかっている。[4] 最近の社会的選択理論では、自由を評価するという文脈において、評価の枠組みの中にこうした自由を取り込むことが試みられている。[5]

成果のみに焦点を当てることに対する批判は、ロールズの「基本財の分配」やドゥォーキンの「資源の分配」のように、成果の達成を可能にする手段に基づいて政治的評価を行う立場からも行われている。資源や基本財などの形で表される手段は、(その他の条件を一定とすると)疑いもなく「達成するための自由」をもたらすものである。したがってこのようなアプローチでは、焦点を成果の評価のみに限定せずに、自由を取り入れるよう拡張されていると考えてもよい。もし資源や基本財の観点から平等を捉えようとするなら、成果によって評価することを超えて、自由を評価する方向に進んでいると見ることができる。

しかし、資源や基本財の所有を平等化させることは、必ずしも各人によって享受される実質的な自由が平等化されることを意味しない。なぜなら、資源や基本財を自由へと変換する能力には、個人間で差があるからである。このような変換に関する問題は、極めて複雑な社会的側面を含んでいる。特に、問題となっている成果が、グループ内の複雑な関係や相互作用によって影響を受ける場合にはそうである。(6) しかし、すでに述べたように、変換能力の差は、単に身体的な違いによっても起こりうる。例えば、(すでに用いた例を使うと)貧しい人が栄養不足の状態から自由であるかどうか(すなわち、栄養不足に陥っていないかどうか)は、(例えば、所得が購買力に影響することを通して)その人の資源や基本財に依存するのみならず、その人の代謝率、性別、妊娠しているか、気候環境、寄生虫病にさらされているかなどの要因にも依存している。全く同じ所得と全く同じ基本財や資源を持っている二人の間でも、一方は栄養不良からは逃れる自由を持ち、もう一人はそのような自由を持っていないということが起こる。(7)

成果から(ロールズが基本財に焦点をあて、ドゥウォーキンが資源に注目したように(8))成果を達成するための手段へと移行したことは、自由の重要性へと目を向けさせることに貢献した。しかし、それでも自由の程度を捉えきれるほど十分なものではなかった。もしわれわれの関心が自由にあるのであれば、われわれが成し遂げることができる様々な成果からなる集合、という形で自由を表現する方法を探さなければならない。このような厄介な問いは、本章第3節および第三—五章で取り上げるが、その前に標準的な経済理論に関連して、成果と自由の違いがもたらすもう一つの側面を検討しておくことにする。

2　実質所得、機会、選択(9)

成果と自由の違いは、これまではっきりとは区別されてこなかった実質所得分析の二つの異なった解釈によって説明できる。実質所得の評価とは、ある特定の財の組合せから個人が得られる便益の評価であると見なすことができる。すなわち、「この人にとってxという財の組合せはyという組合せより望ましいものであろうか」ということである。この比較は、選択した財の組合せの性質に直接に関わっている。これを「選択の視点」と呼ぶことにしよう。これに対して、購入した特定の財の組合せに限定するのではなく、その個人が自分の所得で購入することのできるすべての財の組合せからなる集合に焦点を当てるというもう一つの見方がある。すなわち、「予算集合[訳注1]Aは予算集合Bよりもより良いオプション(財の組合せ)の集合を与えることができるか」ということであり、これは「オプションの視点」と呼ぶことができよう。

実質所得比較のこのような公理論的な構造の根拠は、比較の解釈の仕方にかかっており、「選択の視点[10]」も「オプションの視点」も明示的にせよ、暗黙のうちにせよ、広く用いられてきた。「オプションの視点」では、もし集合Aに要素yが含まれているにもかかわらずxが選択され、集合Bからyが選択されたとすると、[11]集合Aからxを選択することの方が集合Bからyを選択することより優位にあるとされる。これは実質所得比較の顕示選好アプローチである。[12] そのエッセンスは、選択の自由を比較するために、すなわちBから選択されたものがAからも選択できたかを見るために、価格消費データを利用するところにある。

一方、「選択の視点」は財の組合せ x と y を比較することに焦点を当て、その際、選好に特定の構造(特に凸性、すなわち、非逓増的限界代替率)を仮定している。価格と消費量に関するデータはそれぞれの財に対する(実際に購入された量の近傍における)局所的な相対的ウェイトを明らかにするために用いられる。そして、非逓増的限界代替率の仮定は、A から選ばれた財の組合せ x が B から選ばれた財の組合せ y より優れていると言えるのかどうかを判断するために用いられる。このアプローチでは、選択の機会そのものが比較されることはない[13]。

これらの二つのアプローチは、標準的な仮定の下では実質所得の比較に関して似たような結果をもたらす。しかし、それらは全く異なった戦略を採用しており、一旦、標準的な仮定(例えば、競争市場)をはずした場合には異なった結果が得られる[14]。ここでは、われわれはこの二つの戦略の違い、特に、機会を比較することと、選択された財の組合せの良さを直接比較することとの間の対比に関心がある。

しかし、これまでの分析が示すように、顕示選好アプローチに見られる「オプションの視点」においてさえ、選択の自由の範囲に対して本質的な重要性が与えられて来なかったということを付け加えておかねばならない。むしろ、選択の機会は、単に好ましい財の組合せを得るための手段であると見られてきた。しかし、顕示選好アプローチで用いられるオプションの比較という論理を拡張して、選択の自由そのものに本質的な重要性を付与することは可能である。[15]「選択の視点」は財の組合せの良さのみを考えるのに対して、「オプションの視点」は、選択の自由の範囲を比較する際に用いることができる。顕示選好の文献では、自由は本質的な価値を付与されて来たわけではなく、ただ純粋に手段として(選択された財の組合せの価値によって)評価されてきただけであった。しかし、もし自由をそれ自体重要なものであると見るならば、自由の本質的な価値を考慮するために同様の分析手法を応用することができる。

3　資源とは区別された自由

ここで再び「自由」と、「自由を達成するための手段」(例えば、人がより多くの自由を達成するのに役立たせることができる基本財や資源)との間の違いに戻ろう。財の消費の文脈(これはわれわれの究極の目的ではないが)においてその違いを見ることから始めよう。予算集合は財空間における人の自由の程度、すなわち様々な財の組合せの消費を達成する自由の範囲を表している。この予算集合は個人の資源(この場合には、所得水準と与えられた価格で財を購入する機会)をもとに導出することができる。「予算集合を決める資源」と「予算集合自体」との違いは、「自由の手段」と「自由の程度」(この場合には、達成可能なすべての消費の組合せによって表現される)との間の違いに対応している。

成果から資源へ(例えば、選択された財の組合せから、そのような財を購入するのに使われる所得へ)と焦点をシフトさせることは、すでに述べたように、自由に対して、より大きな注意を払うことになる。なぜなら、選択可能な財の組合せの集合は資源によって決まってくるからである。(16) 個人の優位性を(その個人が実際に達成したことではなく)その個人が支配している資源によって判断しようという戦略によって、われわれは成果から「自由の手段」へと焦点を移すことになる。これは、明らかに自由を尊重することになる。

現代の政治哲学や道徳哲学(例えば、ロールズの正義論における基本財や、ドゥウォーキンの「資源の平等」論)における重要な流れは、部分的には自由の重要性への関心から始まり、優位性を個人間で比較する基礎として、個人が支配する資源に注目するようになってきた。

これは(自由に関する限り)正しい動きであるが、自由を達成するために役立つ資源と自由そのものの範囲とのギャップは、原理上、重要であるだけでなく、実際に決定的である。自由を単に成果と区別するだけではなく、資源や「自由の手段」とも区別しなければならない。(17)

実際に資源を財の組合せに変換する場合、個人間の多様性という問題は、それほど起こりそうにないように見えるかもしれない。なぜなら、経済学の文献では、単一の価格、競争市場などの仮定が標準的に使われてきたからである。しかし、これは理論の逃げ口上に過ぎない。実際には、価格は単一ではないし、変換に伴う個人間の多様性は広く観察されるところである。しかし、もっと重要なことは、一旦、財空間から人が「できること」、あるいは「なれること」(あるいは、人がどんな生活を送ることができるか)という空間[訳注2]に視点を移すと、この変換に伴う個人間の差異は大きく、しかも重要なものとなってくる。[18]

人が保有している資源や基本財は、その人がそれをもって何かをしたり何かになったりする自由を実際にどのくらい享受しているのかについての不完全な指標に過ぎない。[19]前章ですでに論じたように、個人的・社会的特性が人によって大きく異なっているということは、資源や基本財から成果への変換についても大きな個人間の差異が存在することを意味している。まさにこの理由によって、個人的・社会的特性が個人間で異なっているということは、資源や基本財から「成果を達成するための自由」への変換についても同様に多様であることを意味している。

選択の自由に関心があるなら、実際に個人が持っている選択肢に注目しなければならない。その人が支配している資源だけを見て同じ結果が得られるだろうと仮定してはならない。ロールズやドゥウォーキンのような現代の政治哲学で見られる資源に基づく個人間比較への動きは、確かに自由に注目する方向に向かっていると言えるが、しかしその動きはかなり不十分である。[20]一般に、資源や基本財の比較を、自由の比較の基礎として用いることはできない。自由の評価は、何に注目すべきかについて厳密な要求を課すことになる。その要求は何か他のものを眺めていては達成することのできないものである。

注

(1) 異なったタイプの経済を評価するとき、自由という観点が妥当であるかについては、European Economic Association が行ったシンポジウムで Kornai (1988)、Lindbeck (1988)、Sen (1988a) が検討している。

(2) これらの論点については生活水準に関するタナー講義〔訳注3〕で取り上げた。Sen *et al.* (1987) を参照。また、この書には、編者でもある John Muellbauer、Ravi Kanbur、Keith Hart、Bernard Williams、Geoffrey Hawthorn によるコメントと分析が含まれている。

(3) Arrow (1951, 1963) を参照。

(4) この原稿を書き上げてから、私はスタンフォード大学のケネス・アロー講義で、社会的選択理論の中に自由の視点を取り入れる可能性について検討を行った。

(5) このような方向での試みは Sen (1970a, 1970c) において行った。社会的選択理論における自由の取り扱いに関する膨大な研究については、Suzumura (1983)、Wriglesworth (1985)、Riley (1987) において論じられ、吟味されている。自由の重要性を取り扱う場合、社会的選択理論の形式には、(一)伝統的な義務論的な表現や、(二)標準的な厚生経済学の定式化や、(三)ゲーム論的な解釈に比べて利点もあれば限界もある。これに関連する論点と、自由をいかに社会的選択の枠組みの中に導入するかについては多くの文献で論じられてきた。以下に主要なものを掲げておく。Sen (1970a, 1976c, 1982b, 1982c, 1983a, 1992a)、Ng (1971, 1979)、Batra and Pattanaik (1972)、Peacock and Rowley (1972)、Nozick (1973, 1974)、Bernholz (1974, 1980)、Gibbard (1974)、Blau (1975)、Fine (1975b)、Seidl (1975, 1986b, 1990)、Campbell (1976, 1989)、Farrell (1976)、Kelly (1976a, 1976b, 1978)、Aldrich (1977)、Breyer (1977)、Perelli-Minetti (1977)、Ferejohn (1978)、Karni (1978)、Stevens and Foster (1978)、Suzumura (1978, 1980, 1983, 1991)、Austen-Smith (1979, 1982)、Mueller (1979)、Barnes (1980)、Breyer and Gardner (1980)、Breyer and Gigliotti (1980)、Fountain (1980)、Gardner (1980)、McLean (1980)、Weale (1980)、Gaertner and Krüger (1981, 1983)、Gärdenfors (1981)、P. J. Hammond (1981, 1982)、Schwarts (1981, 1986)、Sugden (1981, 1985)、Levi (1982, 1986)、Wriglesworth (1982, 1985)、Chapman (1983)、K. Basu (1984)、Gaertner (1985, 1986)、Kelsey (1985, 1988)、Schotter (1985)、Coughlin (1986)、Barry (1986)、Elster and Hylland (1986)、Hylland (1986)、Webster (1986)、Harel and Nitzan (1987)、MacIntyre (1987, 1988)、Mezzetti (1987)、Nurmi (1987)、Riley (1987, 1989a, 1989b)、Sonstegaard (1987)、Subramanian (1987)、Allen (1988)、Gigliotti (1988)、Pattanaik (1988)、S. O. Hansson (1988)、Deb (1989)、Gärdenfors and Pettit (1989)、Hamlin (1989)、Hurley (1989)、Vallentyne (1989)、Xu (1990)、Gaertner, Pattanaik, and Suzumura (1992)。

(6)　この点は、「コミュニティーの生活に参加する」といった最小限の社会的機能を果たせないような場合を含む貧困を評価する場合には特に重要な問題となる。Sen (1983a) および本書の第七章を参照。

(7) このようなタイプの問題の重要性とその経験上の例については、Sen (1985b)、特に Appendix A と B を 参 照。また、Arneson (1989a, 1990a, 1990b, 1991)、G. A. Cohen (1989, 1990, 1993) を参照。

(8) ドゥウォーキンの提案は個人的なハンディキャップに対する保険メカニズムの範囲に大きく依存する。

(9) 本節では経済理論の標準的な手法を利用する。そのため本節は本書の他の節に比べて少しはテクニカルなものになっている。しかし、特に専門的な知識は必要ない。また経済学に詳しくない読者は、たとえ本節を読み飛ばして次の節に移ったとしても議論が理解できるようになっている。

(10) これらの用法については、Sen (1979a) で検討した。

(11) この比較は、二つの集合AとBの完全な比較とはなっていないこと、Bから選択された要素yによってAを判断するという形になっているということに注意。

(12) Samuelson (1938, 1947) を参照。また、Houthakker (1950)、Little (1950) も参照。選択肢の比較は、顕示選好理論で異なった財の組合せの集合から選択することを利用して個人の効用関数を推論するために用いられた。このような個人の選択から効用を導きだそうとするやり方は問題を含んでいる。例えば、個人が求める目標の性質に関して強い仮定をおいていること、目的関数を個人の効用関数と解釈することなどである(この点については、Sen 1973b, 1977c を参照)。ここではわれわれは観察された選択結果から個人の効用関数を再現することに直接の関心があるわけではない。選択された財の組合せではなく、個人の選択肢を比較するという手法に関心がある。われわれは、顕示選好理論のすべてではなく、その一部のみを利用しようというわけである。

(13) Hicks(1939, 1940)、Samuelson(1947)、Graaff(1957)を参照。

(14) この点については、Majumdar(1969)、Sen(1979c)を参照。

(15) 「手段としての自由の価値」と「自由が持つ固有の価値」との間の区別の重要性については、Sen(1988a)を参照。

(16) しかし、ある時点において個人が所有している資源や享受している自由は、過去の成果の結果であるかもしれない。成果と自由の手段の対照を考えるとき、このような関係を否定するつもりはない。実際、この関係の完全な定式化は、相互連関についての適切な異時点間の説明を必要とする。

(17) 財空間において、ある個人が支配している財の組合せからなる集合は、ある財の集合に対する支配を確立するために用いられる資源よりも、(この財空間における)自由をより良く表している。後者から前者を導くことはできるが、その変換は市場や価格などの付随的な条件に依存している。もし、この変換が個人によって異なっていると、ある人は資源の空間で優位にありながら、財空間における自由の面で劣位にあるということが起こることもある。例えば、公共住宅政策の一環として家賃に差を付ける場合などのケースがそうである。

(18) 個人間の多様性に関してしばしば議論される例としては、必要な栄養量が人によって異なっていることが挙げられる。このような多様性を取り扱ういくつかの方法については、

Sukhatme (1977, 1982)、Srinivasan (1981, 1992)、Gopalan (1983)、Lipton (1983)、Blaxter and Waterlow (1985)、Payne (1985)、Vaidyanathan (1985)、Scrimshaw (1987)、Payne and Lipton (1988)、Anand and Harris (1990, 1992)、P. Dasgupta and Ray (1990)、Osmani (1990a, 1992a, 1992b)、Bhargava (1991) などを参照。

(19) この点に関する議論の展開については、Sen (1980a, 1993b) を参照。また、関連事項については、Lehning (1989)、Pogge (1989) を参照。

(20) この点については、第五章で公正の理論に関連して不平等の評価を考えるときに詳しく取り上げる。

訳注

〔1〕ある予算制約の下で選択可能な財の組合せの集合のこと。

〔2〕すなわち「機能」の空間のこと。

〔3〕タナー(Tanner)講義はユタ大学哲学教授で宝石製造会社の社長を兼務していたオバート・C・タナーの基金によって一九七八年にケンブリッジ大学など六つの機関に設置された招聘講座。「人間的価値と評価に関わる学知の増進と反省」を目的とする。川本隆史『ロールズ――正義の原理』(講談社、一九九七年)二〇四―二〇五頁参照。

第三章　機能と潜在能力

1　潜在能力の集合

本章では、「福祉」と「福祉を追求する自由」を、潜在能力の視点から評価する可能性について検討してみたい。このアプローチについては、すでに別のところで詳細に論じておいた(1)。ここでは、この視点のいくつかの基本的な側面を紹介するに留めたい。

個人の福祉は、その人の生活の質、いわば「生活の良さ」として見ることができる。生活とは、相互に関連した「機能」(ある状態になったり、何かをすること)の集合からなっていると見なすことができる。このような観点からすると、個人が達成していることは、その人の機能のベクトルとして表現することができる。重要な機能は、「適切な栄養を得ているか」「健康状態にあるか」「避けられる病気にかかっていないか」「早死にしていないか」などといった基本的なものから、「幸福であるか」「自尊心を持っているか」「社会生活に参加しているか」などといった複雑なものまで多岐にわたる(2)。ここで主張したいことは、人の存在はこのような機能によって構成されており、人の福祉の評価はこれらの構成要素を評価する形をとるべきだということである。[3]

機能の概念と密接に関連しているのが、「潜在能力」である。これは、人が行うことのできる様々な機能の組合せを表している。従って、潜在能力は「様々なタイプの生活を送る」という個人の自由を反映した機能のベクトルの集合として表すことができる。[4]財空間におけるいわゆる「予算集合」[5]が、どのような財の組合せを購入できるかという個人の「自由」を表しているように、機能空間における「潜在能力集合」は、どのような生活を選択できるかという個人の「自由」を表している。

個人の福祉は、その人の置かれている状態の性質、すなわち「達成された機能」に完全に依存していると考えがちである。「十分に栄養が得られているか」「健康状態にあるか」などといった点は、個人の生活の良さにとっては本質的に重要なものである。しかし、「達成された機能」ではなく、潜在能力がどのように福祉に結びついているのかという点は、本当はよく考えてみなければならないことがらである。

福祉を潜在能力によって捉えることの妥当性は、二つの相互に関連した考え方から生まれている。ひとつは、もし「達成された機能」が人の福祉を構成しているとすると、潜在能力(すなわち、ある個人が選択可能な機能のすべての組合せ)は、「福祉を達成するための自由(あるいは機会)」を構成しているということである。このような「福祉を達成するための自由」は、倫理学的・政治学的分析に直接関わりのあるものである。[6]例えば、

「善き社会像」を作ろうとするとき、「様々な個人が福祉を達成するために与えられた自由」の価値を認めるべきだろう。あるいは、「福祉の自由」を「善き社会像」に取り込まなくても、人々が本質的な「福祉の自由」を持つべきであることを、単に「権利」であると見なすこともできるだろう。(7)

このような福祉を達成する機会によって表される自由は、少なくとも手段として評価されなければならない。例えば、ある個人が社会においてどのような「手札」を持っているかを判断するようなケースである。しかし、すでに論じてきたように、自由というものは、善き社会構造にとっては手段としてだけではなく、本質的に重要なものと見なされるべきである。このような観点からすれば、「善き社会」とは「自由な社会」のことである。(8) 社会制度のあり方を論じるとき、社会の「善さ」ではなく「正しさ」という概念を使うことも可能である。この違いを非常に根本的であると見なし、この問題に対してロールズ (Rawls 1988a が述べたように)「善さ」よりも「正しさ」の優位性を主張するものは、このようにしてそのような方向からアプローチしなければならないだろう。

福祉と潜在能力の間の二番目の関係は、「達成された成果」を潜在能力に直接結びつけるものである。選択するということは、それ自体、生きる上で重要な一部分である。そして、(9) 重要な選択肢から真の選択を行うという人生はより豊かなものであると見なされるだろう。このような観点からすると、少なくとも特定のタイプの潜在能力は、選択の機会が増すとともに人々の生活を豊かにし、福祉の増進に直接貢献する。しかし、潜在能力という形の自由が、ただ道具として評価されるとしても、そして福祉の水準がそのような選択の自由の程度に依存していないとしても、潜在能力は社会的評価の重要な要素である。潜在能力集合は、人の到達可能な範囲の様々な機能に関する情報を与えてくれる。そして、この情報は、福祉がいかなる形で特徴付けられようとも重要なものである。

どちらの形であっても、潜在能力アプローチは、従来の個人および社会評価のアプローチ、すなわち、ロールズの評価システムにおける「基本財」、ドゥウォーキンの社会分析における「資源」、GNP・GDPあるいは「名前付きの財ベクトル」(10)に注目する分析に見られるような、「実質所得」に基づくアプローチとは決定的に異なっている。これらの変数は、すべて福祉や他の目的を達成するための道具に関わっており、自由への手段と見なすことができる。これとは対照的に、機能は福祉の構成要素であり、潜在能力はこれらの構成要素を追求する自由を反映している。本節ですでに論じたように、選択し決定することが生活の一部分である限り、潜在能力は福祉自体に対して直接的な役割を担っている。(11)

2　価値対象と評価空間

評価を行う際には、次の二つの異なった問題をはっきりと区別しておく必要がある。すなわち、(一)何が価値の対象となるのか、(二)それぞれの対象がどれだけの価値を持っているのか、ということである。形式的には前者の問題は(価値の対象が正のウェイトを持っていると見れば)後者のひとつの側面であると言えなくもないが、価値の対象をはっきりさせることは、本質的には第二の問題に進むための最初のステップである。

さらに、正のウェイトを持った価値対象の集合をはっきりさせることは、優越順序(dominance ranking)(すなわち、価値対象の集合 x と y を比較した時、少なくとも x のひとつの要素で y より多くの評価をもたらし、その他の要素については少なくとも同じ評価をもたらす場合、x は y より優位と見なす順位付け)を取り出すのに役立つ。この優越順序は、推移性〔訳注1〕のような標準的な規則を備えており、これによって評価の作業をかなりのところまで進めることができる。(12)

第一章で簡単に触れておいたように、価値対象をはっきりさせることは「評価空間」を特定することになる。例えば、標準的な功利主義的分析では、評価空間は快楽や幸福や欲望の達成などによって定義される個人の効用からなっている。実際に、完全な評価アプローチは、評価空間に属していない様々なタイプの情報を排除するという意味で「情報の制限」を伴うものである。(13)

潜在能力アプローチは、主として「価値対象」を明確にすることに関心があり、機能や「潜在能力」を評価空間として用いる。もちろん、空間の選択自体、評価という行為を含んだものであるが、価値対象を選択するという(一)の問題に答えるだけでは相対的価値に関わる(二)の問題に答えることにはならない。ただし、空間を選択するだけでかなりの差別化が可能になる。なぜなら、潜在的に価値があると見なされるものが選択され、そうでないものが対象のリストからはずされるからである。

潜在能力アプローチが功利主義者、もっと一般的には厚生主義者[14]の評価と異なる点は、(単に効用をもたらすからとか、効用をもたらす程度に応じてというのではなく)様々な行為や状態、それ自身が重要であるとする余地を残しているところにある[15]。この意味で、潜在能力の視点によって、生活を豊かにも貧しくもする様々な要因をより完全に把握することが可能になる。また、それは、(例えば実質所得、富、資源、自由、基本財など)決して個人の機能や潜在能力ではないような基準によって評価を行うアプローチとも異なる。

3　選択とウェイト付け

適切な機能や重要な潜在能力としてどのような機能を取り上げるべきか、という問題が常に存在している。「行為」や「状態」を表す一般的なフォーマットには、適切に定義すれば「成果」を追加的に含めることもできる。機能のうち、あるものは記述が容易であるかもしれないが、たいていの文脈においてあまり関心のないものかもしれない。

例えば、特定のブランドの洗剤を使うことは他のブランドの洗剤を使うこととほとんど差はないかもしれない[16]。機能を選択するとき、そしてそれに対応した潜在能力を示すとき、評価の問題を避けることはできない。機能を重要なものと些細で無視できるものとに分けている背景にある関心や価値に焦点を当てなければならない[17]。選択し区別することは、機能と潜在能力を概念化する上で困惑すべきことでもないし、また特に難しいわけでもない[18]。

ある種の福祉の分析(例えば、発展途上国における極度の貧困を取り扱う場合)において、比較的少数の中心となる重要な機能(および、それに対応する基本的な潜在能力、例えば、栄養状態が良いこと、風雨をしのげる住居に住んでいること、予防可能な病気にかからないこと、早死にしないこと、など)だけで、かなりのことを主張することができる[19]。経済開発におけるもっと一般的な問題を含めた他の文脈では、対象とすべき機能のリストはずっと長く多様なものになるだろう[20]。

チャールズ・バイツ(Beitz 1986)は、私の著作に対する書評論文の中で、潜在能力アプローチの様々な側面について論じ、次のような重要な問題を提起している(同様の点は、他の批評者によっても異なった形で指摘されている)。

潜在能力を個人間比較に用いる場合の主たる理論的困難は、すべての潜在能力が同じ土台の上に立っているわけではないという明らかな事実から生じる。例えば、動き回るという能力は、バスケットボールをするという能力とは異なった重要性を持っている[21]。

このような心配は当然であるし、そのような問いに答えておくことは重要なことである。確かに、潜在能力を広く捉えた場合には、その中のいくつかのものはそれほど関心を引くものでもなく、また重要なものでもない。さらに、重要なものの中でも、相互にウェイト付けをしなければならない。しかし、このような差別化は潜在能力アプローチの重要な部分をなすものであり、選択とウェイト付けの必要性は、決して(理論的困難として)困惑すべきものではない[22]。

実質所得の枠組みにおいて様々な財が異なった価値を持っているように、潜在能力アプローチの枠組みの中では、様々な潜在能力が異なった重要性を持っている。いずれの場合にも、すべての構成要素に対して等しい評価を与える必要はない。様々な財が異なったウェイトを持っているという理由で、財中心の評価を批判することはできない。全く同様のことが、機能と潜在能力についても当てはまる。潜在能力アプローチは、評価のための適切な機能を特定することから始まるのであって、評価に用いることが可能なすべての機能が(平等であると言わないまでも)重要でなければならないということを主張しているのではない。

ここで主張したいことは、福祉を評価する場合、価値対象は機能であり潜在能力であるということである。この主張は、福祉を評価する場合に、すべてのタイプの潜在能力が等しい価値を持つことを意味しているのでもなければ、どのような潜在能力も、（たとえそれが人の生活から全くかけ離れたものであっても）何らかの価値を持たねばならないことを意味しているのでもない。潜在能力アプローチがもたらす新しい点は、成果や自由の手段（例えば、資源、基本財、所得など）にのみ注目するのではなく、機能や潜在能力を吟味することの必要性を示すところにある。様々な機能や潜在能力の相対的評価は、このアプローチの重要な要素でなければならない。

4　不完全性——原理的なものと実際的なもの

ここで、関連した論点に移りたい。潜在能力アプローチでは、たとえ様々な機能に対して与えられる相対的ウェイトに関して完全な合意がなくても、しばしば明確な答えを出すことができる。第一に、ある特定の価値対象（価値あるものとして認められた機能や潜在能力）を選択した場合、それぞれの相対的ウェイトを特定することなしに部分優越順序を作ることができる。いずれの機能や潜在能力についても、より多くのものを享受していれば、それは明らかな改善を意味している。これは、それぞれの機能や潜在能力に対して与えられる相対的ウェイトに関して合意が成立していなくても言えることである。

さらに重要なことに、部分優越順序は相対価値に関する完全な合意がなくても拡張することができる。例えば、いま四つの異なった見方があり、yに対するxのウェイトがそれぞれ1/2、1/3、1/4、1/5であるとしよう。この時、この四つの見方の間には、yに対するxのウェイトは1/2を超えず、1/5を下回らないという暗黙の合意が成立している。この程度の合意でも、優越順序では順序付けることのできないような(たぶん多くの)組合せを順序付けることができる。例えば、前述のウェイト付けで一単位のxと二単位のyの組合せは、明らかに二単位のxと一単位のyという組合せより望ましい〔訳注2〕(この場合、いずれの組合せも他方より多くのxとyを享受しているわけではないが)。

すべての可能なウェイトの値に基づいて共通の評価をするものだけを取り出す「共通部分アプローチ」によって、議論をかなり進めることができる。(23) このアプローチでは、合意がすでにできているもの以上を要求しない。図3-1の各軸は価値対象(例えば、機能)を示している。この合意(すなわち、価値対象を選択したこと)はすでに優越順序を示している。すなわち、aはbより優れているということである。しかし、優越順序は不完全であり、aとc、d、eとの間をランク付けすることはできない。

今、異なった無差別曲線(より一般的には価値対象が三つ以上の場合には無差別曲面)を考えてみよう。これらはいずれも存在可能ではあるが、どれが本当に正しいものであるかは明らかではないものとする(たったひとつだけ正しいものが存在するかどうかさえ明らかでないとする)。aを通る三つの無差別曲線をⅠ、Ⅱ、Ⅲとする。これらの無差別曲線でaは常にcより低い水準に位置するため、共通部分アプローチによるとaはcよりも劣っていることになる。同様に、三つの無差別曲線についてaはdよりも高い水準に位置するので、aはdよりも望ましいことになる。このように部分優越順序は、共通部分アプローチによって拡張することができる。しかし、このような拡張によっても依然として部分順序である。例えば、ある無差別曲線についてみるとaはeよりも上に位置するのに対して、他の無差別曲線についてみると下に位置しており、aとeを順序付けることはできない。共通部分アプローチは

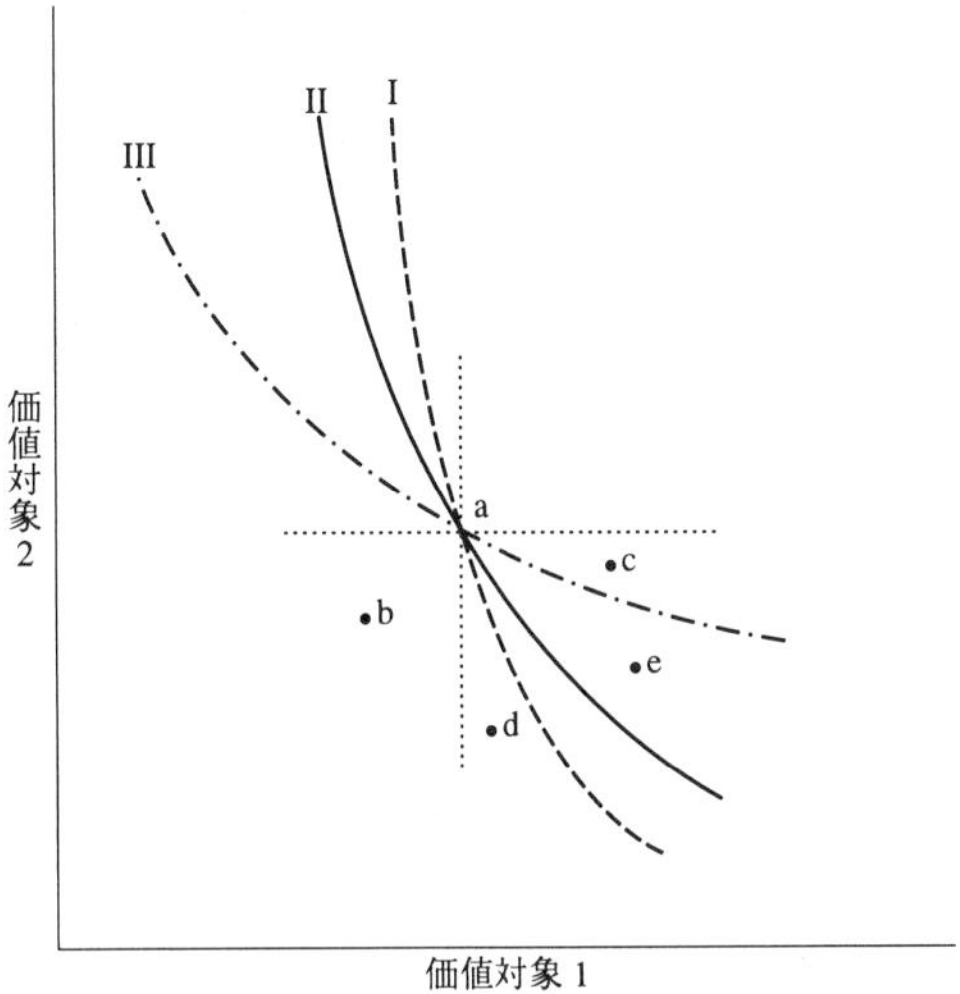

図3-1　優位と共通集合

決定力を高めることはできるが、決定できない領域を完全に取り除くことはできない。しかし、このような不決定性が残るとしても、それは困惑すべきことではない。なぜなら、それは、部分的に一致しない評価が残る限り、完全に合意することは不可能であるという事実を反映しているに過ぎないからである。

潜在能力アプローチの利用価値を「オール・オア・ナッシング」と見ないことが重要である。福祉の個人間比較には、不平等の評価と同様の不完全性がつきまとう。個人の福祉を完全に順序付けるアプローチや、不平等を曖昧さや不完全性の余地を残さずに比較できるようなアプローチの方こそ、このような考え方に反している。福祉も不平等も、どちらも幅広く、かつ曖昧さを含んだ概念である。このような概念に対して完全で明確な順序付けをしようとすることは、これらの性質に照らして正しい扱いとは言えない。過度に厳密であることの危険が、ここに存在する。

相対的なウェイトに拭い切れない不完全性や不一致、アンビヴァレンスが存在する限り、それに対応して福祉の加重価値の特徴にも曖昧さが投影される。この点は、私が別のところで擁護しようとした手法上の点にも関連する。すなわち、もし基礎となるアイデアが本質的に曖昧さを持っているのであれば、そのアイデアの厳密な定式化はそのような曖昧さを排除するよりはむしろとらえるべきであるという点である。(24)

部分順序を個人間比較や不平等の評価に用いることを正当化する根拠として、二つ挙げられる。ひとつは、すでに論じてきたように、福祉や不平等という概念には曖昧さがつきまとっており、完全な順序付けをすることは誤りであるということである。この点は、「不完全性の原理的根拠」と呼んでいいだろう。第二に、たとえ完全な順序付けが間違いでないとしても、実際にそれを特定できない場合である。たとえある順序の一部分において合意が成立しておらず、その部分についてどのように取り扱うべきかについて論争があるとしても、それ以外の部分については合意が成立することも可能である。「不完全性の実際的理由」は、完全な順序付けがはっきりと形を見せるまで沈黙を守るのではなく、どんな部分であろうと明確に順序付けが可能であるところから利用しようとすることを指す。

現実的な方法は、もちろん順を追って用いることも可能であり、順序付けのできていなかった部分の順序付けが可能になったところで、それを部分順序にとりこんでいくことができる。しかし、拡張の可能性を認めたとしても、すべての順序が明らかになるまで、すでに明らかな部分についてすら何も言わず、何の判断もしないのは間違いだろう。「全体がそろうのを待つ」というやり方は、実際には賢明なやり方ではない。

5　潜在能力か機能か？

潜在能力とは、第一に価値ある機能を達成する自由を反映したものである。それは、自由を達成するための手段ではなく、自由そのものに直接、注目する。そして、それはわれわれが持っている真の選択肢を明らかにする。この意味において、潜在能力は実質的な自由を反映したものであると言える。機能が個人の福祉の構成要素である限り、潜在能力は個人の福祉を達成しようとする自由を表している。

この関係は極めて単純なように見える。しかし、本章の第1節で論じたように、潜在能力は単に福祉を達成する自由を表しているだけではなく、達成された福祉の水準を表すのにも適当かもしれない。福祉の達成は、様々な機能が達成されていくプロセスと同時に、その選択においてわれわれの決定が果たす役割にも依存している。もし、このような論理が広い範囲に亘って重要であるならば、潜在能力を単に「福祉を達成するための自由」だけではなく、「達成された福祉」に結びつけることも可能だろう。

しかし、このような考え方は、かなり複雑であるし、たぶん混乱のもとでもある。というのは、このような考え方は、(一)「達成された機能」は「達成された福祉」と関連し、(二)「潜在能力」は「福祉を達成するための自由」に関連している、という整然とした構造を壊してしまうかもしれないからである。選択の自由(従って、潜在能力)は、達成された福祉の水準に直接影響を及ぼすとも言えるが、達成された福祉を、実現された機能ではなく潜在能力の関数であると見なすのは行き過ぎであろう。僅かな影響を考慮する余地を残すために、達成された機能と達成された福祉との間の単純で重要な関係を見失うことになるだろう。

　この混乱した問題を解きほぐすためにまず注意すべきことは、潜在能力は機能と同じ焦点変数によって定義されているということである。機能の空間における点は、n個の機能を要素として表すことができる。潜在能力は、そのような機能の空間における点の集合であり、人がそこからひとつだけ選ぶことのできる様々な機能の組合せを表している[25]。潜在能力アプローチの重要な点は、財や所得や効用等といった空間から離れて、生活の構成要素から成る空間で議論するというところにある。そのため空間に関する限り、機能であっても潜在能力であっても差がないということは非常に重要な点である。つまり、機能の組合せはそのような空間内の一点であるのに対し、潜在能力はそのような点の集合である。

　次に、潜在能力集合は、実際に選択される機能の組合せに関する情報を含んでいるということに注意しなければならない。なぜなら、それは明らかに実行可能な組合せの中に含まれているからである。実際に、その集合から選ばれた機能の組合せを評価することによって、潜在能力の集合を評価することも可能である。もし自由が個人の福祉にとって手段としての重要性しか持たないとすれば、福祉を評価する際に潜在能力の価値を「選択された機能の組合せ」の価値と同一視してもかまわない。このことは、もし福祉を最大にするような選択がなされているとすると、潜在能力集合の価値をその集合内の最善の要素(より一般的には、最善の要素はひとつではないかもしれないので、正確には最善の要素のひとつ)の価値と同一視することと同じになる。これらの方法は、同じ結果を生むかもしれないし、そうでないかもしれないが、「要素評価」(すなわち、ある集合の評価をその集合内の一要素の価値、例えば、選択された要素や最善の要素などによって行うこと)のひとつの例である。(26)

潜在能力集合を要素によって評価する可能性は、たとえ究極的な関心が成果のみにあって自由(成果を得るための手段としての自由は除く)にはない時、潜在能力集合を評価に用いることができるということを示している。潜在能力集合は我々が必要としている以上の情報を与えてくれるが、選択された機能の組合せは、潜在能力集合の一部分に過ない。(27)この意味において、選択された要素以外のものが実際に起こるか否かに関わらず(選択の過程にどのような重要性を認めるかに応じて)潜在能力一般によって福祉を評価する理論の妥当性をうかがうことができる。(28)

さらに、選択の自由は、人の生活の質や福祉にとって直接重要なものである。この関係は、もう少し議論する価値がある。自由に行動でき、選択できるということは、この見方からすれば、直接、福祉につながるが、その理由は、自由が増すと選択肢も増えるからというのではない。もちろん、この見方は、選択可能な集合が寄与するものはその集合内の最善の要素の価値のみによって決まってしまう標準的な消費者理論で仮定されているものとは正反対のものである。[29] 標準的な消費者理論では、たとえ選択された最善の要素以外のすべての要素を選択可能な集合(すなわち、予算集合)から取り除いたとしても、それは何ら不利益をもたらすものではない。この見方によると、選択の自由はそれ自身では何の意味も持たない。これとは対照的に、もし選択することが生活の一部であるとし、「xを行うこと」が「xを選択し、それを行うこと」と区別されるのであれば、福祉の達成さえも、潜在能力集合に反映された自由に影響されると見なければならない。

様々な選択肢が存在し、選択をすでに行ったということを反映した形で機能を表すことは可能である。例えば、機能としての断食は単に飢えることではない。断食とは、他に選択肢がある時に飢えることを選択することである。飢えている人の「達成された福祉」を検討する場合、その人が断食をしているのか、あるいは十分な食糧を得る手段がないだけなのか、を知ることは直接的な関心事である。同様に、ある生活様式を選択することは、どのようにそれが選択されても同じだというわけではないし、人の福祉はその生活様式がどのようにして生じるようになったのかということにも依存している。[30]

達成された福祉の分析を、単にその人の潜在能力集合内の「選択された一要素」に関連付けるのではなく、潜在能力集合全体という広い情報的基礎に視野を広げることには、実質的な利点がある。しかし、観察された機能ではなく、潜在能力集合全体に関する情報を集めることの困難さゆえに、このような潜在的な利点も生かすことができないということがしばしば起こることも否定できない。事実、潜在能力集合は直接に観察可能ではなく、(あたかも消費者理論における予算集合が所得や価格や交換の可能性などのデータに基づいて導かれるように)いくつかの仮定に基づいて作り上げられるものである。かくして、とりわけ潜在能力集合を導出する仮定が経験的にあやしい時には、潜在能力集合を導出しようとするのではなく、達成され観察された機能に福祉を関連付けることになる。(31)

ただし、情報の入手が困難であるという理由から受け入れざるを得ないものと、情報が十分であればとったであろう正しい手続きとを区別する必要がある。「達成された福祉」の分析において潜在能力集合の重要性を論じる時、われわれは情報の入手可能性という現実的問題に目を背けているのでもないし、限られたデータでも行うことのできるセカンドベストの分析の価値も十分認識している。しかし、原則としてどんなデータが適切で役に立つか(多くの場合、そのようなデータは得ることはできないであろうが)、はっきりさせておくことは重要である。現実的な妥協は、(一)われわれの究極の関心と、(二)情報の入手可能性、の両方に基づいてなされなければならない。

たとえ、データの制約を現実的に受け入れたために潜在能力集合を完全な形で表現できなくなったとしても、われわれの基本的な動機をはっきりと持ち続けることは重要であるし、現実的な妥協も、このような状況の下でなしうる最善のものと見なすことは重要なことである。情報的基礎としての「機能」は、生活の質や経済進歩を評価する指標としては、効用や財の所有など一般に用いられているものより、ずっと優れたものである。

潜在能力アプローチは、このように様々なレベルで用いることができる。どのくらいのレベルまで精緻化できるかは、どんなデータが得られ、どんなデータが得られないのか、という現実的な状況によって決まってくる。理想的には、潜在能力アプローチは「様々な機能の中から選択する自由」をすべて考慮しなければならないが、現実問題としてはしばしば「達成された機能」のみを分析するにとどまらざるをえない。この点は、「実際に達成された福祉」を評価する場合よりも、自由を評価するために潜在能力アプローチを用いる場合に問題となる。しかし、「実際に達成された福祉」を評価する場合でさえも、データの制約は(すでに述べた理由により)重大な欠点となりうる。

6　効用 対 潜在能力

本章の締めくくりに、個人の福祉や社会倫理や平等を評価するときの基礎として、潜在能力に基づくアプローチと、効用に基づくアプローチを簡単に比較する。厚生経済学において明示的あるいは暗黙の内に用いられている功利主義の価値概念では、快楽や幸福や欲望といった心理状態によって定義される個人の効用にのみ究極の価値を見出す。効用を「願望の達成」と見る解釈は、心理状態に依拠する見方とは異なったものと見られている。なぜなら、ここでは効用は、「喜んでいる」といった心理状態を達成することによってではなく、「望ましい状態についての目的を実現する」ことによって達成されるからである(J. Griffin 1982, 1986を参照)。この区別は重要である。願望達成の意味での効用を確認すること自体は心理的な尺度に基づかないことも確かであり、この場合われわれが確認すべきことは、望んでいた目的が達成されたか否かだけである。しかし、もっと完全な功利主義的評価をするには、効用の存在を確かめる以上のことが必要である。それは、何らかの形で効用を計測することであり、比較することである。そのためには、もし願望達成の重要度が願望の強度に関連しているのであれば、願望の強度を比較しなければならない。実際、功利主義者や他の効用に基づく評価で効用を願望の達成として捉える場合、願望の心理的尺度をできるだけ用いざるを得ない。

機能や潜在能力自身の評価を、心理的尺度(例えば、願望の強さなど)によって行ってはならないとする特別な理由は、ないように見えるかもしれない。そして、もしそのように評価を行ったならば、効用に基づく計算が潜在能力アプローチの一部分であることを拒否する特別な理由もないように見えるかもしれない。実際に、願望に基づいた潜在能力や機能が、広く定義された潜在能力アプローチのひとつであると見なせないこともない。しかし、そもそもの動機という点では両者は全く異なる。

異なった効用の解釈には、異なった問題が存在する。しかし、それらは、幸福や願望といった心理的尺度を利用することによって間接的評価を行っているという共通点を持っている。ここに、このアプローチの問題がある。幸福であることは重要な機能のひとつと見なされるとしても、それが人生を送るためのすべてであると見なすことはできない(すなわち、それが唯一の価値ある機能であるとは言えない)。もし効用に基づく評価が快楽や幸福によって行われたとすると、その他の機能は実質的に無視されることになり、間接的に快楽や幸福に貢献する限りにおいてのみ評価されることになる。

一方、もし願望の達成が基準としてとられたとすると、潜在能力と機能を評価するために特定の方法が選ばれたことになる。この特別の視点に基づく潜在能力と機能の評価の妥当性には、議論の余地が残されている。なぜなら、理性的な評価の問題に直面することなく、ただ願望の尺度を機械的に当てはめるやり方は、規範的な評価の仕方としては不公正だからである。(32)

この問題は、固定化してしまった不平等や貧困を考える場合に、特に深刻なものとなる。すっかり困窮し切りつめた生活を強いられている人でも、そのような厳しい状態を受け入れてしまっている場合には、願望や成果の心理的尺度ではそれほどひどい生活を送っているようには見えないかもしれない。長年に亘って困窮した状態に置かれていると、その犠牲者はいつも嘆き続けることはしなくなり、小さな慈悲に大きな喜びを見出す努力をし、自分の願望を控えめな(現実的な)レベルにまで切り下げようとする。実際に、個人の力では変えることのできない逆境に置かれると、その犠牲者は、達成できないことを虚しく切望するよりは、達成可能な限られたものごとに願望を限定してしまうであろう。このように、たとえ十分に栄養が得られず、きちんとした服を着ることもできず、最小限の教育も受けられず、適度に雨風が防げる家にさえ住むことができないとしても、個人の困窮の程度は個人の願望達成の尺度には現れないかもしれない。

固定化してしまった困窮の問題は、不平等を伴う多くのケースで、特に深刻である。このことは、特に階級や共同体、カースト、ジェンダーなどの差別の問題に当てはまる。このような困窮の性質は、重要な潜在能力に関して社会的に生じた差異に注目することによって明らかにすることができるが、もし潜在能力を効用の尺度で評価してしまうと、それらの点は明らかにできないだろう。潜在能力アプローチを補完するものとして古い順応主義に舞い戻ってしまうことは、慢性的に剝奪されている者が望むことすら許されていない潜在能力を過小評価することになり、新しいアプローチから得たものを(少なくとも部分的には)奪い去ってしまうことになるだろう。潜在能力の評価は、これらの潜在能力から得られる効用を単純に合計することによっては行うことができない。根の深い慢性的な不平等を扱う場合、二つのアプローチから生じる差は、極めて大きなものになる。

注

（1）計測と評価に伴う概念的な基礎や実際上の問題については、Sen(1980a, 1985a, 1985b)において論じた。本章は、Sen(1991b)に基づいている。

（2）「生活の質」の内容に関しては、Allardt(1981, 1993)、Erikson and Aberg(1987)、Erikson(1993)、Ysander(1993)を参照。生活条件に関するスカンジナビア学派の研究は、多様な機能を「生活の質」の基礎として捉えるための実証的な可能性を示し、明確にすることに大いに貢献してきた。関連事項については、Fuchs(1983)、Mack and Lansley(1985)、Culyer(1986)、A.Williams(1991)を参照。

（3）このアプローチの哲学的基礎は、「活動としての生活」によって「人の善」を考察しようとしたアリストテレスの記述にまで遡ることができる(*The Nicomachean Ethics*, I. 7を参照)。さらにアリストテレスは、倫理学と政治学において、「人類の繁栄」も含め、この意味における福祉に注目することの政治的・社会的含意について検討している。アリストテレスのアプローチと最近の潜在能力論との関連については、Nussbaum(1988a, 1988b)を参照。

（4）機能ベクトル(一般的にはn個の要素からなる機能)と、そのようなベクトルからなる潜在能力の集合の表現と評価のテクニカルな問題点については、Sen(1985b, 1993b)を参照。

（5）この点については、第二章第2節を参照。

（6）社会倫理学および政治倫理学において「達成された福祉」ではなく、「福祉の自由」を論じることの妥当性については、デューイ講義(特に講義二と三)で論じた(Sen 1985a)。この講義では、「福祉の自由」と「エージェンシーとしての自由」との違いについても論じた。

後者は、もっと一般的な自由、すなわち目的が何であろうと(それは個人の福祉の範囲を越えているかもしれない)それを達成する自由を表している。本書の第四章を参照。

(7) 権利(the right)と善さ(the good)の区別の重要性については、Rawls(1988a)を参照。国家の義務を「善さ」の最大化ではなく、権利の観点から捉えようとしたケースとしては、Sugden(1989)を参照。Sen(1987)では、この区別がそれほど明確ではないこと、またしばしば考えられているほどには基本的ではない可能性が高いことを論じた。

(8) このような自由の捉え方は、リバタリアンの重要な著作(例えば最近では、Hayek 1960, 1967, Nozick 1974, J. M. Buchanan 1975, 1986など)と深く関わっている。しかし、自由の基礎的な価値に注目した議論は、マルクスの政治哲学にも見られ、「個人の自由な発展と活動の条件を自らのコントロールの下に」置くことが強調される。マルクスの考えでは、将来の自由な社会では、「今日、あることをし、明日、別のことをすることが可能であり、また狩人や漁師や羊飼いになることなく、また批評家になることなく、気の向くままに朝に狩りをし、午後に釣りをし、夕方に羊の世話をし、夕食後に批評をする」ことが可能になる(Marx 1845-46, p. 22)。このことは、もちろん自由の包括的な見方(すなわち、すべてを考慮した上でできること)であり、多くの自由主義者の文献の中で強調される「負の権利」(行うことを妨げられていない)とは対照的である。この違いについては、Berlin(1969)を参照。自由の本質的な価値に対する代替的なアプローチについては、私の「選択の自由 —— 概念と内容」(Sen 1988a)を参照。自由に対するマルクス主義者のアプローチについては、Kolakowski(1978)、C. Taylor(1979)、Brenkert(1980, 1983)、A. E. Buchanan(1982)、Elster

(1986)、Lukes(1985)、G. A. Cohen(1986, 1988, 1989)、Ramachandran(1990)などを参照。

(9) このことは、選択肢が増えるほど人々の厚生水準が上昇するということを意味するわけではないし、選択の「義務」が人々の自由を増大させるわけでもない。これらの点については次章で取り上げる。

(10) この点に関する批判的サーベイについては、Sen(1979c)を参照。

(11) 潜在能力アプローチの動機や戦略的な論点については、Sen(1980a, 1985a, 1985b, 1993b)を参照。このアプローチに対する批評と拡張と関連分野における貢献については、Roemer(1982, 1986a)、Streeten(1984)、Beitz(1986)、Culyer(1986)、P. Dasgupta(1986, 1988, 1990)、de Beus(1989)、De Leonardo, Maurie, and Rotelli(1986)、Delbono(1986)、Hamlin(1986)、Helm(1986)、Kakwani(1986)、Luker(1986)、O'Neill(1986, 1993)、Riley(1986, 1987)、Zamagni(1986)、Asahi(1987)、K. Basu(1987a)、Brannen and Wilson(1987)、Erikson and Aberg(1987)、Hawthorn(1987)、K. Hart(1987)、Kanbur(1987)、B. G. Kumar(1987)、Muellbauer(1987)、Ringen(1987)、B. Williams(1987)、Wilson(1987)、Gaertner(1988, 1993)、Goodin(1988)、Arneson(1989a, 1990b)、G. A. Cohen(1989, 1990)、Drèze and Sen(1989)、K. Griffin and Knight(1989)、Nussbaum(1988a, 1988b)、Suzumura(1988)、Stewart(1988)、Pogge(1989)、Seabright(1989, 1993)、Desai(1990)、Hossain(1990)、Steiner(1990)、Van Parijs(1990a, 1990b)、Ahtisaari(1991)、D. A. Crocker(1991a, 1991b)、A. Williams(1991)、Bliss(1993)、Brock(1993)、A. K. S. Kumar(1992)などを参照。

(12) この点については、Sen(1970a, 1970b)を参照。

(13)　評価システムは、情報の制限(すなわち、それが除外する情報のタイプ)によって有効に分析がなされる。このような評価原理の情報分析に関する戦略については、Sen(1977b, 1979d)を参照。

(14)　功利主義は三つの要素に分けることができる。すなわち、(一)帰結主義(行為や規則などの決定変数は、その結果として生じた状態の「善さ」によって判断されるべきである)、(二)厚生主義(個々の状態は、その状態における個人の効用によって判断されるべきである)、(三)総和によるランク付け(単に個人の効用を集計することによって判断されるべきである)、の三つである。このような分け方とこの一般的な構造を持つ功利主義の様々なタイプについては、Sen(1979a, 1979b)、Sen and B. Williams(1982)の「序」を参照。

(15)　功利主義の解釈の中で、効用を定義する様々な方法(例えば、幸福、快楽、願望の達成など)がある(例えば、Gosling 1969を参照)。しかし、ここで述べたことはそのすべてに当てはまる。一方、もし「効用」が「本質的なものとしてではなく、ある人にとって慎重に判断した結果として何が価値あるものかという形式的な分析」(J. Griffin 1986)として定義されるのであれば、問題は如何にして正確にその「形式的な分析」を行うかということにかかってくる。グリフィンによって提案された功利主義の再解釈がいまだに功利主義者の枠内に留まっているのかという点については、ここでは取り上げない。また、上述のグリフィンからの引用に示された一般的な戦略と、本質的な倫理分析における彼独特の「慎重な考慮に基づく願望の強さ」の使い方との対応関係についてもここでは論じない。

(16)　B. Williams(1987)は、私のタナー講義に対するコメントのなかでこの問題を指摘した。

この点については、Sen *et al.*(1987)の彼の議論(pp. 98–101)と私の返答(pp. 108–109)を参照。

(17) 評価をその背景にある動機に結びつける必要性については、この一般的な問題を医療問題の分野で具体的に論じたBrock(1993)を参照。また、Béteille(1983a)、Verba *et al.*(1987)、D. A. Crocker(1991b)を参照。

(18) 私は、Sen(1980b)で、「選択としての記述」に含まれる一般的な手法上の問題について論じた。

(19) Sen(1984, 1988b)を参照。Sen(1980a)の「何の平等か」において用いた「基礎的潜在能力」は、「基本的で決定的に重要な機能をあるレベルまで満たす能力」を選別することを意図していた。この言葉は、「基礎的」という語が曖昧であるために他の用法で用いることもできる。例えば、個人の潜在能力は、それが実現されるか否かは別としても、開発し拡大していく潜在性があるとも解釈できる(これは、Nussbaum 1988a, 1988b が用いた用語法である)。

(20) 個人の福祉や「エージェントとしての成果」を評価するために必要となる機能や潜在能力の範囲は、非常に広いものとなる。私のデューイ講義(Sen 1985a)を参照。

(21) Beitz(1986, p. 287)。また、Arneson(1989a, 1990b)、G. A. Cohen(1989, 1990)も参照。

(22) すでに述べたアリストテレス派のアプローチでは、個々の機能や潜在能力を順序付けたリストによってウェイト付けの問題を解決しようとする方法を示唆している。この点については、Nussbaum(1988a, 1988b)を参照。しばしば「卓越主義[訳注3]」と呼ばれる一般的な方法の持つメリットについては、Haksar(1979)を参照。一般的には、ウェイト付けの問題は、アリストテレス派が示唆するようには完全に解決されてはいない。しかし、たとえそのような線形の順序付けがなくとも、潜在能力アプローチを有益なものとすることは可能である。

(23) 共通部分アプローチの数学的および解釈上の問題については、Sen(1970a, 1970b, 1973a, 1985b, 1986a)、Blackorby(1975)、Fine(1975a)、K. Basu(1979)、Bezembinder and van Acker(1979, 1986)を参照。また、関連した動機から出発しているファジー集合やファジー尺度については、Zadeh(1965)、Gouguen(1967)、Bellman and Zadeh(1970)を参照。また、不平等や関連する社会的変数の尺度への応用については、S. R. Chakravarty and Roy(1985)、K. Basu(1987b)を参照。

(24) この点については、Sen(1970a, 1989b)を参照。もちろん、この点は潜在能力アプローチだけに特有の問題ではない。同様の問題は社会、経済、政治理論の概念上の枠組みの多くで生じている。

(25) より形式的な特徴については、Sen(1985b)第二章および第七章を参照。

(26) Sen(1985b, pp. 60–61)を参照。

(27) この手法を用いるためには、単に選択が行われる集合が何かというだけでなく、それぞれの集合から何が選択されるかを知らなければならない。これは、実際に観察することや、行動仮説(例えば、ある目的関数の最大化など)を通して行うことができる。

(28) 私が「何の平等か?」(Sen 1980a)において初めて潜在能力を提示したときには、福祉の潜在能力の視点と機能の視点を区別してはいなかった。この点については、G. A. Cohen(1990)、Desai(1990)、Ahtisaari(1991)を参照。

(29)　標準的な消費者理論では、集合の評価は要素評価の形をとる。このような伝統から一歩踏み出したものとしては、Koopmans (1964)、Kreps (1979) を参照。しかし、その動機は、自由そのものが良いものとして評価されているのではなく、将来もっと多くの選択肢を持っていることの利点を評価することによって、自分自身の将来の選好に関わる不確実性を取り入れるためのものである。動機の違いについては、Sen (1985b) を参照。

(30)　人生における選択の重要性は、アリストテレス (*Nicomachean Ethics*, Books II and V; in Ross 1980) やマルクス (Marx 1844, 1845-46) を含め、何人かの学者によって強調されてきた。成果と自由の両方を評価し、またそれらをそれぞれ評価構造の中に位置付けるには、概念上の問題とともに形式上の問題もある。私は別のところでこうした問題を論じたので、ここではこれ以上は議論しない。Sen (1985a, 1993b) 参照。

(31)　第四章で論じるように、達成された福祉だけでなく、自由の分析においても、(単に選択するという行為に注目するだけでなく、人が選択したものを得る力があるか否かという視点を持ち込むことによって) 観察された状態に部分的に基づかなければならないということがしばしば起こる。

(32)　これは難しい問題であり、ここに示したような要約では満足のいくものではない。この問題のもっと完全な取り扱いについては、私の二回目のデューイ講義 (Sen 1985a, pp. 185-203) を参照。関連事項については、Davidson (1986)、Gibbard (1986)、Scanlon (1975, 1991, 1993) を参照。

訳注

〔1〕推移性とは、xがyより好ましく、yがzより好ましいとすると、xがzよりも好ましいと言えることである。

〔2〕一単位のxと二単位のyの組合せを1/2〜1/5でウェイト付けてyで表すと$(1/2+2)y$〜$(1/5+2)y$の値、すなわち$5/2y$〜$11/5y$の値をとる。同様に、二単位のxと一単位のyという組合せは$2y$〜$7/5y$の値をとる。前者の最小値は後者の最大値を上回り、前者の方が望ましいということになる。

〔3〕「卓越主義」とは、何らかの能力を達成することが人間の完成・目標であると説く立場。川本隆史『現代倫理学の冒険』八九頁参照。

第四章　自由、エージェンシー〔訳注1〕および福祉

1　福祉とエージェンシー

前章の自由についての議論では、その人自身の福祉にとって直接価値のある機能を達成する自由だけに注目してきた。しかし、人は自分自身の福祉の追求以外の目標や価値を持つことができるし、またそれが普通である。デューイ講義（Sen 1985a）の中で、私は人の「エージェンシーとしての側面」と「福祉の側面」とが違うことを論じた。そして、この二つの側面を無理に一致させて、人を単一の次元に限定してしまうことはできないと主張した。

ある個人の「エージェンシーとしての達成」とは、その人が追求する理由があると考える目標や価値ならば、それがその人自身の福祉に直接結びついているかどうかに関わらず、それを実現していくことを言う。エージェントとしての個人は、自分自身の福祉のためだけに行動するとは限らない。そして、エージェンシーとしての達成とは、その人が考えている目標や価値の全体を成し遂げることを言う(1)。もしある人が、例えば、母

国の独立を目指すとか、自分の地域社会の繁栄を目指すとか、あるいは何か広い目標を追求するとしよう。その場合、その人のエージェンシーとしての達成は、その目的に照らして評価するのであって、自分の福祉にどのくらいプラスになるのか、という点から評価するわけではない。

「エージェンシーとしての達成」と、「自分自身の福祉の達成」が違うことに対応して、ある人の「エージェンシーとしての自由」と「自分自身の福祉のための自由」も異なってくる。前者は、ある個人が価値を認めるものを達成するための自由である。それに対して後者は、ある人が自分の福祉を達成するための自由である。後者は、個人の潜在能力の集合によって最も良くとらえることができるのであり、その理由は既に論じた通りである。一方、エージェンシーとしての自由は、もっと広く考えるべきであり、エージェンシーとしての目的は、その人の福祉に直接貢献しないものも含む。この区別は別のところ[2]で論じたから、ここでさらに深入りすることはしない。

ここで強調しておきたいのは、エージェンシーと福祉という二つの側面が互いに関係がないと主張しているのではないということである。それらは別個のものではあるが、相互に深く依存している。福祉の追求は、エージェントの重要な目標の一つである。同様に、福祉以外の目標でも、それを達成できなければ人は欲求不満を感じ、そのために福祉が損なわれてしまうことにもなりかねない。両者の間には、これ以外の結びつきもあるだろう。ポイントは、一方が他方から独立に分析できるということではなく、区別しなければならないということである。

2　エージェンシー、手段および実現

エージェンシーの分析では、さらに次の二つが区別できる。すなわち、(一)人が価値を認め、達成したいと思うことが実現されることと、(二)それがその人自身の努力で実現すること、あるいはその実現にその人自身が積極的な役割を果たすということの間の区別である。(3) 前者は、その実現においてその人自身の果たした役割がどんなものだったかに関係なく、その人の目的が実現されることを言う。反対に後者は、特にエージェンシーとしての成功を表す一つの概念であり、それは、その人がエージェントとして成功することに焦点を当てている。(4)

もし私のエージェンシーとしての目的に、母国の独立や飢餓の除去が含まれるならば、母国が独立した時、あるいは飢餓が除去された時に、エージェンシーとしての達成という最初の点は満たされる。それは、私個人が、その達成にあたってどんな役割を果たしたかとは関係がない。このように「エージェンシーとしての成功」は、私が推進しようと願う目的、あるいはもし私が有能なエージェントであったならば実際に推進したと思われる目的と、(誰が実際に推進したかには関わらず)それが現実に実現した結果とをその

まま比較すればよい。

二番目の見方の方は「参加型」に近い。この場合は目的の推進に向けて私自身がどんな役割を果たしたのかを見る必要がある。この見方では、「エージェンシーとしての成功」は、狭い意味で目的の達成にあたって自分自身が果たした役割次第ということになる。この二つのケースを「実現されたエージェンシーとしての成功」と「手段としてのエージェンシーの成功」として区別するのが便利だろう。

場合によって、エージェンシーとしての側面におけるこの二つの要素の区別が重要になる。この問題は、私たちの価値観の性質にある程度関係している。それは、プロセスには関心がなく、達成されたという帰結に価値を見出すか、あるいは結果がもたらされる過程で、自分自身が果たす役割に価値を見出すか、ということである。実際には、もっと十分に目的を特定化して、「Aがもたらされること」と「私たち自身の努力によってAがもたらされること」を区別すれば、「手段としてのエージェンシーの成功」を、「実現されたエージェンシーとしての成功」という一般的な形式に含めることができる。しかし、これはあくまで形式上の一つのやり方であり、ここではこれ以上探求することはしない。(5)

手段の問題は、人が目的の実現にあたって行使する「コントロール」という考え方にも深く関係する。自由のひとつの見解では、自分が達成したいと思うことの実現にあたってどのくらいコントロールしていたかということが決定的に重要視されている。〔訳注2〕本章の後の部分で「コントロールとしての自由」という思想を詳しく検討して、その視点から自由を考えることの問題点を議論する。しかしその前に、人の「エージェンシーとしての側面」と「福祉としての側面」を区別することの意味をもっと考えることにしよう。

3　自由は福祉と対立するか

自由を基礎にした評価システムについて論じる時、より大きい自由は常に望ましいものである(少なくとも害にはならない)と、あらかじめ仮定されていることがある。この仮定は正しいものであろうか。(6) その仮定は、一般的には正しくはないことは明らかであるように思われる。実際、選択の自由が大きくなることは、人を混乱させたり、困惑させたりするし、人生をもっと惨めなものにしてしまうこともある。(7) 決定を下すのは骨が折れるし、他の人に細かい選択を任せてしまってゆっくりと休んでいる方が快適なこともある。より大きな自由が、確実に人の幸福をもっと小さくしたり、満足を低下させるようなシナリオはいくつか作ることができる。(8)

この興味ある事柄は、二つの異なるタイプの問題を提起する。その一つは、自由(「エージェンシーとしての自由」と、「福祉のための自由」の両方)は、福祉と対立することがあるのかということであり、もしそうならば、それはどのような意味において、あるいは、どのような理由でそうなのかということである。この問題(すなわち、自由と福祉が対立する可能性)を最初に考えてみよう。二番目の同じくらい重要な問題、すなわちあるタイプの選択の幅が拡大することが、それから直接予想されることとは反対の効果を引き起こすという問題も取り上げないわけにはいかない。この逆説的な現象は、自由が多少増えることでその人をかえって不利にするという形で、自由と優位性の間に対立が生じると捉えるべきなのだろうか。それとも、その問題の大部分は、自由という概念の本質的な曖昧さを反映しているものなのだろうか。この二番目の問題(自由の本質に関わる問題)は次の節すなわち、自由と福祉が対立する可能性があることを議論した後で取り上げることにしよう。

本書の中で既に論じたことを踏まえると、自由と福祉は、いつも同じように動くとは限らないし、必ずしも同じ方向には動かないということは驚くほどのことではない。この問題を考える上で、「福祉のための自由」と「エージェンシーとしての自由」の区別は特に重要である。「エージェンシーとしての自由」を推進すること(例えば、自分が推進したいと考える目標を推進する能力が高まること)が、福祉のための自由を減らすこと(それに対応して、福祉の達成度が落ちること)につながるかもしれないということは全く矛盾しない。エージェンシーと福祉の区別が重要であるのは、まさにそういった対立のためなのである。(9)

例をあげよう。私が防ぎたいと思う犯罪の現場から遠くはなれたところにいるのではなく、その犯罪の現場にたまたま出くわしたとするならば、私の「エージェンシーとしての自由」は確実に促進させられるであろう(私は今や自分が防ぎたいと思っている恐ろしい出来事を止めるために何かをすることができる)が、しかしその結果として、私の福祉の程度は下がってしまうかもしれない(つまり、もし仮にその努力がうまくいったとしても、犯罪を防ごうとして私が負傷してしまうかもしれないからである)。あらゆることを考慮した上で、そのような闘いがそれに伴う福祉水準の低下に十分値するものであると私が考えるとしても(すなわち、私が福祉の減少にどんなに苦しもうと、エージェンシーとしての目的の方が優位にあるとしても)、選択した努力の結果として私の福祉水準が下がらないとは限らない(10)。もし自由が「エージェンシーとしての自由」を指しているならば、自由が拡大される一方で、福祉水準の達成度が下がるという逆の動きが起こるのは全くありそうなことである。

福祉の達成だけでなく、「福祉のための自由」も「エージェンシーとしての自由」と反対の方向に動くことが多い。上で論じた犯罪予防の例では、犯罪現場に居合わせた結果、福祉水準が下がるだけでなく、「福祉を達成するための自由」も下がってしまう。例えば、私があまりに現場の近くにいるために(あるいは逃げ出すことができなくて)事件に巻き込まれることが避けられないかもしれない。そのため、犯罪を防ぐ機会の拡大は、私自身の福祉を追求する機会の減少と連動することになろう。しかし、もっと重要なのはおそらく次のことである。もし私が介入せずに立ち去ることができるとしても(すなわち、「尻込みして逃げる」という選択ができるとしても)、私はそんな窮地に居合わせたために、もはや自分自身の安全を確保することはできない。また、もし離れたところにいれば(不幸の渦中にいる人を救い出す必要に迫られることはないので)享受することができた心地よさ、つまり安全でいることや罪の意識を感じないでいられる心地よさの両方とも味わうことはもはやできない(11)。このように、この例は、福祉のための自由も下がる場合であって、「福祉の達成」と「福祉への自由」は必ずしも対立するわけではない(「エージェンシーとしての自由と達成」は両方とも上昇するのとは正反対に、「福祉のための自由と達成」の方は両方とも下がってしまう)。

このように、自由の解釈をどれにするかに関わりなく、福祉と自由は反対の方向に動く可能性がある。もし、自由が「エージェンシーとしての自由」を意味するならば、(エージェンシーとしての)自由は、福祉の低下だけでなく、「福祉のための自由」の低下をもたらすかもしれない。これとは反対に、自由を「福祉のための自由」と解するならば、自由と「達成された福祉水準」との間には、(福祉のための)自由の増大とともに「福祉を達成する機会」が切りつめられてしまうという対立が起こることはない。しかし、この二つ(すなわち、「福祉のための自由」と「福祉の達成」)の間には、依然として、対立が起こる余地がある。というのは、個人の選択は、必ずしも彼あるいは彼女の福祉追求だけに導かれているわけではないからである。もし、「福祉のための自由」の増加が、個人の選択を福祉以外の目的の追求に向かわせるように変化するならば、福祉のための自由が増大する一方で、福祉の水準が下がってしまうだろう。このケースは、一見したところでは少し奇妙に思える(福祉を追求するための自由が増えることが福祉の達成を下げてしまうということがどうして起こるのだろうか)。しかし、これは難問というほどのものではない。「福祉のための自由」を増大させるような変化があれば、個人は、福祉以外の目標をもっと力を込めて追求することもできるだろう。これによって、達成しようと選んだ福祉を悪化させることもあるだろう。

ここで一つの例をあげよう。自分自身の福祉を犠牲にしてでも、ある極めて貧しい国に出かけて働こうという気持ちはあるが、そんな遠くの国に行くための手段や機会がないために、それができない医者を考えてみよう。次に、その人の所得が上がったとしよう。どうやってそれが起こったのかはここでは全く関係がない。この新しい状況では、その人は「福祉のための自由」をより多く持ち(例えば、自分のために素敵な品物をたくさん買うことができ)、「エージェンシーとしての自由」もより多く持っている(自分自身の福祉を犠牲にして、遠く離れた土地に行って苦しんでいる人の幸せのために精力的に仕事をすることもできる)。もし後者を選択したならば、(エージェンシーとして成功したとしても)より低い福祉水準しか達成できないかもしれない。つまり、その人の福祉のための自由とエージェンシーとしての自由の両方が向上しているのに、その人の福祉の達成度が下がってしまうかもしれないのである。

このように、自由と福祉の達成は、私たちが自由を「エージェンシーとしての自由」と解釈するか、あるいは「福祉のための自由」と解釈するかに関係なく、それぞれ逆の方向に動く可能性がある。このような対立がどのくらい一般的なことかは、別問題である。福祉追求の機会の増大、つまり福祉のための自由の促進を手に入れることはよくあることかもしれない。また、この章のはじめの方で論じたように、選択すること、そして決定することは、良い生活の一部分として貴重であるから、自由が増えることそれ自体が福祉の達成に貢献するかもしれない。しかし、これらの点にもかかわらず、福祉の達成と、(「エージェンシーとしての自由」と「福祉のための自由」のどちらの形の自由であっても)自由との間に対立が生じる。その対立の理由は様々であろうが、究極的には、個人の持つ二つの側面、つまり福祉とエージェンシーの違いに関係している。この区別は、不平等の評価の時に二つの視点が使えることを示しているだけでない。それは、今まで論じてきたように、どちらの視点で判断しても、福祉は自由と反対の方向に動いてもおかしくないという理由を提供している。

4　自由と不利な選択

もっとも、自由と福祉とが同じ方向に動かないからといって、自由の増加が、その人にとって、必ずしも不利になるわけではない。優位性を判断する方法は、福祉という目的とエージェンシーとしての目的の区別に対応して、また利用できる機会とその結果として生じた状態の区別に対応して、異なった方法がある。実現された福祉の水準だけが、その人が一番評価している機会を表しているとは限らない。しかし自由の増加によって、その人にとってはどちらかと言えばしなくて済んだ選択をたくさんしなくてはならなくなり、必要となる時間と労力が増え、その結果、不利益が生じる可能性がある。これは、前に(第3節のはじめで)提起した二番目の問題である。すなわち、より多くの選択を強いられることには、不便や混乱がつきものであり、どれほど正確に優位性を定義しようとも、これを利益というにはほど遠い。

この問題は、自由の本質に関する重要な問題、すなわち、ある個人が選択することができ、さらには、選択しなければならない選択肢の拡大を、自由の拡大と見なすべきかどうか、という方向へと私たちを導いていく。この点は、これから論じるように、自由に関わる社会構造や公共政策の評価にとってまさに核心的なものである。

自由とは複雑な概念である。よりたくさんの選択肢を持っているということが、常に、その人がしたいことをする自由を広げることには必ずしもならない。[12] もし、混乱のない人生に価値を認めるならば(そして決まりきった決定を日々夢中で繰り返すことを尊ぶというのでなければ)、些細な選択を繰り返したところで、好ましい生き方を達成する自由が促進されるとは限らない。従って、一見したところ、自由と優位性との対立に見えるものは、実はそうでないかもしれない。この一見した対立は、平和で邪魔のない生き方に導くような選択肢を欠いている(かわりに、とるに足りないが選ばなくてはならない選択肢が増えることを伴う)ことを見逃し、自由を誤って特徴付けた結果である。

混乱のない人生を送る機会が失われてしまったことが、とるに足りない決定ができる機会が増えることよりも重要であるかどうかを判断するためには、評価がどうしても必要である。問題は、どんなオプションが大切であり、何が大切でないかの判断が必要なことである。選ばなければならない選択肢が増大するということは、機会である(選択は自分の手に任されている)と同時に、また負担でもある(選択は自分の手でしなければならない)。このような特定の選択をしなければならないという選択肢が与えられた時に、それを拒否する十分な理由がある状況を考えるのは容易である。特定の選択肢や義務が広がることは、必ずしも価値ある自由の拡張ではない。

選択すること自体が生きることの一部だという重要な認識についてはすでに議論したが、その認識は「両刃の剣」である。あるタイプの選択は、生きることの価値ある部分であり、それを大事にするもっともな理由がある。しかし、価値を認める大した理由もないような選択もあり、それを処理するのを義務づけられることは時間と労力の損失となるから、それに抵抗するのはもっともである。このように、あるタイプの選択肢が広がることは、大事にしたいと考えるライフスタイルを選択する能力を低下させることもある。

ここでの対立は、ただ単に、自由と優位性の間にあるのではない。対立があるのは、異なるタイプの自由、すなわち一連の(些細なものも含めた)選択肢について積極的な選択をすることと、些細な選択をいつも行う煩わしさのないゆったりとした生活をおくる自由との間である。自由と優位性の対立として認識されているものには、自由を十分に特定していないこと、つまり、したくもない選択を避ける十分な理由がある、という事実を見逃していることから起こっている。問題は、すでに議論したように、自由を評価するためには価値判断が避けられない条件になっていることに関わっている。

5　コントロールと有効な自由

関連する問題として、自由と「直接的なコントロール」との区別に関わる問題がある。ほかのところで私は、「コントロールとしての自由」という見方が極めて限定されたものであると主張した(Sen 1982c)。自由は、私たちが価値を見出し、求めるものを手に入れる能力という形をとる。しかし、自由の中には、私たちが自分自身では直接コントロールできないというものがたくさんある。コントロールは、私たちが価値を認め、求めるものに沿う形で(「仮想的選択」〔訳注3〕、すなわち私たちが選択するであろうものに沿う形で)発揮される。そして、この意味でコントロールは、私たちが選ぶような生活を送るための、より大きな自由と力を与えてくれる。自由をコントロールと混同してしまうと、自由という壮大な概念の視野と威力を大幅に縮小させることになりかねない。

ややありふれた例を考えてみよう。校正者が、印刷ミスを取り除いたり、綴りを訂正するために校正刷りをチェックしている時、その人は「私の希望する仕方でこの本を印刷する自由」を奪うことにはならない。この場合、コントロールは他の人(校正者)の手中にある。しかし、その校正者は、同じくらい能率のよい眼力を私が持っていたならば、まさにそうしたであろうことをやっているにすぎない。その人が私の直接の指図に従っているかどうか、あるいは、その人が私の指図を知っているかどうかは、私がどんな自由を実際に持っているのかを判断する際に重要ではない。コントロールが、私が選択するであろうことに沿って体系的に行われている限り、私の「コントロールとしての自由」は限定され欠落しているとしても、「有効な自由」は損なわれてはいない(13)。

近代社会では、社会組織が大変複雑になっているために、自分自身の人生をコントロールする手段の全てを各個人に与えるシステムを作ることは、不可能ではないにしても、たいへん難しい。しかし、ほかの人がコントロールを行うかもしれないということは、個人の自由に関わる問題がそれで終わってしまうことを意味するわけではない。どのようにコントロールが行使されるかということが、実は大きな違いを生むのである。

この章の初めに議論した「手段としてのエージェンシーの成功」と「実現されたエージェンシーとしての成功」との間の区別がここで重要になる。「コントロールとしての自由」という見方は、問題の手段としての側面だけに関係する。この場合、焦点は、目的を達成するために、その人自身が積極的にエージェンシーとしての役割を果たすという点にある。このような見方では、「実現された成功」という、もっと広い問題は問われない。「有効な自由」という考え方は、成功のもっと広い見方に関わるものである。

校正刷りを訂正するよりもずっと重要な例を取り上げよう。伝染病のない環境の中で生活するという自由は、私たちにとって重要である。その選択肢が与えられれば、私たちはそれを選ぶだろう。しかし、伝染病予防策全般をコントロールすることは、私たちにはできない。それは、国家の政策、そして国際的な援助さえ必要かもしれない。もし私たちが伝染病予防のプロセスをコントロールできないのならば、「コントロールとしての自由」に関する限り、これ以上言うべきことはない。しかしもっと広い意味での自由の問題は依然として残っている。伝染病を除去する政策は、私たちが選択する生活、つまり伝染病に煩わされない生活をおくるための自由を促進していると言える。(14)

伝染病を取り除くことは、福祉の達成度を増すことになる。[15] しかし、これは別の問題である(関連がないというわけではないが、全く同じというわけでもない)。ここでの関心は、私たちが選択する人生をおくる自由である。それが私たちの福祉をも増加させるだろうという点は、この場合、別の事柄である。もしコントロールの手段が、それを持っている人たちによって、伝染病を取り除くのではなく、伝染病を拡大する方向で使われたとしても、私たちの「コントロールの自由」は変化しない(すなわち、欠落したままであり続ける)。しかし、この時、私たちの「有効な自由」、すなわち私たちが選択する生活をおくるための自由は著しく損なわれることになる。

享受している自由を評価し、自由がどれだけ不平等であるかを検討する時、評価の情報的基礎として、(選択したであろう)仮想的選択と、実際に起こったこととの関係を考慮に入れなければならない。コントロールの手段だけに集中してしまうのは、自由を分析する上で十分ではない。この点は、自由を分析するための情報面での要求が既に厳しいのに、さらに要求を追加するように見えるかもしれない。しかし、それは、実際には、分析の実際上の問題をさらに手におえないものにするとは限らない。仮想的選択の性質を推測するのがとても容易なこともある。例えば、人々は、伝染病、疫病、突発的な飢餓、慢性的な飢えを避けることを選ぶであろうことは想像にかたくない。人々が求めるものを与えることを目的とした公共政策を通じて、このように好ましくないものを取り除くことは、人々の真の自由を向上させるものと見ることができる。この意味において、「コントロールとしての自由」という限られた見方にだけ頼ることを拒否すれば、実現された状態を観察するだけでも、享受されている自由の分析にとって、適切なことがわかるかもしれない。

このような認識は、人々が享受している自由の実証分析のあり方や、自由における不平等の実証分析に対して深い意味を持っている。次の節では、この問題をさらに考察することにしよう。

6　飢え、マラリアその他の病気からの自由

「自由」という言葉は、「飢えからの自由」や「マラリアからの自由」という形でよく使われる。これは「自由」の概念の誤用であって、このような表現によって捉えられている考え方は、本当の意味では自由とあまり関係がないとしばしば指摘されてきた。[16] この議論によれば、マラリアにならないこと、飢えないことは確かに人の福祉を増すことにはなるが、それは、いかなる意味でも、より多くの自由を持つことにはならない、ということである。[17]

このような考え方に対して、本章のはじめの節で提示した分析に基づいて反論することができる。その分析によれば、「仮想的選択」すなわち、もし選択可能であれば選択

したであろうと思われるものは、個人の自由に当てはまる。(18) 自由(liberty と freedom)についての思想の中で、実際に選択するプロセスに対する個人のコントロールのみが言及されるということはほとんどない。アイザイア・バーリン(Berlin 1969)が「個人、あるいは人々が望むような生き方を選択する自由」(p. 179)について語る時、それが直接意味しているのは、コントロールが行われる仕組みではなく、個人が望む生き方を選択する能力である。もし、人々が飢えやマラリアのない生活を望むのであれば、このような病気を公共政策によって取り除くことは「その人たちが望む生き方を選択する自由」をまさに強めるものに他ならない。コントロールが、病気から自由になった人々の大部分の手に握られてはいないとしても、その人たちが選ぶ生き方をする「有効な自由」を強めることの重要性が損なわれるものではない。

しかしながら、反対の見方(すなわち、「マラリアからの自由」は誤った使い方であり、自由そのものではないという見方)の根拠がコントロールの手段だけに依拠しているとは限らない。公共政策によってマラリアを除去することは、マラリアがあるかないかに関する限り、人々のオプションを増大させないことは確かである(例えば、私たちは最初はマラリアなしにすますことはできなかったし、それを避けることもできなかった。今ではマラリアなしでやっていけるが、逆に、もしそう望んだとしてもマラリアにかかることはできない。この意味で、選択する自由は増えていないのである)。〔訳注4〕この点に関して、もし自由を評価するにあたって、どのくらいの数の選択肢を持っているかだけに注目するのであれば、この場合には確かに自由は増えていないことになる。[19]

ここで、仮想的選択の役割が重要になり、まさに中心的なものになる。[20] 人はマラリアのない生活の価値を認め、そのような生活を望んでいるから、可能であれば、それを選ぶだろう。人がその価値を認め、望み、選択する生活をすることができることは、その人の自由にも貢献する(それは個人の福祉やエージェンシーとしての達成にもつながるが、それだけではない)。「自由」という言葉が「マラリアからの自由」という形で使われている限り、いかなる意味においても、決定的なことを示しているわけではない。しかし、「結果」と「人が選択したであろうもの」(そして、選択の理由があると考えられるもの)との関係は、自由(人が望むように生きることを選択する自由)と密接に関連している。

確かに、「マラリアにかからないこと」からの自由を達成したと言うのはばかげている。しかし、それはなぜばかげているのだろうか。それは、マラリアなしにやっていくことは苦しいことではないので、仮に、そのような選択肢が与えられたとしても、私たちはそれを拒否する(すなわち、マラリアになる)特別な理由はないからである。そういうわけで、このようなマラリアに関する言い回しは、事実上、仮想的選択を含む自由の分析に沿った形をとっている。もちろん、そういう言葉があるということは、仮想的選択から自由を見ることの正しさを証明するものではない。むしろ、仮想的選択という見方が、すでに論じた理由によって、奇妙なものではないことを示している。この見方は、自由についての特殊で現実離れした考え方を生み出しているというよりも、むしろ自由についての幅広い通念に合ったものなのである。

例えばフランクリン・ルーズベルトの「人間の四つの基本的自由」[訳注5]（例えば、「欠乏からの自由」、「恐怖からの自由」）は、仮想的選択の妥当性を「証明」するものではない。むしろその逆である。自由を仮想的選択によって考えることによって、このような発言を（感動的とはいえ、レトリックの誤用の例として見なすのではなく）理解し解釈するのを助け、納得のいくものにする。ルーズベルトは、まさに自由について語っていたのである。

価値としての自由は、ある特定の事柄が、（他の理由によって価値を認められるか否かに関わらず）それそのものを理由として真剣に考察されるべきことを要求する。人が選ぶであろうものの達成に有効な力として自由をとらえることは、自由の重要な要素である。

最後に一つの見解を述べて、この節を終わることにしよう。これまで、自由という概念の範囲についてかなり詳しく論じてきたのは、自由が最も強力な社会思想の一つだからであり、また平等と正義の分析に対して重要な意味を持っているからである。予防可能な病気を避けることができるか、飢餓、あるいは早すぎる死を避けることができるか、などにおける不平等を評価する時、福祉の格差だけではなく、私たちが価値あるものと考え、大切にしたいと思う基本的な自由における格差も考察していることになる。このような視点は重要である。疾病、飢餓、若年死亡に関する現実のデータは、中心的、かつ基本的な自由の有無について、多くのことを教えてくれる。不平等の分析を行うそもそもの動機を考えれば、この重要な視角を見失わないようにすることが大切である。

7　福祉の妥当性

エージェンシーとしての側面は、福祉に比べて、ある重要な意味でもっと広いものであると論じることができる。大部分の普通の人々の場合、その人の目標には自分自身の福祉の追求がまず含まれる。実際のところ、エージェンシーとしての目的が目的全体に占める位置は、自分自身の福祉にどの程度のウェイトを与えるかを反映している。このような観点に立つと、人々の相対的優位性を判断する際の比較の基礎として適切なのは、各々のエージェンシーとしての自由であると主張したくなる。エージェンシーとしての側面に関する情報は、自分自身の福祉の価値も含むであろう。しかし、それはエージェンシーとしての目的のためにその人自身が自分の福祉に対して与える重要性に応じた価値である。自分が他人からどのように見られているかについての一番良い判定者はその人自身であるとするならば、エージェンシーとしての側面は、ほかの人にとって知るべきことを全て教えてくれるように見える。

このような主張は、たくさんのことを見落としている。問題の一つは、私たちが行動するために妥協をした時でさえ、私たちの関心には複数性が存在するということである。何をすべきかを決めるために妥協をしたとしても、深刻なジレンマに直面している時には、評価に関して問題が解決したわけではない。ウィリアム・バトラー・イェーツは、そのようなジレンマについて語っている。

人間の知性は、完全な人生か、それとも完全な仕事かのどちらかを選ばざるを得ない。(21)

人が何を選ぶのかは明らかに重要なことであるが、「知性ある人」がこの二つのどちらを選ぼうと、人生と仕事のうち選択されなかった方が、選択されなかったことを理由に重要性を失うわけではない。(22) あなたは自分の「人生」よりも「完全な仕事」を選んだかもしれない。あるいは自分自身の福祉よりも他のエージェンシーとしての目的を優先させたかもしれない。しかしそのことによって、あなたや他の人たちにとって、あなたの人生や福祉が重要でないと言うことはできない。(23)

もう一つの重要な問題は、多様な営みを対象にして個人間比較を行う時、福祉の側面とエージェンシーとしての側面は非常に異なる役割を果たすということである。社会は個人の福祉が著しく低いものになる危険がある時には、何らかの責任を引き受けることもあろう。しかし、このことは、その個人のエージェンシーとしての目的に、社会が同じような関心を寄せなくてはならないことを意味するものではない。例えば、社会は誰も飢えないようにするとか、症状は重いがきわめて治療しやすい病気に対して医療面での手当てを受けることができるように保障することに、特別の責任を持っていると見ることができよう。しかしこのことは、例えばある人が特別に崇拝する英雄を記念して銅像を建てるという個人のエージェンシーとしての目標に対しても、社会が同じように促進する態度をとらなければならないことを意味しているわけではない(たとえその人が、十分栄養をとることや医療を受けることよりも、銅像を建てることに重要性を感じていたとしてもである)。

一方、エージェンシーとしての達成やエージェンシーとしての自由によって個人間比較が適切に行われる他の文脈が存在する。わたしたちは、誰がどれくらい自分自身の目標を追求する力を持っているのかを知りたいと思うかもしれない[24]。また、人々が達成しようと努力することに、どのくらい成功しているかに関心があるかもしれない。自分の目的を全て成し遂げることができる人たちがいる一方で、克服できない大きな障害に直面している人たちがいる社会について、わたしたちは政治的・倫理的な意見を持つことになるだろう。

エージェンシーとしての側面と福祉の側面のどちらが重要になるかは文脈による。あらゆる問題に関して、個人間比較の基礎として、どちらか一方が常に重要であると考えるのは誤りだろう。(すでに論じた)空間の複数性とともに、目的の多様性にも適切な注意を払わなければならない。不平等の評価は、目的依存的にならざるを得ないため、(一)不平等評価の目的と、(二)情報面での焦点の選択を適切に組み合わせることが重要になる。この問題は、次の章で、もっと一般的なレベルで取り上げることにしよう。

福祉の側面は、社会保障、貧困緩和、経済的不平等の除去、より一般的には社会的公正の追求において特に重要になる。この場合、既に議論してきたように、人は自分自身のエージェンシーとしての目的の中で、自分自身の福祉を圧倒的に最優先することを前提としているわけではない。ある大義のためには自分の福祉の全てをすすんで犠牲にしようという自己犠牲的な理想主義者であっても、他の人たちはその人の大義が傷つかない限り、その人の福祉を無視してよいということにはならない。個人の生存や福祉のために社会の他の人々に対して支援を求めることは、その人が自分のエージェンシーとしての目的の中で、ほかの目標や価値と比べて自分の利害を最優先するほど自己中心的であることを前提にする必要はない。

福祉は、不平等の分析や公共政策の評価において極めて重要である。異なる階級や集団間の社会的な不公正や不平等は、福祉や「福祉を達成するための自由」における著しい格差に強く結びついている。[25] 本書の残りの部分では、「福祉を達成するための自由」

における不平等と、それに対応した「福祉の達成」における格差に対して特別の注意が払われる。しかしその分析を行う時でさえ、エージェンシーの側面は視野に留めておかなければならない。なぜなら、自分自身の「福祉を達成するための自由」を実際に行使するか否かは、その人自身のエージェンシーとしての目的に依存しているからである（なぜなら、エージェンシーとしての目的が実際の選択に影響を与えるからである(26)）。

したがって、不平等の分析が福祉や「福祉を達成するための自由」に焦点を当てている時でさえも、より広範なエージェンシーとしての側面への関心は、不平等の社会的・経済的分析に依然として関連している。従って、この章で論じたエージェンシーと福祉の区別は、評価のための注目変数が福祉や「福祉を達成するための自由」の不平等にある時でさえ、依然として重要である。この点は後に論じるいくつかの問題についても同様である。評価の焦点を福祉に絞ることを、人間の動機を狭く仮定することと混同してはならない。

注

(1)　目標や価値観に対して十分な理由を求めることは、非常に厳しい条件である。ある時たまたま訪れる気まぐれやむら気は、必ずしもここで使っている意味での「エージェンシーとしての目的」の根拠を与えるものではない。この制約の意義については、Sen(1985a)を参照。個人の目的が正当であると判断することに関する一般的な諸問題については、特にRawls(1971)、Glover(1977)、Hare(1981)、B.Williams(1981, 1985)、Hirschman(1982)、Schelling(1984)、Parfit(1984)、Nagel(1986)、Wiggins(1987)、Hurley(1989)を参照。経済分析の文脈でしばしば見失われがちな「合理的な評価」の必要は、Broome(1978)によくまとめられている。本書では、こうした側面に特に焦点を置くことはしないで、ある個人の「目的」や「目標」とは、(たまたま持つようになった衝動や気まぐれのことではなく)その人が追求する理由を持っているようなものを指すことにする。

(2) 私のデューイ講義(Sen 1985a)の三回目を参照。

(3) デューイ講義(Sen 1985a)の中で私が主として焦点を当てたのは、「福祉という側面」と「エージェンシーという側面」の区別であり、そのために「エージェンシーという側面」が持つ二つの違った特徴をはっきりと区別することはしなかった。動機付けに関する議論はエージェンシーの両方の側面を含むものであった。この二つの要素を解きほぐすことの重要性について、スーザン・ブリソンがとても説得力のある議論をしてくれたことに非常に感謝している。

(4) 人があることに関与することに価値を認める(あるいは価値を認める理由がある)かどうかは、この区別の重要な特徴の一つである。この点については、Hirschman(1982)を参照。

(5) この問題は事態がどのように見られるべきであるかに関わるものであり、それは帰結主義の限界を分析する場合には重要な問題である。これについては、Sen(1982b, 1983b)を参照。

(6)　より大きな自由が不利に働くこともあるということを示した議論や例については、Elster(1979)、G. Dworkin(1982)、Schelling(1984)、および Frankfurt(1987)を参照。

(7)　目の前の二つの干し草の山のどちらを選ぶべきかがわからずに、飢えで死んでしまった「ビュリダンのろば[訳注6]」の悲しいケースに示されているように、優柔不断は死に至らしめることもある。自己統制の重要性については、Schelling(1984)を参照。

(8)　自分自身で決定をすることや多くの選択肢を持つことに対してどのような重要性を認めるかは文化によって様々であることは興味深い問題である。一部の文化では、選択の自由が多いことが好意的には見られないことが指摘されている。これに関連した問題について、特に文化的な多様性について扱っているものとして、Apffel Marglin and Marglin(1990)を参照。

(9)　この点については、私のデューイ講義の第三回目(Sen 1985a, pp. 203–208)を参照。

(10)　福祉の成功と、エージェンシーとしての成功を同一視する誤りは「合理的な愚か者」のモデル、すなわち各人は全ての選択において自分自身の福祉を推進していると見なす、経済理論における共通の仮定においてももちろん起こる。行動に関するそのような枠組みの限界については、Sen(1973b, 1977c, 1987)を参照。Hirschman(1982)、McPherson(1982, 1984)、Akerlof(1984)、Walsh(1987, 1991)、Hausman and McPherson(1991)、Meeks(1991)も参照。

(11)　この種の問題は「道徳上の運[訳注7](moral luck)」の問題と近い。それについては、B. Williams(1973a, 1981, 1985)、Nagel(1979)、および Nussbaum(1985)を参照。しかし、本書(および Sen 1985a)の中で取り上げた福祉とエージェンシーとの間の双対性で考える時には、次のことに注意されたい。それは、ある個人は自分のエージェンシーとしての目的をより推進できるという意味でもっと幸運であり得ると同時に、自分自身の福祉追求の上でより制約されるという意味で、そうでない時より幸運でないということもあり得ることである。本書では、「道徳上の運」という一般的な文脈に含まれている、そういった区別をさらに追求することはしない。

(12) 自由の広がりを評価する、様々な公理論的アプローチについては、Koopmans (1964)、Kreps (1979)、Sen (1985b, 1991a)、Suppes (1987)、Pattanaik and Xu (1990) を参照。

(13) ここで「有効な自由」と呼ぶものは、Sen (1982c) で「力(パワー)としての自由」と呼んだものである。コーエン(G. A. Cohen)とドレーズ(Jean Drèze)は「力(パワー)」という言葉は、このような区別をする上で、あまり助けにはならないこと、そして「力」という言葉は、普通の使い方では「コントロール」という言葉と区別することは難しいことを、十分な理由を示して説得してくれた。それで、ここでは誰が操作のレバーを実際に握っているかにかかわらず、自分が選択するであろうものを体系的に得るための個人の能力を指すために違った用語を用いてみた。

(14) もし誰かが伝染病にかかりたいという奇妙な選好を持っているとすれば、伝染病予防政策はその人が望むことを実現することにはならない。このケースでは、もしこのような選好が合理的に弁護できるならば、自由はマイナスの影響を受けるだろう。

(15) ここには、人々の選択の間の関係に関する重要な問題がある。このケースでは、伝染病予防について一般的な選好の一致を期待することは理屈にかなっている。望ましいと思う生活に私たちを導く諸力が相互に対立することがないのは、この一致があるためである。力とコントロールの関係は、問題となる目的の性質に応じて体系的に違うだろう。また、この点はまさに、公共政策の規範と「社会的合理性」の性質を考察する際に、中心となる問題である。前者の問題は公共財についての研究、その中でも資源配分の文脈において論じられてきた。

(16) この論点は、ヘルシンキの世界開発経済学研究所(World Institute of Development Economics Research)によって一九八八年七月に開催された「生活の質」に関する会議で何人かの参加者が強調した。

(17) もちろん、「マラリアからの自由」そのものと、「マラリアにかからないことからもたらされる他の自由」(例えば自由に動くことができる、仕事につくことができるなど)とを区別しなければならない。後者については議論の余地はない。「マラリアからの自由」という考え方を評価する際の問題は、(マラリア撲滅の結果可能になった様々なことをする自由以外に)マラリアそのものに関して自由が存在するかどうかである。

(18) 「個人の自由」や「消極的な自由」の分析における「仮想的選択」の意義は、社会選択論の文献において盛んに議論されてきた。この点について、第二章の注5の貢献に加えて、Sen(1970a, 1983a)、Campbell(1976)、Farrell(1976)、Kelly(1976a, 1976b, 1978)、Suzumura(1980, 1983, 1991)、Green(1980)、Gaertner and Krüger(1981, 1983)、Hammond(1981, 1982, 1985)、K. Basu(1984)、Nurmi(1984, 1987)、Wriglesworth(1985)、Elster and Hylland(1986)、およびRiley(1987, 1989a, 1989b)を参照。

(19) このプロセスの公理論的な導出と、そこで選ばれた公理に対して起こりそうな批判については、Pattanaik and Xu (1990)、および Sen (1990a, 1991a) を参照。

(20) ある人がxを達成する自由を持っているというためには、同時にxを達成しないという自由を持っていなければならない、という主張は、しばしば自由の考え方を一層ややこしいものにする。これはおかしな条件である。アンにはビルとは結婚しない自由があるが、その自由は、ビルが何を望んでいるかにかかわらず、アンがビルと結婚できること(すなわち、ビルと「結婚しない」ことをしないこと)を条件としているわけではない。同様に、ビルは九〇歳になる前に死んでしまう自由があるかもしれないが(自殺禁止法の効力が限られていると仮定して)、その自由は、ビルが九〇歳になる前に確実に死なないことを条件としているわけではない。

(21) W. B. Yeats, P. Allt, and R. K. Alspach eds., *Variorum Edition of the Poems of W. B. Yeats* (New York: Macmillan, 1957), p. 495. この文章に私の目を向けさせてくれたV・ウォルシュは、人間行動と経済的選択の根底にある合理性の範囲と限界について啓発的で洗練された分析を行っている(Walsh, 1991 を参照)。

(22) この問題については、B. Williams (1973a, 1981)、Marcus (1980)、そして Nussbaum (1985) を参照。

(23) これは、個人の選択がエージェンシーとしての目的を完全に順序付けて行われている時でさえそうである。この順序付けや、「最善」であると認定された選択は、この選択における「トレードオフ」に対するその人の見方を反映しているのであり、他の選択されなかった選択肢が、一般的にであれ、特定の文脈においてであれ、重要でないことを表しているというわけではない。さらに、エージェンシーとしての選択は、時には、完全な順序付け(すなわち「最善」の選択肢)に基づいていないかもしれないこと、そして「選択されなかった方」は、その選択が行われた特定の文脈の中でさえ、他のものに劣ってはいないかもしれないことも認識しておくべきである。これらの問題については、Sen(1970a, 1982a)、およびLevi(1986)を参照。

(24)　社会的権力の不平等は、その社会の組織やコントロールの制度的構造に関わっている。先進資本主義経済における社会的権力の不平等と、その経済的および政治的な含意の諸側面についての洞察に満ちた分析については、Galbraith(1952, 1958, 1967)を参照。またDahrendorf(1988)も参照。

(25)　人々の自由に焦点を置く評価構造(すなわち、結果よりも自由が注目変数となる評価構造)では、焦点変数の平等から結果のパターンが直接現れるということはないだろう。結果のパターンは、その人自身の決定に依存する。このことは、「福祉のための自由」にも、明らかに、同様に当てはまる。「福祉を達成するための自由」の完全な平等が明確に定義でき、しかもそれが全面的に実現できたとしても、それが「達成された福祉」の平等につながるわけではない。なぜなら、自分自身の「福祉を達成するための自由」を行使する時、自分自身の福祉追求に対して与える優先順位が人によって違っているかもしれないからである。

(26)　困窮した人たちや悲惨な状態にある人たちに対する支援も、その支援者たちのエージェンシーとしての目的に十分関わりを持つ。これは、ただ単に、慈善やそのほかの寄付のみならず、政治的な行動にも同じようにあてはまる。例えば、報道の自由が認められている民主政体では、飢饉が起こりそうな時、一般大衆が政府に対して迅速な予防的行動をとるよう圧力を加え、(一方、政府は対応に失敗すれば選挙に勝つ見込みがなくなるので努力をし)、その結果、飢餓の発生は免れる傾向があることが確認されている。この点については、特に、Sen(1984, 1988c)、Reddy(1988)、Drèze and Sen(1989)、Article 19(1990)、D'Souza(1990)、Ram(1990)を参照。飢餓に陥りやすい人々(典型的にはマイノリティ)の福祉は、民主政体では、他の人々のエージェンシーとしての行動に大きく依存している。

訳注

〔1〕エージェンシー(Agency)とは、経済合理性を超えようとするところに人間の自発性や主体性を見出そうとするセンが用いる概念。具体的には、自分の周囲にいる人たちなどの願いを自分の使命として引き受けようとすることを言う。桂木隆夫『市場経済の哲学』(創文社、一九九五年)一四六―一四七頁参照。

〔2〕このようなセンの議論の背景にあるのが、自由についての見解の一つである「統制説(control view)」である。これは選択過程において当該個人がコントロールを行使できたかによって、自由を評定しようという立場である。個人の自由を「一定の個人領域における決定に対して当該個人がふるえる権能」として捉え、選択された結果を達成するために権能が発揮されたかどうかという観点から自由を評価する「権能説(power view)」と対称される。川本隆史『現代倫理学の冒険』一四九頁参照。

〔3〕 仮想的選択とは、センの用語の一つで、様々な制約が取り除かれたという理想的な状態で個人が本来選んでいたと考えられる選択のことを言う。

〔4〕 マラリアが除去される前後で選択肢はいずれも一つだけである。

〔5〕 「四つの自由」は一九四一年一月にフランクリン・ルーズベルトが議会に提出した年頭教書で明らかにしたもので、(一)言論・表現の自由、(二)信仰の自由、(三)欠乏からの自由、(四)恐怖からの自由、を指す。これらの基本的自由こそ「独裁制が創設しようとする暴虐の新秩序」に対する本来の対立物であり、その新秩序を打倒してこれらの自由を世界中に確立する必要を主張して、ナチス・ドイツと交戦中の国への武器援助の立法を要請した。上山春平・三宅正樹『世界の歴史23　第二次世界大戦』(河出書房新社、一九九〇年)三五五―三五六頁参照。

〔6〕 「ビュリダンのろば(Buridan's ass)」とは、フランスの哲学者で一四世紀前半におけるパリのオッカム学派の主導者であったJean Buridan(1315–58)の用語。彼が自由意志を否定して人間意識の心理学的決定論を主張した時に引かれた例だとされているが、実際にはかれの著作には見出されない。質と量との全く等しい二つの枯草の束の真中におかれたろばは、双方からの刺激が全く等しいために、どちらを食べるかを選択することができないで餓死するだろうということ(『哲学事典』平凡社、一九七一年、一一六四―一一六五頁)。

〔7〕 ある人が為すことの重要な一面がその人の意のままにならない要因に依存しているにもかかわらず、その点においてその人をどうしても道徳的判断の対象にしなければならない場合に、その一面のことを「道徳上の運」ということがある。トマス・ネーゲル／永井均訳

『コウモリであるとはどのようなことか』(勁草書房、一九八九年)四三頁参照(Nagel 1979 の日本語訳)。

第五章　正義と潜在能力

1　正義の情報的基礎

評価を伴う判断はどれも、真とされるある特定の情報にのみ依存し、その他の情報の真偽とは無関係でなければならない。「判断の情報的基礎」は、判断が直接依存している情報がどのようなものかを特定し、同時に、他の情報の真偽はその判断の正しさに直接影響を与えることはないことを要求する。

正義を判断するときの情報的基礎も、様々な仕組みや制度の公正さを評価する際に直接関わる変数を特定する（ほかの変数の役割は、もしあるとしても派生的なものでしかない）。例えば、正義についての功利主義的な見方では、情報的基礎は評価しようとしている状態における個人の効用だけである。他のところで私は、様々な評価アプローチを検討するのに有効な方法は、そのアプローチの情報的基礎を検討することであるという主張を行った。(1)

ほとんどの正義の理論を分析する場合、（一）個人の特性の中で重要視されるものを選定し、(二)結合原理(combining characteristics)を選択するという相互に関連した作業で使われる情報を利用するのが役に立つ。例えば、標準的な功利主義理論では、唯一の本質的に意味のある個人特性は効用だけであり、唯一の「結合原理」は、その効用の総和をとることだけである。厚生主義的な諸理論(功利主義はその特殊な例である)は、(一)について(すなわち、効用を唯一の重要な個人特性と考えること)は同じであるが、(二)の結合原理については、例えば効用に基づくマキシミン原理[訳注1](あるいは辞書式マキシミン原理)や効用の対数のような効用の凹変換の総和など様々なものがある。[2]

効用以外の個人特性の例として、自由と基本財(Rawls 1971)、権利(Nozick 1974)、資源(R. Dworkin 1981)、財の組合せ(Foley 1967, Pazner and Schmeidler 1974, Varian 1974, 1975, Baumol 1986)、様々な混合空間(Suzumura 1983, Wriglesworth 1985, Riley 1987)などを挙げることができる。(功利主義のような)厚生主義の理論のように、広い意味の「結果」(例えば、消費した財の集合)によって個人特性を表すタイプもあれば、何らかの形で定義された「機会」(例えば、基本財、権利、資源)によって表されるタイプもある。[3]

選定された個人特性は、それらを結合する公式、例えば、総和の最大化、辞書式優先順位とマキシミン原理[4]、平等[5]など様々な結合ルール[6]によって補完されなければならない。

このように正義の諸理論は、実に様々な情報的基礎を用いてきたし、その情報は様々な形で利用されてきた。このような情報の違いは、本書の中で取り上げてきた焦点変数の多様性と密接に関係している。先に論じたように、正義の理論はいずれも（明示的にであれ、あるいは暗黙のうちにであれ）「基礎的平等」に対する固有の要求を持っている。そして、この「基礎的平等」は、不平等を評価するための注目変数の選択にも影響を与える。様々な正義の主張は、各々の平等の見方と密接に関係している。

2　ロールズの正義と政治的構想

二〇世紀において最も影響力が大きかった――そして一番重要であると私は信じている――正義の理論は、ジョン・ロールズの「公正としての正義」である。その理論の主要な点はよく知られているし、広く論じられてきた。(7) 中でもいくつかの特徴は、特別な注目を集めてきた。「原初状態」という工夫もそのひとつである。原初状態とは、そもそもの始まりにあったと想定される仮想的な平等の状態であって、そこでは人々は（自分が誰の立場になるのかを正確には知らないままに）社会の基本的構造を決める諸原理を選択すると考える。このようなプロセスは公正なものと見なされ、公正な手続きに従って選択される基本的社会構造の諸原理は、正当なものと見なされる。

正義のルールは一対の原理を含んでいる。その定式化は『正義の理論』（Rawls 1971, pp. 60, 83, 90-95）で表現されて以来、いくらか変化している。それは、あいまいだった所を明確にするためであり、いくつかの初期の批判（例えば、H. L. A. Hart 1973）に応えるためであった。一九八二年の彼のタナー講義の中でロールズは、これらの原理を次のように述べている。

一、各個人は、平等な基本的自由を保障する十分に適切な制度を要求する権利を平等に持つ。それは、「全ての人の自由を保障する制度」と両立可能でなければならない。

二、社会的・経済的不平等は、次の二つの条件を満たさなければならない。第一に、社会的・経済的不平等は、「公正な機会の平等」という条件の下で全ての人々に開かれているような仕事や地位に伴うものである。第二に、社会的・経済的不平等は、社会の中で一番恵まれない人々に大きな利益をもたらすものでなければならない。(8)

第一の原理では、自由の条件が緩和されている(一九七一年版では「最も広範で全体的なシステム」であったものが、「十分に適切な制度」となり、要求されているものはかなり緩くなっている)。第二原理は、いわゆる「格差原理」を含んでいる。そこでは、「最も不遇な人たちの利益の最大化」に焦点が置かれ、恵まれているかどうかは「基本財」の保有によって判断される(Rawls 1971, pp. 90–95)。しかし、「公正な機会の平等」が、ここで改めて強調されている。

ロールズ理論のこのような特徴は、経済学者の間でも広く注目を集めてきた。それらを、彼のアプローチの政治的な側面に照らして解釈することが大切である。特にロールズ自身は、自分の理論を「正義の政治的構想」〔訳注2〕として理解する必要性を主張してきた(Rawls 1985, 1987, 1988a, 1988b, 1988c, 1990)。そこで、その特徴と、その特徴が特定の社会環境における平等という問題に対してどのような意義を持っているかを検討することから始めることにしたい。

ロールズの「正義の政治的構想」の特徴として、次の二つを挙げることができる。第一の特徴は、政治的構想の主題に関わるものである。つまり、「正義の政治的構想は、特定の主題、すなわち、政治的、社会的、経済的制度のために作られた道徳的構想である(9)」。このことは、道徳的構想を政治的なものにする原理を特定するものではないことを意味している。問題は、「政治的、社会的、経済的制度」を取り扱うときのような意味で、その主題が「政治的」であるかどうかである。

これとは対照的に、第二の特徴は、社会的判断や選択の形態のひとつである「立憲民主主義」に関わるものであり、そこでは、「正義の公共的構想は哲学的、宗教的信条をめぐる論争からは、可能な限り独立であるべきである」とされる。「そのような構想のために、私たちは寛容の原理を、哲学に応用する。すなわち、正義の公共的構想は政治的であるべきであって、形而上学的であるべきではない」[10]。こういう具合に特徴付けると、何が主題であるかは決定的な問題ではなくなる。そして、決定的に重要な「政治的」特徴は、「寛容の原理」を可能な限り多様な信条に応用することになる（ただし、善についての思想が寛容の条件を満たさなければならない。すなわち、「正義の公共的構想が含むべき思想は政治的なものでなければならない」）。

ロールズの分析の中で、この二つの特徴は密接に関連しており、それらは分離できないほど一体的なものであると見なされている。だが、あるアプローチが「寛容」を正義の理論の条件にしなくても、（ロールズが言うように）その主題に照らして「政治的」であることはできる。この点を指摘するのは、私が寛容という問題を重要視していないからではない。全く反対に、寛容は正義を政治的に考察する上で中心的なものであると私は考えている[11]。しかし、ロールズによって示された多元主義者的な寛容が全く成り立たない時でさえ、「政治的・社会的・経済的制度」の選択において正義と不正義の重要な問題は生じる。善についての様々な見解において、ロールズが論じた意味での「寛容」は、社会で人々が一緒に生きていく上で疑いもなく最も重要な政治的要素の一つである。にもかかわらず、それだけが社会生活における唯一の「政治的」なものというわけではない[12]。ロールズが「政治的構想」の定義そのものによって排除しているものがあるために、正義の概念の視野は大幅に限定されてしまう。そしてこのことは、正義の理論が本来示すべき政治的な正義と不正義の識別を難しいものにしてしまう。

寛容が全く欠如した状態では、ほとんどの見解は却下されてしまうかもしれない（社会状況によっては、政治グループが実際に支持する思想のいずれも生き残れないかもしれない）。それでもなお、不平等や剝奪、そして不正義としてはっきりと問題になることが残っていて、相異なる陣営の間で論争になっていることもあるだろう。（それぞれの陣営が不寛容である時に）そのような問題を処理できる理論がないこと、そして、その論争を正義の政治的構想の範囲外にあると考えることは、正義の政治的構想の領域を奇妙な形で制約してしまう。

一九七三年のエチオピアの飢餓の最中、ハイレ・セラシエ皇帝によって述べられた社会的選択についての有名な言葉、すなわち彼の政府が飢餓救済策を何もとらなかったことについて、「富はつらい労働によって獲得されるべきものであり、働かない者が飢えるのだということを、我々政府は諭し続けてきた」と説明したことを例に考えてみよう(13)。これはもちろん、古くからある理に適った原理であり、それは、しばしばはっきりと表現され、拡大解釈されて、聖典のごとく支持されて来た(14)。この原理は、セラシエのエチオピアで実行され、一九七三年に飢餓が一番ひどくなった時にも、国家による救済策はほとんどなかった(15)。

この言葉に表明された社会的・政治的制度に関する皇帝の政治的倫理が、正義の要求に反するものであることは容易にわかる。飢餓の犠牲となった人々とならなかった人々との間にははなはだしい「潜在能力」の格差や、基本財の保有における大きな不平等があったことも容易にわかる。また、生きる糧を得るための仕事から締め出された飢餓の犠牲者が、社会の他の人たちに対して理に適った支援を求めることを否定することは誤っていると論じることもできる。(16) この論点を政治的倫理の中に取り込んでいくには様々な方法があるが、ロールズの「原初状態」は、その最も有効な方法の一つであろう。

だが、皇帝も、また飢餓が荒れ狂っている時に流血を伴う政変によってついに皇帝を追放した反対派も、善についての他者の見解に対して寛容であるという原理を受け入れることはなかった。実際、それぞれの陣営は、他者の目的に何の慈悲を施すことなく、自分たちの目的だけを追求し、共に生きることを願って寛容に基づく政治的解決を求めることには全く関心がなかった。寛容を求める正義の政治的構想からすれば、このような状況で正義についてのいかなる判断も下すことは困難であったろう。そうかといって、政治的構想としての正義について、制度的な飢餓救済策に関する論争の中に見出せる論点が全くなかったと主張するのはおかしいし、また、ハイレ・セラシエの言葉に示された社会的選択の原理(すなわち、仕事から締め出された飢餓の犠牲者に対して国家としての救済策をなにもとらないこと)を正義についての政治的構想の対象外とする、と単純に言ってしまうのもおかしい。こんなに制限の強い政治的構想では、正義はなかなか受け入れら

れないだろう。(17)

こうしたことは、正義の理論にとって厄介なことだとは限らない。正義の理論は全て意識的に「ある政治的な伝統から出発し」、「その正義の政治的構想が、いわゆる「重なりあう合意」〔訳注3〕によって、すなわち、多少とも公正で立憲民主的な社会において支持者を獲得しつつも互いに対立する哲学的・宗教的な信条を含んだ合意によって、少なくとも支持されるという願望」(Rawls 1985, pp. 225-226)を込めて提示されるものである。だから、ここでの話はロールズ自身のプログラムから見れば問題ではないことになる。

しかしこの特別な政治的構想が、正義の理念に対して、それも「政治的」意味での正義の理念に対して、本来の貢献をしているのかどうかと問うことは重要である。世界中の人目を引くような不正義の多くは、「政治的リベラリズム」や「寛容の原理」を唱えることが容易でもなければ、特に助けとなるわけでもない社会的状況の中で起きている。だからといって、こういった事柄を「正義の政治的構想」の外におくことは、その正義の領域を深刻なまでに狭くしてしまうことになる。世界中の社会的制度の政治的選択において、正義と不正義の顕著な問題は多い。イデオロギーの面で立憲民主制からかけ離れているという理由だけで判断の対象外に閉め出してしまうような正義の政治的構想の定義を受け入れることとは容易なことではない。「政治的」ということの限界をそれほど狭くとらえる必要はないと思われる。(18)世界中に広がる不平等と不正義の問題は、もっと制限の緩いアプローチを必要としている。

これまでの議論では、ロールズが最近強調している「寛容」という側面に照らして見るとロールズの正義の構想の領域が限定されたものであることを指摘してきた。しかし、ロールズの視点(特に格差原理)が、経済・社会開発についての文献の中で広く使われていることを認識しておくことも重要である。ロールズの「公正としての正義」の分析から得られた洞察は、彼自身が課した限定をはるかに越えるところまで進んでいる。こういった洞察が誤って導き出されたとか、方向が誤っているとかいうことは、私には明らかではない。ロールズの正義の理論全体を評価する時には、著者自身が課した制約の中で理解することももちろん必要であるが、もっと制約の緩い形でのロールズの見方は、今日の政治、社会、経済思想の広い範囲で大きな影響を与えてきた。特に不平等の評価についての文献は、ロールズの古典的著作が最初に登場した当時とは全く違ったものになってきている。

3　基本財と潜在能力

正義についての最近の研究では、様々な方法で特徴づけられた「機会」の平等に焦点をおくアプローチが見られる。ロールズが格差原理において(権利、自由と機会、所得と富、自尊心の社会的基礎[19]などの)「基本財」の分布に注目するのもその一つである。このアプローチはまた、すでに述べたように、人々が実際に享受している自由へと私たちの関心を向けさせるものであり、平等と正義の分析を、「達成された結果」から「享受している自由」へと軌道修正する効果を持っている。基本財は自由の本質的な構成要素ではなく、自由のための手段として見るべきであるということから、一つの重要な問題が出てくる(これは第三章第3節で議論した問題である)。ロナルド・ドゥウォーキン(R. Dworkin 1981, 1987)の「資源の平等」も、資源もまた自由のための手段と見なしているために、同じタイプに属すものと見ることができる。ドゥウォーキンはさらに資源を勘定し、「資源の平等」を判定する方法も提示している。

問題はその評価である。手段は、究極的には何か他のものによって評価されるから、手段の評価をその目的から全く独立に行うことは容易ではない。ジョン・ローマー(Roemer 1986b)は、この関係を巧みに利用した数学的な帰結を導き、それを(彼の論文のタイトルのように)「資源の平等は厚生の平等を意味する」と解釈した。この結果は精巧な公理の集合に基づいているが、その背後にあるアイデアは、資源の価値をその資源が生み出すものから求めようとするところにある。資源は、それ自体で価値をつけられるものではないので、このような関係に目を付けるのはもっともなことである。最終的な目的が厚生だけであるようなモデルを作って、「資源の平等は厚生の平等を生み出さなければならない」というローマーの定理が導き出される。〔訳注4〕

資源の評価と厚生の評価との関係は、促進することが資源を評価する理由になる他の目的との関係と置き換えることができる。この興味ある結果の背景にある真の論点は、一般に手段の評価は目的の評価に依存しているということであって、特に資源と厚生が相互依存関係にあるということに限られるわけではない。

これから先、私は主にロールズの「公正としての正義」という理論を取り扱うが、コメントのうちのいくつかは、ドゥウォーキンのアプローチにもあてはまる。

主要な論点は、ロールズの「正義の政治的構想」にとって、基本財を情報的基礎にすることが適切であるかということ、そして、潜在能力に焦点を当てる必要があるのではないかということである。基本財は「合理的な人間ならば、みな求めると想定されるようなもの」であり、「所得と富」、「基本的自由」、「移動と職業選択の自由」、「仕事と責任ある地位といった権力と特権」、「自尊心の社会的基礎」などを含む[20]。基本財とは、人々が持っているそれぞれの善の理念を追求するのに役立つ手段や資源のことである。

本書の最初の方(特に第三章)で、ある個人が実際に持っている自由の程度よりも、自由のための手段に注目するのが妥当であるという議論に対して、自由による正義の評価の立場から反論してきた。基本財や資源を、「機能やその他の成果の様々な組合せ」から選択する自由へと変換する能力には、個人間で差が生じるので、たとえ基本財や資源の保有が平等であっても、人々が享受している実際の自由は深刻な不平等を伴っているかもしれない。この文脈における問題は、このような自由の不平等は、「正義の政治的構想」の理念と両立できるかどうか、である。

潜在能力に基づく正義の評価では、人々の要求は、それぞれが持っている資源や基本財によって評価されるのではなく、価値ある生き方を選択する自由が実際にどのくらい享受されているかで評価される(21)。様々な機能の組合せを達成する「潜在能力」によって表されているのは、このような実際の自由である。

実際に享受している自由を表す「潜在能力」を、(一)基本財(およびその他の資源)と、(二)(実際に享受された機能の組合せやその他の実現された結果などの)成果の両方から区別することが大切である。最初の区別の例として、障害のある人は(所得、富、自由などの)基本財を多く持っていたとしても(ハンディキャップのために)潜在能力は低いということが起こる可能性がある。貧困研究からの別の例を挙げよう。ある人は多く所得を得、多くの栄養をとっていても、基礎的な新陳代謝率が高い、寄生虫による病気にかかりやすい、体が大きい、妊娠しているなどの理由によって、十分に栄養のとれた生活をする自由は小さいかもしれない。同様に、豊かな国々における貧困を取り扱う時、所得やその他の基本財で判断して貧困である人々の多くは、高齢、障害、病気にかかりやすいなどの様々な特性を持っていることに注意しなければならない。これらの特性は、彼らが基本財を基礎的な潜在能力(例えば、移動すること、健康な生活をおくること、地域社会の生活に参加すること）に変換することを困難にしている。基本財も、広い意味の資源も、個人が実際に享受している潜在能力を表現することはできない。

二番目の区別の例として、同じ潜在能力を持っていても、人それぞれの目標にしたがって異なる機能の組合せを選択するケースが考えられる。さらに、二人の人が実際に同じ潜在能力と、同じ目標を持っている時でさえ、それぞれの自由を行使するにあたって、自らが採用する戦略や戦術の違いのために違った結果に至るかもしれない。

ロールズは、私の批判に応える時、私がどの人もみな同じ共通の目的を持っていると仮定していると考えているようである。これは、もし個人が違った目的を持っている場合には、基本財から潜在能力への変換率に差が出てくることをはっきりとは読みとれないと信じているからであろう。このような仮定（すなわち、全員が同じ目的を持つこと）は、個人がそれぞれ「善に対する見方」を持っていて、個人間で目的が違うことを認めているロールズの「正義の政治的構想」に反するであろう。ロールズは、私の反論に対する彼自身の解釈を次のように要約している。

基本財という考え方が誤解されているに違いない。というのは、基本財は人の信条からすると究極的に重要なものとは考えられないからである。それらは、一般に、いかなる人の人生の基本的な価値理念でもない。したがって、基本財に焦点を当てることは誤った領域すなわち、制度的な特徴や物質的なものごとの領域に焦点を当てているのであり、基本的な道徳上の価値の領域ではないと反論する人がいるかもしれない(22)。

ロールズの解釈に基づく私の批判に対する彼の回答は、次のようなものである。

道徳的価値を持ついかなる包括的信条にとっても究極的に重要なものを近似するために基本財が考案されたわけではない(23)。

この回答で最も問題なのは、ロールズが批判の本質を誤解していることである。潜在能力はある人が幾通りかの生き方(つまり機能の組合せ)の中から選択できる自由を反映したものである。その評価は、特定の目的の集合(すなわち、ロールズが「特定の包括的信条」と呼ぶようなもの)について、全員が一致していることを必要とするものではない。以前にも論じたとおり、潜在能力に反映された自由と、現実の機能に反映された成果とを区別することは大切であって、潜在能力の評価は、成果やライフスタイルを順序付ける特定の包括的信条に依拠している必要はない(24)。

第二の問題は、第一のものにも関連するが、「道徳的価値を持ついかなる包括的信条にとっても究極的に重要なものを近似するために基本財が考案されたわけではない」というロールズの主張に関するものである。これはロールズの「正義の政治的構想」にとっては十分に正当なものであるが、基本財との対応を欠いているのは、この点だけではない。この文脈でもっと重要な点は、不遇な人は、どのような包括的信条を持っていようとも、基本財から得られるものが、他の人よりも少ないかもしれないという事実である。

この点を例示するために、個人1と個人2がいて、個人2が何らかの点で不利な立場にある(例えば、身体的な障害がある、精神的な障害がある、病気にかかりやすいなど)とする。二人の目的や目標、あるいは善についての構想は同じではなく、個人1はBよりAを高く評価し、個人2は、個人1とは反対の評価を持っているとする。二人ともAよりも2Aを、またBよりも2Bを高く評価しており、各人の順序付けは次の通りとする。

ある基本財のセットが与えられた場合に、個人1は2Aまたは2Bを達成することができ、AまたはBも(大きなメリットはないが)達成できる。反対に、個人2は不遇な立場にあるので、基本財が全く同じであっても、その人はAまたはBしか達成できない。個人1は(その人にとって実現可能な最善の結果である)2Aを達成できるのに対して、個人2は(その人にとって実現可能な結果である)Bを達成するにとどまる。ここで問題なのは、ただ単に、個人2がある特定の（つまりその人自身の、あるいは個人1の）「包括的信条」から見て不利な立場にあるということではなく、どちらの包括的信条を取ったとしても、個人2は個人1よりも、不利な扱いを受けるということである。基本財の平等は、個人2に対して、小さな「達成するための自由」しかもたらさなかったのであり、特定の包括的信条に照らして少ない「成果」しかもたらさなかったのではない。

もし基本財ではなく、潜在能力によって比較を行えば、個人2の境遇が不利であることは明らかである。個人1の潜在能力の集合は（A、B、2A、2B）であるのに対して、個人2の潜在能力の集合はその部分集合（A、B）でしかなく、どのような包括的信条を持っていようと最善の要素が失われている。潜在能力は「自由」を表現しているのに対して、基本財は自由への「手段」についてのみ語っているだけであって、手段と「達成するための自由」との間の関係は個人間で異なっている。ロールズは私の批判が基本財は手段にすぎないことに関わるものと考えている点では正しいが、基本財は特定の包括的信条を近似することを意図していないということで処理できるようなものではない(25)。

個人1	個人2
2A	2B
2B	2A
A	B
B	A

4　多様性――目的と個人的特性

基本財（または資源）という形の「手段」と、目的の「達成」との関係に差が出るのには二つの原因がある。一つは、目的の違い、すなわち、人々が善に関して違った考え方を持っているかもしれないということであり、もう一つは、(基本財のような)資源と、目的を追求する自由の関係が人によって異なっているかもしれないということである。ロールズは最初の違いには大変敏感であり、このような多様性を重視する(彼の多元主義的な政治的構想からすれば当然そうなるだろう)。この問題を扱うために、ロールズは同じ基本財が全ての違った目的の役に立つものと仮定している。[26]

二番目の人間の多様性(すなわち、資源と自由の関係における多様性)から起こる問題の重要性は、一番目の違い(すなわち目的や目標の違い)によって少しも軽減されるものではない。人が自分の目的を追求する自由は、(一)どのような目的を持っているか、(二)基本財をその目的の充足に変換する能力をどのくらい持っているか、の両方にかかっている。後者の問題は、目的が与えられている時でさえ重大なものになるが、目的が与えられた時にだけ重大になるわけではない。最初の問題があるからといって、第二の問題の範囲と重要性が小さくなってしまうわけではない。

結論として、人間は多様であり、しかも様々な形で多様なのである。多様性の一つは目的や目標の違いに関するものである。この多様性の倫理的および政治的な含意を、ロールズの「公正としての正義」という分析によってよりよく理解できるようになった。しかし、もう一つの多様性、すなわち資源を実際の自由に変換していく能力の多様性がある。性別・年齢・遺伝的な資質など多くの特質が多様であるために、たとえ同じ組合せの基本財を持っている時でさえ、生活における自由を構築する能力はとても違ったものになってしまう[27]。

正義に対するロールズのアプローチは、考え方を転換させ、結果や成果における不平等から機会や自由における不平等へとわれわれの関心を向けさせることになった。しかし、自由の範囲ではなくて自由の手段に集中してしまったために、正義に適った社会の基本構造に関する彼の理論は、自由そのものに対して十分な注意を払わないままになってしまっている。自由のための手段に焦点を当てることの動機は、これまでと異なるやり方をとるには結果や成果についての特定の包括的な見方を選ぶことしかないというロールズの信念にあるように思われる。しかし、そのような前提は、これまで示したように、正しいものではない。自由は、自由をもたらす手段や自由がもたらす成果の両方から区別しなければならない。

ロールズの正義の理論は数多くの特徴を持っており、ここで提起した問題が、ロールズのアプローチの全体を損なうと考えてはならない。事実、今日の時点で、ロールズが深く徹底した分析によって解明してきたものに強い影響を受けずに、正義の理論を構築しようと試みることは難しい[28]。批判の主な点は、ロールズが基本財に焦点を集中させることと、目的の追求のために享受している自由に関心を寄せることとの間の緊張関係である。私たちの関心が自由に向けられる限り、分配問題を検討するために、より正確な別の方法があると私は論じてきた。ロールズはこれ以外の数多くのことに関心を寄せているが、その中には自由な制度や手続きの重要性、個人の自由が脅かされる時に公共政策を制限する必要性も含まれる。ここで提示した「有効な自由」の平等についての議論は、ロールズのこれらの論点を批判するものではない。

この論点は、ロールズの正義の理論の中で、自由に与えられた役割を取り上げて説明するのがよいだろう。ロールズは、正義の他の原理よりも、自由の原理を優先しているが、このかなり極端な定式化に対しては、ハーバード・ハート(H. L. A. Hart 1973)によって説得力のある批判が行われている。(29) 反対に、自由を単に基本財の一つとして認識するだけではなく、また福祉を左右するものとして、あるいは個人の潜在能力を決定するものとして認識するだけではなく、それ以上のものとして認識する必要がある(この点については、Sen 1970a, 1983a を参照)。実際、(一)(誰かが、その人の個人的領域における自由を侵害することによって)自由が侵害される時、(二)その人が内面的な衰弱で苦しんでいる時、という二つのケースにおいて、個人の潜在能力は同じように低下する。この二つのケースは、潜在能力の次元では区別できないが、正義の理論はこの二つのケースの区別を無視してはならない。この意味で、潜在能力の視点は正義の理論にとっては核心的なものであるが、それだけで全く十分だということはできない。追加的な原理として、

（たとえ、その原理が、ロールズが勧めるような完全な優先順位を与えられるものではなくとも）自由の要件を持ち込むことが必要になる。「達成するための全般的な自由」が重要であるからといって、消極的自由が重要ではない、ということはできない[30]。

これまでの議論の焦点は、ロールズの正義の理論の特定の部分と、そして彼の関心の一つと彼が提示したその取り扱い方法との関係におかれていた。しかし、そのようなロールズの正義の理論の特定の（決定的であると私は信じている）部分において、私たちの分析から出てくる論点は概念的・実践的な重要性を持っていると主張したい。諸目的を追求する自由の平等は基本財の分配の平等によって作り出すことはできない。基本財（より一般的には資源）から目的や目標を追求する潜在能力に変換する能力の個人間の多様性こそが検討されなければならない。

もし関心が自由の平等にあるのであれば、その自由の手段の平等を追求することが十分でないのと同様に、結果の平等を追求することもまた十分ではない。自由はその両者に関わるが、そのいずれとも一致するものではない。

注

（1）規範的選択と判断における情報的基礎の様々な役割については、Sen（1974, 1977b, 1979d, 1985a）において論じた。暗黙のうちに課されるのが典型的な「情報的制約」の役割は、特に複雑で奥の深いものである。

（2） 効用に基づきながら互いに全く違った結合原理を論じたものとして、特にSuppes (1966, 1977)、Kolm (1969, 1976)、Sen (1970a, 1977b)、Mirrlees (1971)、Rawls (1971)、Phelps (1973)、P. J. Hammond (1976a)、Strasnick (1976)、Arrow (1977)、Blackorby and Donaldson (1977)、d'Aspremont and Gevers (1977)、Maskin (1978)、Gevers (1979)、Roberts (1980a)、Blackorby, Donaldson, and Weymark (1984)、d'Aspremont (1985)、Thomson and Varian (1985)などがある。これらの研究で用いられている結合構造の公理系のほとんどは効用によって定義されているが、それらは、たいていの場合、別の個人特性（例えば、基本財、資源、潜在能力の指標など）を用いても同様に表現することができる。公理的構造は、実際に用いられている空間以外にも広い範囲にわたって応用が可能である。

（3） Harsanyi (1955)、d'Aspremont and Gevers (1977)、Maskin (1978)を参照。

（4） Rawls (1971)、P. J. Hammond (1976a)、Strasnik (1976)、d'Aspremont and Gevers (1977)、Sen (1977b)を参照。

（5） Foley (1967)、Nozick (1974)、R. Dworkin (1981)、Van Parijs (1990a)を参照。

（6） 多くの文献の中でも特にVarian (1975)、Gevers (1979)、Roberts (1980a)、Suzumura (1983)、Blackorby, Donaldson, and Weymark (1984)、d'Aspremont (1985)、Wriglesworth (1985)、Baumol (1986)、Riley (1987)、Moulin (1989, 1990)などを参照。

（7） 初期の反応は、Norman Danielsが編集した『ロールズを読む』(N. Daniels 1975)に見られる。Phelps (1973)の「経済的正義」に関する論文集も参照。

(8) Rawls *et al.*(1987, p. 5)に再録されている。

(9) Rawls(1985, p. 224)。

(10) Rawls(1985, p. 223)。

(11) この点については、Sen(1970a, 1985a)を参照。

(12) 政治的自由主義における「中立性」の正確な役割と、正義と公正の理論に中立性を課すことの可能性と望ましさに関連して、もっと大きな論点がある。この問題に関する様々な評価として、R. Dworkin(1978, 1985)、Fishkin(1983)、Raz(1986)、Larmore(1987)、Ackerman(1988)、Rawls(1988a)、Pogge(1989)、Van Parijs(1991)を参照。ここでの議論はこれらの問題に関係しているが、ここではそのような問題を全面的に取り扱うことはしない。

(13) Glantz(1976, p. 108)の中のワイズバーグの「アフリカの飢餓についての国際的な視点」における引用を参照。

(14) 「働こうとしないものは食べることもしてはならない」(2, *Thess* 3, p. 10)〔訳注5〕

(15) 皇帝の主義だけが、公共的な救済策が遅れて惨劇を招いたことの唯一の理由ではない。飢餓の性質や原因に関する誤った診断など、それ以外の要因もあった(それについては、Sen 1981a, ch. 7、および Glantz 1976 を参照)。しかし、これらの問題については、ここでは関わらないことにする。

(16) このケースは、「不正義」の感覚が社会分析や評価の適切な出発点であるという Judith Shklar(1990)の一般的な議論の説得力をよく示している。

(17) もちろんセラシエの不寛容を非難するのは容易である。しかし、問題となっている不正義は、そのことだけを指しているのではなく、彼の政府が従った飢餓救済の原則、より正確には救済しないという原則に関わっている。寛容を共通の基盤とすることに合意すれば、そのような問題が提起されることさえ妨げるだろう。

(18) 肝心なのは「政治的」という言葉の用い方ではなく、政治的構想の考え方の背景にある動機である。とはいえ、ロールズは政治的という言葉に特別に狭い定義を与えているということもできる。

(19) Rawls (1971, pp. 60–65) を参照。

(20) Rawls (1971, pp. 60–65)、Rawls (1982, p. 162)、Rawls (1988a, p. 256–257) を参照。

(21) この主張の様々な含意については第三章、および第四章で議論した。

(22) Rawls (1988a, pp. 256–259)。

(23) Rawls (1988a, p. 259)。またロールズは、「センへの回答」(Rawls 1988b) の中で私の批判に対して違った答え方をしている。ロールズは、正義の理論は、私が理解しているよりももっと柔軟性のあるものであり、私が関心を持っている個人間の多様性はもっと後の段階で、例えば、「立法上」および「司法上」の段階で考慮することができると言っている。どのような手続きや配分の原理がそのような複雑な段階を踏んだ仕組みによって満足されるのかは明らかではないが、もし重要な個人間の多様性がいずれかの段階で有効に取り入れられるとしたら、その時には私の批判の力は弱められるだろう。基本財を潜在能力に変換する能力の個人間の差から生じる問題のうちのいくつかは、その時、注目されたことになる。

(24) 潜在能力の形式では、成果はn個の機能の組合せによって表される。一方、潜在能力は、そのようなn個の組合せを要素とする集合であって、その中から一つの要素を選択することができる。これ以外の表現形式のいくつかについて、またそれらが人の優位性や不平等の分析に対して持つ妥当性については、第三章、第四章を参照。

(25)　潜在能力において優越していると判断するために、いかなる包括的信条についての合意をも必要とするものではない。なぜなら、潜在能力集合は、(例で与えられているように)別の集合の部分集合にもなるからである。さらに、潜在能力の集合が互いに部分集合ではない時でさえ、それらの順序付けに関する合意が成立するために、単一の包括的信条を受け入れる必要はない。なぜなら潜在能力の部分順序付けは、それぞれの包括的信条における優越性に基づいて行うことができるからである。しかし、「完全な順序付け」を求めることには問題がある(ロールズの格差原理において基本財の保有を完全に指標化することにも同じような問題がある。というのは、異なった基本財は異なった包括的目的を追求する場合の有効性が違うかもしれないからである。関連する問題については、Plott 1978、Gibbard 1979、Blair 1988、Sen 1992b を参照)。しかし部分順序は様々な評価問題、特に深刻な不平等の問題を取り扱うのに適切な基礎となる。潜在能力の順序付けがどのくらいの範囲まで広げられるかは、(一)各々の重要な包括的見方の相違、(二)順序付けられるべき集合の間の違い、に依存している。ここに含まれる分析上の問題は、Sen (1970a, 1970b, 1985b) で議論した。また本書第三章も参照。

(26)　(ほかの人々と比べて)ある人々の目的にとって基本財が不完全にしか役立たないという理由で、個人の状態が基本財で判断されることに異論を唱えることが正当であるということは、公正の観点から起こってはならない。基本財が「他の価値の領域」を近似するものである必要はない(実際にそうなることは避けるべきである)というロールズの主張は、この問題の本質を見失っているように思われる。もし基本財の全てのあり得べきリストが、ある人々の目的にはとてもよく役立つが、それ以外の人々の目的には全く役に立たないとするならば、その時には「中立性」という重要な特徴が失われてしまうであろうし、また「公正としての正義」という考え方の全体的な流れが著しく損なわれてしまうであろう。このように、基本財とほかの価値の領域の関係には何らかの強い条件が課されている。この問題については、本書ではこれ以上論じることはしない。Ruth Anna Putnam (1991) も参照。

(27) 関連する実証的な問題については、Sen (1984, 1985b, 1988c)、Kynch and Sen (1983) で論じられている。

(28) ロバート・ノージックは、自分自身の政治理論を構築するにあたって、次のように言っている。「今や政治哲学者は、ロールズ理論の中で仕事をするか、それとも、なぜそうしないのかを説明するか、のいずれかをせねばならない。我々が展開してきた考察と相違は、ロールズによる代案の巧妙な提示によって光を受けるとともに、それに光を与えるものである。ロールズの体系的な考えと格闘してみてそれを受け入れなかった人といえども、それを詳しく研究することから多くを学ぶであろう」(Nozick 1974, p. 183)〔ロバート・ノージック/嶋津格訳『アナーキー・国家・ユートピア――国家の正当性とその限界』(下)、木鐸社、一九八九年、三〇六―三〇七頁〕。言うまでもなく、最後の部分はロールズの考え方の特定の部分についてのみ納得できない者に対して当てはまる。それだからこそ、私たちはその部分に特に関心を寄せるのである。したがって、正義を検討するということがどのようなことなのかについてロールズに多くの点で同意し、また多くの点で彼に負っていること以上に、ここではロールズとの違いに関心を集中させる。

(29)　しかしながら、このように優先されていた自由の原理は、一九七一年の時点と比べると、もっと後の定式化では、この章の始めの方で引用したように、より条件の弱いものになっていることに注意されたい。この変更は、H. L. A. Hart (1973) の強力な批判に答えてのことである。

(30)　この点については、Sen (1970a, 1976c, 1985a 第三講義) を参照。

訳注

〔1〕　マキシミン原理は、予想される最低限の利益を可能な限り大きくするという原理のこと。

〔2〕　「正義の政治的構想」は、ロールズが特に一九八〇年代以降、自分の理論を表すのに使っている用語。ここでの訳語は、川本隆史『現代倫理学の冒険』一五四―一五九頁に依拠している。

〔3〕　「重なりあう合意 (an overlapping consensus)」は、政治的リベラリズムの正義構想を正当化する決め手としてロールズが重視する用語。具体的には、近現代に成立した複数の立憲民主政体を緩くつないでいる規範原理、つまり各国の憲法の人権条項の間の重なり合いをいい、これによって正義の二原理が支持されることが正当化の眼目となっている。川本隆史『ロールズ――正義の原理』二九四頁の「キーワード解説」参照。

〔4〕 ドゥウォーキンは、個人の間で移転できる資源や移転できない資源(才能など)を含めた「資源の平等」を提案する。これに対してローマーは、「資源の平等」が満たすべき必要条件を公理として表した場合には、これらの公理を満たすルールは結局は「厚生の平等」の基準を満たすルールになることを示して、「資源の平等」という基準は「厚生の平等」という基準とは区別できないと論じた。この問題については、吉原直毅「分配的正義の理論への数理経済学的アプローチ」(高増明・松井暁編『アナリティカル・マルキシズム』ナカニシヤ出版、一九九九年、第八章)が詳しい。

〔5〕 Thessalonians の略、新約聖書の一書であるテサロニケ書、「テサロニケ人への第二の手紙」日本聖書協会『聖書』一九五五年改訳、三二六頁。

第六章　厚生経済学と不平等

1　空間の選択と評価目的

これまでの章で論じてきたように、不平等の評価では、評価する空間の複数性と、個人の多様性の両方に注目しなければならない。人々の立場が相対的に有利か不利かは、自由、権利、所得、富、資源、基本財、効用、潜在能力などの様々な視点から見ることができる。そのため、不平等評価の問題は、どの空間で評価するのかという問題に帰着する。異なる空間における不平等がどんな姿であるかは相互に関連しないわけではない。しかし人間の多様性は隅々まで広がりを持つために、それらは一致するわけではないし、かけ離れたものになっていることも多い。

このことは、既にいくらか詳しく論じてきた。しかし、ここで繰り返し強調しておきたいのは、どの空間を選ぶのが適切かは、不平等評価の背景にどんな動機があるのかということに依存しているということである。不平等は何らかの目的のために計測されるのだから、空間や不平等尺度の選択は、その目的に照らして行われるべきであろう。もちろん、個人間比較や不平等評価の性質がどんなものになるかは、私たちが追求しているものが何であるかに依存する。これは驚くことではない(1)。

様々な人々の間、例えば、異なる階級の間、異なる地域社会の間、あるいは特定の集団における女性と男性の間で、福祉水準がどのくらい違うのかを知りたいという場合がある。前章の議論に照らして言えば、「機能」を比較する方が所得や基本財や資源を比較するよりも、福祉の分析には適当であると主張することができるだろう。しかし別の文脈では、所得や基本財や資源を基準にした時に人々の相対的な位置がどうなるかに関心があるかもしれない。たとえ、所得分配が福祉そのものの不平等についてはあまり参考にならないとしても、福祉の比較以外のことが動機であるかもしれないから、所得分配が直接の関心の対象にならないというわけではない。

例えば、人は所得の不平等が、犯罪や社会不安、なかんずく福祉の分配にどのような影響を与えるのかに関心があるかもしれない。同様に、国家や政治体制が、どのような基本財(あるいは資源)をどのように分配しようとしているかを吟味したいと思うかもしれない。公共政策の役割を、福祉や自由の促進ではなく、全ての人々に自由の手段を提供することにあると考える場合には、これは考察する価値のある興味深い問題である(2)。福祉(あるいは自由)の不平等を評価する時に機能(あるいは潜在能力)に特に注目すべきであるという議論は、機能(あるいは潜在能力)があらゆる目的にとって望ましいということを意味しているのではない。

2　不足分、到達度、潜在性

不平等について最近の厚生経済学で活発に議論されてきたいくつかの個別の問題に入る前に、個人の優位性の判断に一般的な妥当性を持っている次のような区別があることを指摘しておきたい。すなわち、ある個人の置かれている立場は、成果の水準を基準にするプラスの形で判断されるべきなのか、それとも、その人が最大限に達成できることに比べてどの程度達成されていないかという不足分を基準にするマイナスの形で判断されるべきなのか、ということである。成果の評価におけるこの二つの一般的アプローチは、互いに密接に関連してはいるが、区別すべきものである(3)。

これらの二つのアプローチは、次の二つの理由から違った結果をもたらすことがある。第一に、もし人々の間で最大値が違っているにもかかわらず、そこからの不足分が計算されるならば、絶対的な成果による順序と、不足分による順序とは違ってくるかもしれない。それは、ある特定の個人が最大限達成できることと、ほかの個人が最大限達成できることとは同じではないかもしれないからである。第二に、全ての人々が同一の最大値を達成できるとしても、絶対値ではなくて、成果と不足分の比率によって比較が行われることから起こる違いがある。絶対的な成果のレベルの上昇とともに、達成するのがますます困難になる時には、このような視点の移動がよいこともある。[4]

後者の問題は、個人間の不平等の評価をする場合、直接関係するかもしれないし、そうでないかもしれない。比率の形で定式化すると、個人間不平等の評価とはあまり関係がなくなることも多い。しかし、最初の方の問題、すなわち潜在的な最大値が人によって異なるという点は、人間の多様性をはっきりと認識した上で不平等の評価を行う時には、特に重要になってくる。

個人間の平等は、達成度によっても、また各人がそれぞれ到達できる最大値からの不足分によっても定義できる。成果に関して「到達度の平等」を見るためには、実際に達成された水準を比較すればよい。[5] 一方、「不足分の平等」を見るためには、各人が到達可能な最高水準に比べて実際の到達度がどのくらい不足しているのかを比較すればよい。[6] この二つの見方はそれ自身興味深いものである。「不足分の平等」は、各人の持つ可能性を平等に活用することに関心を向ける。それに対して到達度の平等は、(潜在的な最大値が何であれ)絶対的な到達度の平等に関心を向ける。

もし人間の多様性が極めて根強くて、潜在的に達成できることを均一にできなければ、達成されたことの評価、達成されたことの平等の判断、あるいは「達成を可能にする自由」の平等を判断することに根本的な曖昧さが出てくる。仮に、最も恵まれた環境の下で、個人1が最大限達成できるものをxとし、個人2が最大限達成できるものを2xとしよう。その時に到達度が平等であるということは、常に個人2を、達成可能な水準以下に留めてしまうことになる。この点はアリストテレスが、「環境が許す」ものを媒介変数として「分配概念」を考えたということに関わる問題を再び提起する。「というのは何か思いがけないことが起こるのでなければ、その人たちの環境が許す限りは最善の国制の下にある者が最善な暮しをするのは当然なことだからである(7)」。

重大な障害を持っている人の場合には、到達度の平等を満たすのは困難かもしれない。この場合には、不足分の平等を基準に取りたい気になるかもしれない。そのようなやり方にも十分な根拠はある。しかし、私は、到達度の平等が実現不可能であることを理由に方法を決めてしまうのは正しくないと主張したい。どのようにしても、障害を持っている人に、例えばほかの人と同じように自由に動き回る能力を、他の人と同じ水準だけ享受する自由を与えることができない時がある。そんな時、(不足分の平等から要請されるように)ほかの人が自分たちの――ずっと高い――最大限の機能からの不足分と同じ分だけの不足分を障害を持つ人に与える解決よりは、その障害のある人の能力を最大にするように試みることの方が正しいことがある。

これは「一番恵まれない人の境遇をできる限り引き上げる(8)」というマキシミンあるいは辞書式マキシミンというロールズの論理が示す方向である。これは、本書の初めの方で指摘したように、ロールズの推論が彼自身の枠組みを越えて広い範囲に適用できることを示すものである。しかし、ロールズの正義の原理は、マキシミンに関して障害者の要求を直接認めてはいない。というのは、格差原理はマキシミン原理の適用を基本財の保有に限っており、一方、障害者の損失は、基本財を潜在能力へと変換する面で不利であるために潜在能力の面で生じているからである。しかし、最も不遇な人に焦点をおくというロールズの一般的な主張をここで適用することはできる。それができるのは、ロールズが力を込めて分析してきた「公正」という理由のためである。こうした議論によって、最大限達成できる水準が様々であっても、到達度の平等という要求を真剣に取り上げる十分な理由があることがわかる。

到達度の平等を促進するという政策は、全員を極めて低い水準での平等へと導いてしまうという反論もあるだろう。到達度の平等を求めれば、個人1がxしか達成できない時に、個人2は実現可能な最大限の$2x$から引きずり降ろされて、せいぜいxしか達成できないことになる。この反論にはいくらか説得力がある。仮に平等が唯一の用いられるべき原理であったならば、その反論は一層有効であろう。しかし、既に論じたように(そして最後の章でさらに論じるように)、平等は数多くの考慮すべきことがらのうちの一つにすぎない。平等は効率性を含んだ総体的な観点と結びつけることができる。このように考えれば、低水準での平等や、到達度の平等のために個人2の到達度を個人1の水準にまで引き下げることには反対できるだろう。

真の問題は平等が唯一の原理である場合にどのような平等が追求されるべきかではなく、平等と同時に総体的な観点も含めた混合的な枠組みの中で、平等の要件は「到達度の平等」よりも「不足分の平等」によって良く表されるのかどうか、ということである。私は、到達度の平等を何の限定もなしに追求すべきであると主張したことはない。しかし、到達度の平等は実行できないとか、(一番到達度の低い個人に全員を合わせてしまうから)非効率だという単純な理由で不足分の平等を選ぶことには反対してきた。到達度の平等に関心を持ち続ける時に、到達度の平等を完全に達成することの困難を克服することができる。

到達度と不足分の区別に関わる問題は、本書の残りの部分で(特に第八章と第九章で)再び取り上げる。本章の残りの部分で取り扱うのは、不平等に関する標準的な厚生経済学であり、そこでは到達度と不足分の区別はあまり出てこない。そのため、この区別は、本章ではこれ以上論じることはしない。不平等を取り扱う厚生経済学は、人間の多様性を見落としてきた。そこでは全ての人が全く同じであり、特に人々の間で潜在的な最大値が同じであると考える傾向があった。

3　不平等、厚生、そして正義

不平等の計測と評価に関する研究は、過去一〇年から二〇年の間に急激に増加し、評価問題の分析的側面に関する理解は著しく進歩した。[9] 分析面の研究の目的はいつもはっきりしているわけではなく、その動機には様々な目的がある。

しかし、不平等と社会的厚生との関係は、他のものよりも、ずっと頻繁に取り上げられてきた。その関係は、何を社会的厚生関数の説明変数とするのかによって、違った形で追求される。例えば、社会的厚生は個人の効用の関数とされる。それは、（効用を単純に合計する）「総和による順序付け」を含む功利主義を際立った事例とする厚生主義の枠組みで見られるものである。[10] あるいは、社会的厚生を（所得から生じる効用を媒介にすることなく）直接、所得ベクトルの関数とすることもある。あるいは、個人の経済的状態や富裕など多次元の属性の組合せの関数と考えてみてもよいだろう。[11]

この種の問題に対するひとつのアプローチは、社会的厚生関数を、個々の財の持ち主が特定された形で（すなわち、「名前を持った財のベクトル」によって）表すことである。[12] また、社会的厚生は、各人の機能ベクトルの組合せ（あるいは、潜在能力の集合）の関数として表すこともできる。社会的厚生関数の性質がどのように想定されているかは、それに対応して追求される個人間比較に影響を与える。

このように、社会的厚生の評価を目的にする時でさえ、不平等を評価する空間の選択の問題に関していくつかの手がかりが存在する。もし、他の目的（すなわち、集計的な社会的厚生以外の目的）を取り上げるならば、空間選択の問題は、その目的に合わせて変化することになるであろう。この意味で、「何の平等か」という問いは、その問いの背景にある目的や動機が特定されるまでは、明確な解答には辿り着くことはできない。

実際、不平等評価の作業の背景で暗黙のうちに頻繁に提唱されてきたプログラムは、二つ存在する。[13] その第一は、不平等の評価を社会的公正を分析するために使おうというものである。ロールズ(Rawls 1971)の「公正としての正義」のように、政治倫理や社会倫理の一般的な枠組みの中で社会の「基本構造」を選択するために不平等評価を使おうというのはこの例である。このプログラムは既に第五章で検討した。それは公共政策の規範的な分析にとって明白な含意を持つものであった。

このような(現代の倫理学や政治哲学において盛んに議論されている)「正義に基づく不平等評価」とは対照的に、第二の頻繁に提唱されてきたプログラムは、厚生経済学で広く使われてきたもので、所得ベクトルが社会的厚生を決定すると仮定して不平等を評価するものである。この問題は特に、ダルトン(Dalton 1920)、コルム(Kolm 1969)、アトキンソン(Atkinson 1970b)という先駆的な研究と、それに続く(私の *OEI* のかなりの部分も含めた)研究の中で考察されてきた。私はこれを、「厚生に基づく不平等評価」の問題と呼び、次の節でその性質について、方法論的なコメントを二、三することにしよう。

4　厚生に基づく不平等評価

ダルトン(Dalton 1920)は、不平等を社会的厚生の損失という単位で計るという先駆的な研究において簡単な功利主義的な社会的厚生関数を使用した。そこでは社会的厚生は個人の効用の総和とされ、人々の効用はその人の所得の関数として表される。また、全ての個人は同一の効用関数を持っていると仮定され、この仮定は、所得の限界効用が逓減するという仮定と合わせて、人々の間で分配される総所得が与えられれば、平等な分配が必ず社会的厚生を最大にする(すなわち、人々の効用の総和が最大になる)という結論が導かれる。[14] ダルトンはある総所得に対する不平等度を、効用の最大値、つまりその総所得を全員に平等に分配した場合に達成される人々の効用の総和分に対して、実際の効用の総和が何%不足しているかによって表そうとする。

ダルトンの不平等尺度は、効用を使って表されるため、個人の効用の計測や個人間比較が可能であると仮定する。しかし、実際には効用の総和の最大値と比べた不足分について(例えば、「現実の効用の総和は最大値より一七%低い」という形で)論じるのは容易ではない。[15] これに対して、アトキンソン(Atkinson 1970b)の不平等尺度は、所得で測られる。つまり、不平等な所得分配から起こる社会的厚生の損失を等価所得額の不足分によって測ろうとする。すなわち、アトキンソンは所得分配の不平等を、社会的厚生を低下させることなく総所得を平等に分配することによって、総所得を何%減らせるかによって計測する。例えば、「二二%少ない総所得でも、もしそれが平等に分配されるならば、現実の「より高い」所得が「不平等に」分配されているのと同じくらい望ましい」ということである。現実の所得分配が不平等であるほど、総所得を平等に分配することによって、社会的厚生を下げることなく多くの総所得を減らすことができるというわけである。「平等に分配された等価所得額」(この場合は実際よりも二二%少ない総所得)の水準が、アトキンソンのアプローチの重要な概念である。そして、これと実際の所得との差額(この場合は二二%)が、アトキンソンの不平等尺度である。

　不平等の計測に関するアトキンソンや関連するアプローチには、私がほかのところで論じたように技術的な特徴がいくつかあるが、ここではこれ以上のコメントはしない[16]。アトキンソンのアプローチでは、社会的厚生を所得の次元で指数化するので、効用の計測可能性や比較可能性を要求することもない。そのため、アトキンソンのアプローチはダルトンの定式化よりも優れている。実際には、アトキンソンは社会的厚生を個人のU値の総和と見なしていた(通常、U値は個人の効用とされるが、別の解釈も可能である)。しかし、アトキンソンのアプローチは、(既に論じたように)功利主義的でない社会的厚生関数をも認めている点でもっと一般的なものである。実際、アトキンソンのアプローチでは、(一)社会的厚生関数は究極的には所得のベクトルだけの関数になっていて、しかも(二)

どんな総所得に対しても、総所得の平等な分配が社会的厚生を最大にする分配であるという保証があれば、何の困難もなしに社会的厚生関数の形状を変えることができる。(17)

このアプローチの利点は十分に明らかであり、アトキンソン指標に属するもの(そこでは個人の所得と社会的厚生との関係についていろいろな仮定がなされる)は、規範的な計測の文献だけでなく、公共経済学一般の文献の中でも広く使われる。特に「平等に分配された等価所得額」という考え方は、不平等の計測と公共政策の評価とを直接結び付けるには一番便利である。

だが、深刻な問題もいくつかある。第一に、不平等は規範的であるだけでなく記述的な内容も含むから、不平等に対する純粋に規範的なアプローチをとると、不平等についての明らかな直観に反することが起こる。例えば、個人の効用が個人の所得の線形の関数である(すなわち限界効用が一定である)としよう。その時には、功利主義的な社会的厚生関数を使うと、(所得分配の不平等は総効用の損失をもたらさないから)「平等に分配された等価所得額」は、現実の所得と変わらない。この場合、所得分配がどれほど不平等であっても、アトキンソンの不平等指標は、ゼロを示すことになる。例えば、(1、99)という所得分配は、(50、50)と全く同じように平等だと見なされる。これは、所得を基準にしても効用を基準にしても(1、99)が非常に不平等であるという事実とは矛盾している。

もっと重要なことがある。所得の増加に比べて限界効用が逓減していく度合いの小さい効用関数、つまり「凹」である程度が小さい効用関数の場合には、アトキンソンの不平等指標は、個人効用の実際の不平等とは全く反対の方向に変化することがある。[18]限界効用がゆっくりと逓減すれば、ある所得ギャップに対応する効用のギャップは、そうでない場合に比べて一層大きくなる。従って、所与の所得不平等に対応する効用の不平等は、他の場合に比べて一層大きくなる。一方、限界効用がゆっくりと逓減していけば、所得不平等によって生じる総効用損失は少なくなる。そのため、アトキンソンの不平等指標(そしてダルトンの不平等指標)は上昇するどころか、逆に低下する。これは、与えられた所得分配がどんなものであろうと、人々が享受している効用がより不平等であればあるほど、不平等指標は低くなるという、おかしな特徴である。[19]アトキンソン指標は直接観察される(一定の)所得不平等に反する方向に(すなわち、低下する方向に)変化し、また(上昇する)効用の不平等とも矛盾した動きをすることになる。〔訳注1〕

このようなねじれた性質は、やっかいなものであるかもしれないし、そうでないかもしれない。重要なのは、そのことが、不平等の測定に関する規範的アプローチの重要な特徴に注意を向けさせる点である。アトキンソン指標や、その他の規範的な不平等尺度は、特定の社会的厚生関数に従って個人の所得分配の「悪さ」を表すものであって、所得や効用の不平等そのものの尺度ではない。いろいろな個人所得分配の特徴(所得分配の不平等はその一つである)に対して、凹性の程度が小さい効用関数を使えば、個人の効用の格差が大きくなるほど、すなわち効用の不平等度が上がるほど、アトキンソンの指標は下がってしまうのである。

もし、所得の不平等がどのくらい悪いものであるのかを選択された社会的厚生関数を使って表す尺度としてアトキンソン指標をとらえれば（すなわち、総効用の損失がどのくらいか、あるいは平等に分配された等価所得の損失がどのくらいかの尺度ととらえれば）、こういったことは「ねじれ」ではなくなる。考察した例では、効用の不平等は大きくなるかもしれないが、限界効用はゆっくりと逓減していくから効用の総和は最大値に近づく。従って、アトキンソン指標が総厚生の損失の値を低く示すのは正しい。

アトキンソンのアプローチは、厚生経済学や公共政策の分析で広範に活用されてきたが、そこでは所得の不平等の社会的厚生にとっての含意を評価するという形で問題が適切に定義されていた。アトキンソンのアプローチは、主にこの文脈において用いられてきた。限界効用がゆっくりと逓減していく場合、不平等な所得分配が社会的厚生にもたらす非効率性は小さく、アトキンソン指標が本当に計測しているのはこの非効率性である。これを「不平等指標」そのものと呼ぶことは誤解を招くかもしれないが、この指標は不平等によって生じる社会的厚生の損失を測定するというアトキンソンの目的には適った指標である。

第二の問題は、社会的厚生関数の特徴付けに関連するものである。アトキンソンは加法的な形を選択し、それ以前にダルトンは効用の不平等に関心を寄せることのないままに、功利主義的な社会的厚生関数を選択していた。これらの特徴は変更することができるし、功利主義を回避することに加えて、加法的な性質を捨て去ることもできる。[20]しかし、既に述べたようにこの枠組みは、（一）社会的厚生は究極的には所得のみの関数でなければならないこと、そして（二）総所得が一定の時、社会的厚生は平等な分配によって最大になる、ということを要求する。こうした仮定になぜ議論の余地があるのかについては既に論じた。このような仮定は厚生経済学では広く用いられているものであるが、このような仮定によって不平等の範囲を狭く限定してしまうことから脱することに、本書は関心を寄せてきた。

仮に社会的厚生が個人の福祉の関数であるとすれば、所得と潜在能力や機能との関係の多様性に適切な注意を払いながら、所得を福祉に変換する時に生じる多様性を考慮しなければならない。所得を福祉へと変換する関係に影響を与える要因もまた考慮しなければならない。このことは、仮定（一）に関して問題を提起する。たとえ、変換率のパラメーターがそれぞれ所与であるとしても（ジェンダー、年齢、環境などの）集団に固有のパラメーターの違いや個人のパラメーター（遺伝的な形質）の違いによって、たとえ所得分配は平等であっても福祉水準は極めて不平等になるかもしれない。変換率が個人間で大きく異なるために、平等な所得分配が社会的厚生にとっては極めて悪い状態をもたらし、仮定(一二)が全く受け入れられないという状況を思い描くことは容易である。[21]

このような問題は、社会的厚生が個人の福祉の関数であると仮定した場合でさえ起こる。仮にこの仮定を落し(本書の前の方で示した考え方に沿って)人々が享受している自由に直接注目するならば、これまでのアプローチに必要な仮定はもっと根本的な困難に直面することになる。

したがって、結論はおそらく次のようなものになるだろう。不平等の計測に対するアトキンソンのアプローチは、個人の多様性を考慮しないという制約の下では、極めて有用なものである。この枠組みでは、所得を福祉に変換する能力が人によって異なることを取り入れる余地はない。さらに、良い社会の構成要素として(従って、社会福祉の決定要因として)自由の重要性を取り入れるということもない。しかし、その枠組みは主流派の厚生経済学や標準的な公共政策の分析に一般的に使われているから、アトキンソンの指標を使ったとしても、既に伝統的分析に内在する限界をさらに狭めるものではない。事実、それは標準的な構造の中で不平等計算を体系的で効率の良いものにする。だから、このアプローチは条件付きではあるが、疑いなく有用である。アトキンソン指標を(社会的厚生を生み出す効率性に関する「分配の悪さ」の指標ではなくて)、不平等尺度そのものと呼ぶことは確かに幾分誤解を招く。しかし、それはアトキンソン指標の有用性を低めるものではない。大切なのは、われわれがまさに何をしているのか、なぜそうしているのかについてはっきり自覚していなければならないということである。

人間が多様であるという基本的な事実と、その深遠な含意が、厚生経済学の分析や公共政策の評価においてもっと広く認識されるならば、これまでのアプローチは根本的な転換を迫られるであろう。すでに論じたように、自由それ自体の本質的な重要性が受け入れられるならば、分析は、所得の次元から福祉の構成要素の次元へ、そして自由の構成要素の次元へと移らねばならない。その時には、社会福祉の分析は違った形をとることになり、不平等と分配の悪さの評価は、そのような根本的な転換を反映したものでなければならない。

次の章で、貧困の尺度を検討する時、現在使われている貧困指標についても、これと同じような問題があることがわかる。[22] これらの標準的な尺度は、所得に関心を集中することに執着し続け、人間が多様であるという基本的な事実や人間の自由の基本的な重要性を無視している。

注

(1) このことについては、Broome(1987)を参照。

(2) 事実、これは、Rawls(1971)やRonald Dworkin(1981)が、これらの空間における分配を強調する動機のひとつである。Dahrendorf(1988)も参照。

(3) 不足分という概念は、厚生経済学の文献の中で、様々な形で、評価の基礎として利用されてきた。例えば、フランク・ラムゼイ(Ramsey 1928)の最適貯蓄問題の定式化は、総効用の最大水準(いわゆる「至福」)からの不足分を最小にするということを基準にしたものである。事実、ラムゼイの不足分の最小化問題は、無限時間にわたってうまく定義されており、(無限の時間にわたって効用の総和を最大するように)問題を直接定式化する方法ではとてもできないものである(この点については、Sukhamoy Chakravarty 1969 を参照)。別の例を取り上げると、ダルトン(Dalton 1920)の不平等の尺度は、平等な分配によって達成される社会的厚生の最大値と比べた時の不足分を求めようとする。同様にアトキンソン(Atkinson 1970b)の不平等尺度は、社会的厚生の不足分の等価所得を求めようとする。ダルトンとアトキンソンの不平等の尺度は、この章の後の方で論じる。Musgrave(1959)の「犠牲」という違った概念も参照。

(4) 例えば、出生時の平均余命によって国々の実績を評価する時、平均余命が、例えば四〇歳から五〇歳まで増えたとすると二五%の増加となるが、六〇歳から七〇歳にのびたとしても一七%の増加でしかない。にもかかわらず、最大限可能な値に近づくほど、それ以上改善することはますます難しくなるから、後者の方がずっと難しい課題であると言うこともできる。視点を変えて、かりに作業仮説として、八〇歳が出生時の平均余命の最大限実現可能な値と仮定するならば、その時には、四〇歳から五〇歳までの増加は、不足分の二五%の削減となるが、六〇歳から七〇歳にのびることは、不足分を五〇%削減することになる。後者の方法に基づく序列付けの方が、絶対的な達成の水準が高くなるに従って平均余命をより一層上げることが難しくなるということを比較的よく反映していると言うことができる。この背景にある問題については、Sen (1981b)を参照。国際比較のために不足分の比率を比較する実証的な例はそこに見ることができるし、また、UNDP (1990)にある例も参照。Desai, Boltvinnik, and Sen (1991)も参照。

(5)　これが自由の場合には、到達度の平等は、個人が選択できる、いく通りかの実際の到達度の水準を比較すればよい。

(6)　自由の場合には、各人の達成のための最大限の自由からの不足分を見なければならない。

(7)　アリストテレス『政治学』VII. 1 (1323^{a} 17–19)〔山本光雄訳『政治学』岩波文庫、一九六一年、三〇七頁。ここでの訳文は、本書の文脈に合わせて一部変更した〕、ただし強調の傍点がつけ加えられている。英訳文は、Nussbaum (1988a)から取られている。ヌスバウムは、アリストテレスの「分配についての概念」の中で、この限定が果たしている役割を論じている。

(8)　最大限に達成できるものが個人によって異なるのではなく、大人と子供といった「自然の分類」で異なる場合には、公正の問題はもっと複雑になる。実際、既に示したアリストテレスの推論は、個人間の違いよりはむしろタイプの間の比較に関連しているように思われる(このことについてはNussbaum 1988aを参照)。子供はある種の潜在能力(例えば、身体の十分な発育や一層の成熟が必要になる活動)を獲得する能力では劣っている。しかし、このことが、より大きな潜在能力を持つ大人の犠牲によって、子供の潜在能力を拡大させることを優先する決定的な根拠にはならないだろう。この問題は、個人の優位性を生涯にわたる機会を通して見た場合には、このような形では現れてこない(それはRawls 1971が示唆している通りである)。しかし、その問題は全く捨て去ってしまえるものでもない。というのは、生涯全体に焦点を置いた場合には抜け落ちてしまう年齢ごとの配分という問題があるからである。また、多くの国で女性が不平等な処遇を受けているために、男性より短くしか生きることができないとしても、男性に対して女性の方が生物学的に長寿であるという利点に関しても複雑な公正の問題がある(この点については、第八章第2節を参照)。

(9) Blackorby and Donaldson(1978)およびFoster(1985)が最近の研究に関する批判的展望を行っている。また、Cowell(1977)、Nygrad and Sandstrom(1981)、Eichhorn and Gehrig(1982)、Chipman(1985)、およびLambert(1989)も参照。研究は、今では数え切れないほどになっているが、基本的な文献リストを示すと、Aigner and Heins(1967)、Theil(1967)、Kolm(1969, 1976)、Atkinson(1970b, 1975, 1983)、Bentzel(1970)、Newbery(1970)、Tinbergen(1970)、Pen(1971)、Sheshinski(1972)、Dasgupta, Sen, and Starrett(1973)、Rothschild and Stiglitz(1973)、Pazner and Schmeidler(1974)、Blackorby and Donaldson(1977, 1978)、Muellbauer(1974b, 1978)、Wolfson(1974)、Gastwirth(1975)、P. J. Hammond(1976b, 1977, 1978)、Mehran(1976)、Pyatt(1976, 1987)、Bhattacharya and Chatterjee(1988)、Cowell(1977, 1980, 1985, 1988)、Graaff(1977)、B.Hansson(1977)、Fields and Fei(1978)、Kern(1978)、Osmani(1978, 1982)、Archibald and Donaldson(1979)、Bourguignon(1979)、Donaldson and Weymark(1980)、Deaton and Muellbauer(1980)、Dutta(1980)、Fields(1980a)、Kakwani(1980b, 1981, 1986)、Roberts(1980b)、Shorrocks(1980, 1982, 1983, 1984, 1988)、Blackorby, Donaldson, and Auersperg(1981)、S. R. Chakravarty

(1981, 1988, 1990)、Cowell and Kuga (1981)、Jasso (1981)、Nygrad and Sandstrom (1981)、Weymark (1981)、Atkinson and Bourguignon (1982)、Kanbur (1982b)、Mookherjee and Shorrocks (1982)、Thon (1982)、Anand (1983)、Broder and Morris (1983)、Blackorby, Donaldson, and Weymark (1984)、Foster, Greer, and Thorbecke (1984)、Jorgenson and Slesnick (1984a, 1984b)、Le Grand (1984)、Slottje (1984)、S.R.Chakravarty, Dutta, and Weymark (1985)、Chakravarty and Roy (1985)、Fine (1985)、Lambert (1985, 1989)、Le Breton, Trannoy, and Uriarte (1985)、Baumol (1986)、Hutchens (1986)、Kanbur and Stromberg (1986)、Maasoumi (1986)、Temkin (1986, 1989)、K.Basu (1987b)、S. R. Chakravarty and Dutta (1987)、Ebert (1987, 1988)、Le Breton and Trannoy (1987)、Meyer (1987)、Shorrocks and Foster (1987)、Bhattacharya, Chatterjee, and Pal (1988)、Eichhorn (1988a, 1988b)、Foster, Majumdar, and Mitra (1988)、Foster and Shorrocks (1988a, 1988b)、Dutta and Ray (1989)。もちろん、これらの他にも多くの研究がある。

(10)　厚生主義一般とその特殊な形としての功利主義との区別については、特に Sen (1979a, 1979b) および Sen and Williams (1982) の「序文」を参照。

(11)　これについては、Kolm (1977)、Atkinson and Bourguignon (1982)、Maasoumi (1986, 1989)、Foster, Majumdar, and Mitra (1988) を参照。

(12)　「名前を持った財」の概念、つまり個人 j に帰属する財 i を「名前を持った財 ij」と呼ぶことは Hahn (1971) によって導入された。名前を持った財のベクトルが持っている情報は、Fisher (1956) によって定義された「財マトリックス」と同じである。名前を持った財のベクトルの扱いにくさは、ある正規化の公理を用いると体系的に扱うことができ、実際に有用な結果を導くことができる。Sen (1976b, 1979c)、P. J. Hammond (1978)、Roberts (1980b) を参照。関連した問題については、Graaff (1977)、P. Dasgupta and Heal (1979)、Atkinson and Bourguignon (1982)、Broder and Morris (1983)、Osmani (1982)、Atkinson (1983)、Atkinson and Bourguignon (1987)、Bhattacharya, Chatterjee, and Pal (1988) を参照。

(13) もう一つ別のアプローチで、目ざましい結果を生み出してきたものに、不平等に関する人々の一般的な態度を調査するものがある。これについては Yaari and Bar-Hillel (1984)、Amiel and Cowell (1989)、Fields (1990) を参照。不平等を判断するために常識的な直観を体系的に利用したものとして、Temkin (1986) を参照。

(14) これはまた、(既に議論した) 有名な「ダルトンの移転原理」の根拠になっている。それは、他の条件が一定ならば、より富裕な人からより貧困な人へ一単位の所得を移転すると社会的厚生は増加し、不平等は低下すると主張するものである。この原理は不平等の規範的尺度に関する研究の中でさかんに使われてきた。Atkinson (1970b, 1975, 1983) を参照。また、P. Dasgupta, Sen, and Starrett (1973)、および Rothschild and Stiglitz (1973) も参照。

(15) これは、効用関数が比率の形で計測可能であり、比較可能であることを要求するもので、厳しい仮定である。この点については、特に Sen (1977b, 1986a)、Gevers (1979)、Roberts (1980a)、Blackorby, Donaldson, and Weymark (1984)、d'Aspremont (1985) を参照。

(16) それらは、特に私の *OEI* の第三章で論じられている。また Kolm (1976)、Blackorby and Donaldson (1978, 1984)、Atkinson (1983)、Foster (1985) を参照。以下で議論される問

題は不平等の規範的尺度一般に同じように当てはまる。アトキンソンの分析を中心に取り上げるのは、明快で、かつ、このテーマでは卓越した地位を占めてきたからである。

(17) *OEI* の中で、私は、そのような一般的定式化を提示した。また、Kolm(1976)、Blackorby and Donaldson(1978, 1984)も参照。

(18) この解釈では、「効用関数」$u(y_i)$が個人iの特性を表すのではなく、また個人所得(y_i)の加法的に分離可能な関数として社会的厚生を表現する純粋に分析上の工夫として効用関数を理解するよりも、むしろ個人の効用を与えているものと見なす方が適当である。こういった諸問題については、Atkinson(1983)を参照。

(19) この議論は、少し簡略化されすぎているので、Sen(1978b, 1984)の中で提示した図解的な説明が助けになろう。哲学的な問題は、Bengt Hansson(1977)の中で議論されている。Atkinson(1983)も参照。これは、本書の文脈では中心的な問題ではないので、更なる議論は差し控えることにしたい。それは本書の主題と関連があり、また重要でもあるが、本書の主要な主題にとって重要ではない脇道へと注意をそらすことになるからである。

(20) Sen(1973a)、Atkinson(1983)、Blackorby and Donaldson(1984)も参照。

(21) このような状況では、「ダルトンの移転原理」は、社会的厚生の最大化という文脈で、一般に支持することはできない。例えば、病人の所得を、所得は少し低いが健康で丈夫である人に移転することは、社会的改善からはほど遠いであろう。

(22) これには、残念ながら、いわゆる「セン指標」(Sen 1973c, 1976a)も含まれる。

訳注

〔1〕所得の不平等は y_1 と y_2 の比によって表される。効用関数が A のとき、効用で測った不平等は $U_A(y_1)$ と $U_A(y_2)$ の比によって表される。限界効用の逓減が緩やかな B と比べると y_1 と y_2 の効用の不平等は $U_A(y_2)/U_A(y_1)$ から $U_B(y_2)/U_B(y_1)$ へと広がるのに対し、不平等から生じる効用の損失は B の方が小さい。

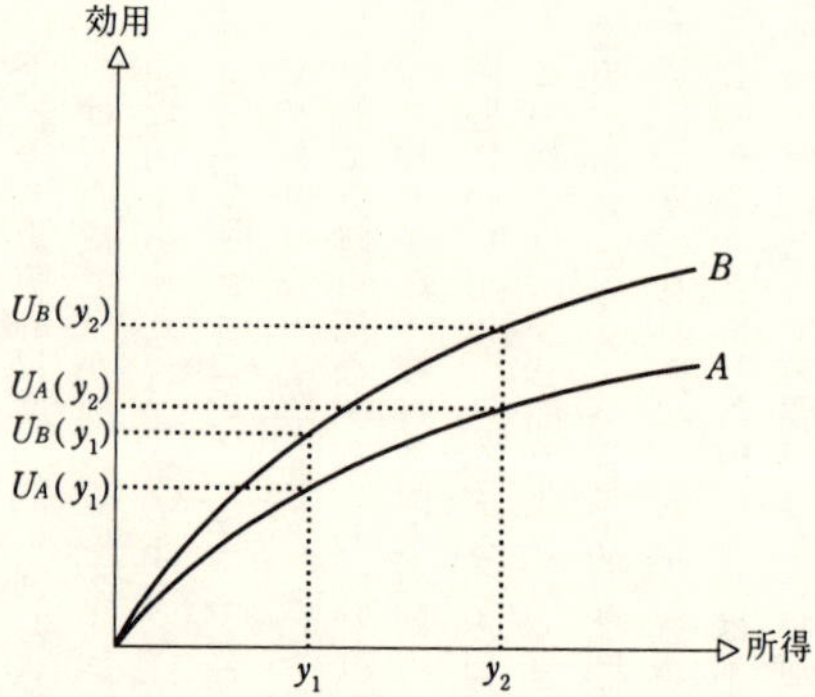

第七章　貧しさと豊かさ

1　不平等と貧困

主流派のアプローチに基づく貧困の定義では「貧困線」、すなわち、それ以下の人は貧しいと診断される所得水準を特定し、そこで線引きをする。今でも広く用いられている一般的な貧困の尺度は、これを基準にして貧困線以下にいる人々の数を数え(いわゆる貧困者比率)、全人口の中で貧困線以下にいる人々の割合をもって貧困の指標と定義する(すなわち、総人口に占める割合によって貧困を定義する)。この指標は、すっきりとして良くできた尺度であるから、貧困や窮乏に関する実証研究の中で広く用いられているのも不思議ではない。

貧困の測定は二つの異なる、しかし互いに関連した作業から成り立っている。第一は貧困者を認定することであり、第二は、貧困者と認定された人に関する統計を集計して貧困の総合的な指標を導き出すことである。人数を勘定する伝統的なアプローチでは、この認定作業は所得に基づく貧困線を区切りにして行われる。集計の方はといえば、単純に貧困者の数を数え、H（貧困者比率 head-count ratio）、つまり貧困線以下にいる人々の割合を計算するだけである。このアプローチの二つの作業は、いずれも貧困とは低所得であるという見方に強く依存している。(1)

しかしながら、ここで付け加えたいのは、単純な人数の勘定によって行われる集計作業では、貧困であると認定された人々が貧困線からほんの少し下にいるのか、あるいは相当下に位置しているのか、そして貧困者たちの間における所得分配の不平等は甚だしいのか、そうでないのか、といった点に注意が払われていないということである。貧困尺度の定式化に関する最近の研究では、Hを貧困の尺度として用いることで生じるこの空白は、かなりの注目を集めてきた。ここではまず、集計作業の展開について議論することにし、次節で最初の方の問題、すなわち貧困の主たる特徴として低所得を用いることの問題について議論する。というのは、これは「定義」と「集計」の両方に影響を与えるからである。

貧困者比率のように広範ではないものの、従来の研究で用いられてきた集計指標は他にも存在する。(2) これは「所得ギャップ」と呼ばれ、貧困線以下の貧困者を全て貧困線の水準まで引き上げるのに必要となる追加所得を測るもので、低所得によって表される貧困を一掃するのに必要な最小限の追加所得のことである。このギャップは、一人当たりを単位に、貧困者の貧困線からの平均不足所得額Iで表される。(3)

ここで注意すべきは、貧困者比率Hが貧困線より下にいる貧困者たちの所得水準に配慮することなく貧困線以下にいる人々の数だけしか考慮していないのと同様に、所得ギャップIもまた貧困線にとどくために必要な所得の平均的なギャップのみ考慮し、そこに含まれる貧困者の数には全く反応しないという点である。双方の指標は貧困の異なる側面に光を当てているので、互いに補完的であると考えるのも自然なことである。従って、HとI（あるいは、類似の指標）を統合する必要性は、十分自明であろう。

ここで（あくまで、貧困とは「低所得」であると見るのが最も適しているという考え方に則った上で）、これら二つの指標を組み合わせたものが貧困測定の十分な情報的基礎になるのかどうか、と問うことができよう。答えは端的に言って、ノーである。HとIは両方とも貧困者たちの間に見られる所得分配に注意を払っていないため、それらを合わせてもまだ十分とは言えない。例えば、貧困線以下に位置する一人の貧困者から少しだけ「豊かな」もう一人の貧困者に所得を移転し、所得の移転後も同じように貧困線より下にいるとすれば、HとIの値は両方とも全く変わらないままになる。しかし、実際にはこの所得移転によって、全体としての貧困度は悪化したと主張してもよいだろう。というのは、貧しかった人がさらに貧しくなったわけであり、この一層甚だしい困窮が、初めからこの人に比べれば貧しくはなかった人の所得が増加したからといって、補われて余りあるとは言えないからである。従って、われわれは何か他の統計、おそらく貧困者の間に見られる所得分配の不平等を測るようなものを必要とする。貧困者の間に見られる不平等を測るような指標をDと呼ぶことにしよう。

貧困は低所得であるという見方を維持したまま、相互に関連しながら各々固有の重要性をもつこれらの三つの側面すべてに配慮した貧困指標を公理から導出することは容易である。このように、公理に基づいて導出された集計的な貧困指標PはH、I、Dの関数となる。私がかつてSen (1973c, 1976a) の中で示した公理によって、貧困層の所得分配を測る不平等指数Dはジニ係数Gと同じであるという結論が導かれる。つまり、H、I、Gに依存した形の貧困指標Pが導かれる。

指標を定式化するために用いた公理のひとつは、すべての貧困者の所得が「同じ」である(従って、貧困層の間に不平等はない)という特殊なケースにおいては、HとIを組み合わせれば情報として十分であるというものであった。[4] このケースでは、貧困の指標は単にHとIを掛け合せた積の形、すなわち$H \times I$で表される。さらに別の公理は、ある貧困者が他の貧困者より貧しいような場合には、各人の所得不足額に付与される単位当たりのウェイトを、貧しい人ほど大きくすることを求める。つまり、最も貧しい人に一番大きなウェイトを付け、最も「豊かな」貧困者に一番小さなウェイトを付けるということである。貧困者の中でn番目に「豊かな」人の所得不足額にnというウェイトを付けるという特別なケース、すなわち「順位によるウェイト付け」を採用すれば、よく知られたジニ係数を用いて、貧困者の間の所得分配の不平等に配慮した非常に理路整然とした貧困の集計指標を導くことができる。[5]

順位によるウェイト付けは、フランスの数学者ボルダ(Borda 1781)が投票行動に序数的アプローチを用いたのを契機に、社会的選択理論では広く用いられてきた。この手続き(そして、その背後にある一般的な「位置関係アプローチ」)は単純な序数的情報で、互いに競合する要求をそれぞれ巧くウェイト付ける方法を提供する。[6] ここで、興味深く、また実践的な視点から有用な点は、ボルダ法によるウェイト付けによって、所得の不平等を測るときの最も一般的な尺度であるジニ係数[7]が導かれることである。

一般に「セン指標」と呼ばれる貧困の尺度や、それに関連する分配面に配慮した指標は、とりわけ貧困評価の実践的な作業の中で用いられてきた。バングラデシュ、インド、イラン、マレーシア、米国、ブラジル、その他の国々での実証研究は、細心の注意と優れた技量をもって行われてきた。[8] いわゆるセン指標やその他の指標が、低所得に基づいて貧困を診断している点で妥当なものであるかどうか私は疑わしく思っているが、これら一連の実証研究が分配面に配慮した方法で貧困を評価したことが、分析面と実践面で残した功績は疑いの余地がない。

所得の次元にわれわれの関心が集中してしまうのは、しばしばやむを得ないことである。所得統計は他のデータと比べても入手可能性が高いからである。[9] このような情報的枠組みで、貧困の尺度として伝統的に用いられてきた貧困者比率は、貧困者の中の特に貧しい者が直面している惨状を無視しているために、結果として導出される貧困撲滅対策を的外れなものにしてしまうことがある。事実、貧困者比率を貧困の尺度として用いた場合、どの政府も貧困者の中で最も「豊かな層」に関心を寄せる強い誘惑に駆られてしまう。そうすれば貧困者の数（そして、貧困者比率H）を、最も容易に減らすことができるからである。[10] 貧困の実証的な測定を、分配面に配慮したやり方で作りなおすことは、（所得にのみ情報的基礎をおくという大枠での制約は拭いきれないとしても）所得データを比較的有効に用いる結果につながる。

分配面に配慮した貧困の尺度が必要であるという認識は、今では比較的広く受け入れられており、上述の指標以外に、貧困者の間の不平等を表す他の指標Dを用いたり、あるいは他の数学的組合せで貧困を測るなど、様々な方法が理論的研究によって示されている。[11] これらの指標の相対的利点や、貧困の集計的尺度を導くときに問題となる三つの側面に各々の指標がどのような方法で対処しているかをここで評価するつもりはない。[12] 所得のみによって貧困を測る場合の最も重要な問題は、この三つの側面すべてに注意を払う必要性があるということ、とりわけ分配面に敏感であるように配慮することである（分配面への配慮が、ある特殊なやり方で包含されていると主張するのは妥当ではない[13]）。より一般的な文脈における最も中心的な問題は（この本でこれから論じる問題であるが）、貧困の尺度として所得のみに基づくことが妥当なものかどうか、という問題である。このような批判的検討は、「貧困は低所得である」という見方を共有するすべての指標に当てはまる。

2　貧困の性質

ここで二人の人、AとBを考えることにしよう。AはBより所得水準がいくらか低いものとする。しかしBは腎臓に障害があり、とても費用のかかる透析器具を使わなければならず、そのためAに比べて困窮した生活を強いられている。ここで、どちらの人がより貧しいと言えるだろうか。所得の低いAだろうか、それとも、潜在能力の集合がAより制約されているBだろうか。

この問いは一見して、純粋な意味論の話であるように聞こえるかもしれない。あるいは、われわれが誰を「より貧しい」と呼ぼうとも、用語の定義さえはっきりさせれば、それほど重要な問題ではないという見方さえとりたくなるかもしれない。そのような、ちょっとした哲学的名目論にも確かに一理ある。しかし、「貧困」はほとんどの社会において主要な評価上の関心事であるのもまた事実である。このような問題が提起されるような文脈では、貧困をどのように認識するかは極めて現実的な重要課題である。従って、これは本質的な問題である。貧困という用語は多様な用い方をされてはいるが、その概念の本質的な性質は明らかにいくつかの要因によって限定されており、好きなように貧困を特徴づけてよいというわけにはいかない。

貧困の定義をめぐる問題は、記述的な形と政策的な形の両方をとることができる。前者の場合、貧困の定義とは、困窮状態を識別することである。これは政策提言に結びつくこともあるが、それは派生的な特徴でしかない。記述的な作業は、当該社会の基準に照らして真に困窮している人は誰かを判断することを目的としている。一方、後者の見方をとる場合、貧困の認定はそのまま政策提言、すなわち社会は貧困に対処するために何らかの措置をとるべきであるという主張につながる。(14) 後者の見方では、貧困の定義とは主に公共政策の対象を特定することであり、記述的な意味は派生的なものに過ぎない。これとは逆に、前者の見方では記述が主であり政策的結論は派生的なものに過ぎない。

繰り返しになるが、これらの立場の中のどれを選択するかを考えることに多くの時間を費やすのは間違いである。私はかつて、診断が政策より先にくるべきことを理由に、記述に重点を置く立場を支持する議論を展開した。(15) これは、著しい困窮を除去するための公共政策の財源が手に入らないからといって、貧困の定義自体を変えるべきではないという立場をはっきりさせる意味でも重要である。例えば、政府や社会が極度の経済的困窮を除去する手段を欠いている場合、そのこと自体が必要な(しかし利用できない)資金で困窮に対応すべきという政策提言に反対する決定的な理由にはなるだろう。(16) しかし、だからといって貧困はさほど深刻ではないと結論すべきではない(もし選択された政策に完全に合わせる形で貧困を定義すれば、貧困は存在していないという結論にならざるを得ない)。

政策提言が、その実現可能性に条件付けられることは言うまでもないが、貧困の識別は、もっと広い視野で捉えられるべきものである。まず、最初にとるべきステップは、困窮状態を診断すること、そして、それに関連して、もし手段があるならば、何をすべきなのかを決めることであろう。次のステップは、われわれの手の届く手段に沿う形で実際に政策の選択をすることである。この議論に従えば、貧困の記述的な分析は、政策選択に先行して行われる必要がある。

では、そのような貧困の記述的分析はどのようにして進めるべきであろうか。このタイプの分析が記述を主とした作業だからといって、それが貧困評価の対象となっている社会の状況とは独立に行われるべきであると考える間違いを犯してはならない。「客観的な記述とは社会状況が変わっても不変である」というしばしば想定されているような条件は必要ではない。どのような状態をひどい困窮と見るかは、もちろん社会に応じてまちまちである。しかし、社会分析を行う者の目から見れば、社会に応じたこのような多様性こそが客観的な研究の対象になる。[17] われわれはもちろん、社会の多様性を考慮した規範的判断が具体的にどうあるべきかについて議論することもできるが、困窮状態を診断する上での中心的作業は、異なる形態の苦難が当該社会でどう見られているかを無視してはならない。両者のつながりを否定することは、記述をすぐれて客観的にするどころか、極度に鈍いものにしてしまう。

社会状況がそれぞれ異なっていることは、何をもって深刻な困窮とするかについて様々な合意を得る可能性まで排除してしまうものではない。実際、ある基本的な「機能」と、それに対応する「潜在能力」に着目する方が、特定の財の集合や特定の機能を達成する方法に着目するよりも、問題となっている困窮の重大さについて広い合意が得られやすい。例えば、極度の飢餓や深刻な栄養失調を避けるという「潜在能力」の重要性は、その機能を満たすための特定の食材(特定の肉、魚、あるいは穀類や豆類)の供給が十分であるかどうかということよりも、文化を越えた(あるいは個人間の)合意を得やすいだろう。別の喩えを挙げるならば、(ある社会で)まっとうな待遇を受けるというニーズ、あるいはコミュニティーで暮らしていくという「潜在能力」に対するニーズは、そのニーズがどのように満たされるか、あるいはコミュニティーでの暮らしを共有するための特定の方法よりも合意が得られやすいだろう。(18)

この点こそ、特定の財からなる「基本的ニーズ」よりも、潜在能力の欠如という観点から貧困をとらえるべきであるとする根拠の一つである。「基本的ニーズ」や「生活の質」に関する研究は、最も基礎的な財やサービスの欠如と、それらが人々の生存に果たしている決定的な役割にわれわれの目を向けさせる上で非常に役立ってきたのは事実である。[19] このアプローチの根底にある動機は、基礎的「機能」の達成や、それに対応した「潜在能力」の獲得によって、もっと直接的に表すことができる。[20] 基本的ニーズ・アプローチを採る根拠が、特定の基礎的「機能」を達成するための手段を人々に与えることにある限り、(すでに議論した)財を機能に変換する能力の個人差の問題も、財ではなく機能を直接見ることで回避することができる。[21]

3　所得の「低さ」と「不十分さ」

これまでの論理から、貧困とは受け入れ可能な最低限の水準に達するのに必要な基本的な潜在能力が欠如した状態として見るべきであるという議論が成り立つ。[22] 貧困の分析に関連の深い機能は、「十分に栄養をとる」、「衣料や住居が満たされている」、「予防可能な病気にかからない」などといった基礎的・身体的なものから、例えば、「コミュニティーの一員として社会生活に参加する」、「恥をかかずに人前に出ることができる」などといったより複雑な社会的達成までまちまちである。これらはいわば、「一般的な」機能であるが、すでに言及したように、これらの機能の具体的な満たされ方は社会に応じて異なっているかもしれない。

潜在能力に基礎をおくアプローチは、以下の二つのアプローチと対比することができる。第一は、貧困を低効用とみるアプローチであり、第二は、貧困を低所得(より一般的に基本財や資源を少ししか保有していない状態)として捉えるアプローチである。[23] これまでの章で、なぜ効用も所得も(あるいは、基本財や資源であっても)福祉と同一視してはならないのかという理由を明らかにしてきた。しかし、これは貧困を的確に捉えるアプローチを絞り込む上で、決定的なものではない。とりわけ、貧困の概念は経済問題から生じる窮乏と深く結びついていると認識されているので、低所得として貧困を捉えるアプローチはさらに検討される必要がある。

貧困とは、福祉水準が低いということではなく、経済的手段が不足しているために福祉を追求する能力がないことである。仮に金持ちの男がいて、高い所得で何でも必要な物が買えるにもかかわらず、その機会をことごとく無駄にし、その結果、惨めな状態にあるとしても、その人を「貧しい」と見るのはおかしいだろう。窮乏することなく恵まれた人生を歩む手段を持っていたにもかかわらず、困窮してしまったからといって、その人を貧しい人々の中に含めることにはならない。とすれば、この考え方は、結局、貧困を所得の欠如として見る立場を一層強めることになるかもしれない。

このような論理の進め方にもいくつかの利点はある。従って、貧困を所得の欠如とする考え方をとりたくなるのも無理のないことではあるが、その見方はやはり十分ではない。他にも考慮されるべき点があるからである。ここで指摘すべき最も重要な点は、経済的手段が十分であるかどうかは、所得や資源を潜在能力に変換できる可能性を抜きにしては評価できないということである。すでに示したように、腎臓障害で透析を必要とする人は、所得こそ高いかもしれないが、それを機能に変換する際の困難を考慮すれば、この人の経済手段(つまり、所得)は依然として不足していると言える。貧困を所得で定義するのであれば、所得からどのような機能を実現できるかという潜在能力を抜きにして、所得だけを見るのでは不十分である。貧困に陥らないために十分な所得とは、個人の身体的な特徴や社会環境によって異なるのである。(24)

貧困が問題なのは、(潜在能力の欠如に陥らないための)経済的手段が不足しているからではあるが、もっと基本的なのは必要最低限の潜在能力が欠如していることである。すでに言及したような例、すなわち代謝率の高い人、体格の大きな人、あるいは栄養を浪費してしまうような寄生虫病に煩わされている人の例を再び考えてみよう。このような人は同じ所得水準であっても、そうした障害がない人に比べて最低限の栄養水準を達成することが難しい。同じ所得であっても、障害を持つ人の方が、健常な人より貧しいと見なされるとすれば、その理由は前者の(われわれの着眼点である)潜在能力が大きく欠如しているからに他ならない。別の言い方をすれば、不利な状況におかれている人ほど、その人の個人的条件や環境を考えると、より深刻な所得の不足に直面しているということができる。所得が不十分であるとは、それが外部から与えられた貧困線より低いということではなく、その所得が特定の潜在能力を発揮するのに必要な水準に達していないということである。

所得水準で考えるならば、貧困の概念において重要なのは、それが最低限必要な潜在能力をもたらすには足りないということであり、個人の特徴とは無関係な所得水準の低さそのものが問題なのではない[25]。個人的な諸条件を全く無視した貧困線は、われわれが関心を持つべき貧困の根源的な部分、すなわち経済手段が不十分なために生じる潜在能力の欠如という側面を正当に扱うものではない。多くの場合、個々人を特定のカテゴリー(階級、ジェンダー、職業、雇用状態など)にグループ分けすることはもっともなことである[26]。もし所得によって貧困を表現するのであれば、どれだけの所得が必要になるかは、最低限必要な潜在能力を得るのに必要な水準によることになる。

この問題は、貧困分析における主たる関心が潜在能力にあって、既に達成された機能にはないことに関連している。手段がないために飢餓を強いられている人と、飢えないだけの手段を持っているにもかかわらず断食をしている人の例を思い出してほしい。二人とも飢餓状態に陥り、十分に栄養をとれていないかもしれないが、なす術のない人(従って、十分な栄養をとるという潜在能力を持たない人)は、断食をしている人とは違った意味で貧しいと言える。従って、貧困分析の焦点は潜在能力に向けられるべきであって、達成された結果に向けられるべきではない(もっとも、その人の潜在能力の概要をつかむ上で、しばしば達成された結果についての情報を用いることはあるが[27])。

ここまでの議論は全て、第二章と第五章ですでに検討した「自由」と「資源」の違いに似た性質を持つ。資源は自由を獲得する意味で重要であり、所得は貧困を避けるために欠くことができない。しかし、もしわれわれの関心が究極的に人々の自由に向けられているのであれば、人々の多様性に照らして、資源を自由と同じものであるかのように扱うことはできない。同様に、経済的手段を欠いているために最低限必要な潜在能力に達していないことに関心があるならば、個々人の間で異なる所得と潜在能力の多様な関係を無視して、貧困を低所得と同一視することはできない。特定の所得水準が十分であるかどうかは、それによってもたらされる潜在能力の水準に照らして判断されるべきである。

4　概念はどれほど重要なのか

前節で議論したような「所得不十分」という考え方は、「低所得」という概念よりも奥の深いものである。それは、前者が、所得から潜在能力へ変換する能力を敏感に反映するのに対して、後者はそうなっていないからである。所得によるランク付けが、所得を潜在能力に変換する際の相対的な優位性とは全く逆の順序になっているときには、貧困の順位と貧困層の特定化は、潜在能力の欠如に焦点を当てた場合と所得水準に完全に依拠した場合(ほとんどの国では、これが標準的に行われているのであるが)とでは、全く異なった様相を示すであろう。

この問題は、特定の形態の貧困を扱う際には特に深刻である。例えば、生物学的理由と社会的要因のために(それらがあからさまな、もしくは暗黙の性差別主義の根強い伝統と共に作用するときは特に)、女性は所得を特定の機能に変換する際、とりわけ不利な条件に直面しているといえるだろう。様々な事例を考えてみると、次のような潜在能力に関して不利な条件が働く。(妊娠していたり新生児の世話をしているときに)栄養を満たすこと、(片親の家族の場合に)安心・安全を確保すること、(「女の仕事」という先入観があるときに)やりがいのある仕事に就くこと、(家族生活の上での不均等な負担の足枷があっても)キャリアの早い段階で仕事面での評価を確立すること、などである。所得の大きさだけにとらわれていると、困窮の程度を過小評価する危険性があり、そのような場合、潜在能力という視点をはっきりと取り入れる必要性は特に切実である。同様に、所得と潜在能力の関係は、年齢(高齢者や乳幼児に特有のニーズ)、生活場所(都市生活で直面する治安面での特別な困難など)、土地の流行病(その土地に固有の病気にどれくらいかかりやすいか)、その他の多くの要因に強く影響される。[28] 貧困研究の焦点を所得そのものに限定してしまうと、貧困の決定的な側面を全く見落とすことになりかねない。[29]

時に年齢、身体障害、病気など所得を得る能力を低下させるハンディキャップが、所得を潜在能力に変換させることもあわせて困難にすることがある。先進諸国で高い割合を占める貧困者は、そのようなハンディキャップを抱えていることが多い[30]。この場合、所得を稼ぐ段階でのハンディキャップが、潜在能力を創出するために所得を利用する際のハンディキャップと結びついていることが見落とされているために、貧困問題は過小評価されている。例えば、老人は病気にかからないでいたり、健康を維持したり、自由に移動したり、コミュニティーでの暮らしに参加したり、友人と会ったり、といったもろもろのことで困難が多い[31]。所得を利用する上でのこれらの障害は、従来の所得に基づく貧困分析が唯一の焦点として捉えていた所得稼得能力の低さという特徴に覆いかぶさってくる。

5　豊かな国々における貧困

所得の大きさだけにとらわれていると、豊かな社会において飢えが続いている原因も十分に理解できない。米国における飢えには多くの要因が絡んでおり、低所得はそのひとつに過ぎない[32]。健康は、社会環境、医療サービスの有無、家庭生活のパターン、その他多数の要因と関連しており、純粋に所得に依拠した貧困分析で健康を語るのでは不十分である[33]。

潜在能力の欠如は、世界における最も富裕な国々においても驚くほど広く見られる。例えば、McCord and Freeman (1990) が *The New England Journal of Medicine* に発表したところによれば、たいそう繁栄したニューヨーク市のハーレム地区の人が四〇歳以上まで生きる可能性は、バングラデシュの男性よりも低い。これは、ハーレムの住人の所得がバングラデシュ人の平均的な所得よりも低いからではない。この現象は、保健サービスに関する諸問題、行き届かない医療、都市犯罪の蔓延など、ハーレムに住む人々の基礎的な潜在能力に影響を与えているその他の要因と深く関連している。

問題は、貧困が見られるごく少数の限られた局地に限定されているわけではない。異なるグループの間で見られる所得以外の特徴における極度の不平等は、構造的なパターンをなしている。例えば、*The Journal of the American Medical Association* 誌に掲載されたオッテンらの論文(Otten *et al.* 1990)によれば、三五歳から五五歳の間をとると、米国でのアフリカ系アメリカ人の死亡率は白人の二・三倍に上り、所得格差はこの死亡率の差の半分しか説明していないという。所得に関する情報を越えて、社会状況や人々の特徴の広範な多様性にまで踏み込む必要は、以上に見た過酷な問題の性質によく示されている。社会環境は、不十分な医療施設や都市の内部における暴力的な有り様、社会的な介護の不在、その他の要素に深く影響されている。所得の低さは、米国の貧困に影響を与えている多くの要因の一つに過ぎない。

米国のような豊かな国における食糧不足の問題も、米国の貧困の性質を理解する上で極めて重要な問いを投げかけている。米国のように豊かな国でどうして飢えが起こるのかという驚きが表明されることがよくある。米国では最貧層でさえ、多くの貧しい国々の中間層よりもかなり高い所得を得ており、しかも、その貧しい国々の中間層は必ずしも飢餓にさいなまれているわけではないからである。豊かな国々では、同じ額のお金で買える特定の必需品の量が少ないことが、この差をある程度引き起こしているのかもしれない(34)。しかし、これらの価格差の修正を行ったあとでも、この逆説的な特徴は拭われないまま残る。しかも、貧しい国々における食糧は米国のそれに比べてとりわけ安いわけではないというのも事実である。

この一見して明らかな逆説を説明する上で、潜在能力の視角は二つの意味で役に立つ。第一に、飢えや栄養失調は、食物の摂取と、摂取した食物から栄養をとる能力という二つの側面に関連している。後者は、その人の健康状態に深く依存し、それはさらに地域レベルの医療サービスや公共の保健サービスの有無に強く影響される(この点は次節で詳しく検討する)(35)。これこそが、個人所得が国際的に見て低くはなくても、社会問題としての保健医療の提供とヘルス・ケアの不平等が健康と栄養の潜在能力の欠如を一気に悪化させてしまうケースなのである。

第二に、既に他の所で議論した理由により(36)、豊かな社会の中で貧しいことは、それ自体が潜在能力の障害となる。所得で測った相対的な貧困は、潜在能力における絶対的な貧困をもたらすことがある。豊かな国において、同じ社会的機能(例えば、人前に恥をかかずに出られること)[37]を実現するために十分な財を購入するには、より多くの所得を必要とするかもしれない。同じことは「コミュニティーで暮らしていける能力」についても言える。[38]これらの一般的な社会的機能の達成に必要な物的条件は、そのコミュニティーにおいて他の人々が標準的に持っているものが何であるかによって変わってくる。

インドの農村に暮らす人であれば、比較的ささやかな衣服でも恥をかかずに人前に出ることができ、電話やテレビがなくてもコミュニティーで暮らしていくことができる。しかし、多様で多くの財を用いることが当たり前になっているような国では、一般的機能を満たすのに必要な財の要求水準は高い。[39]このことは社会的機能の達成自体が高くつくことを意味するだけではなく、これらの社会的機能の追求に資源が向けられることで、保健や栄養摂取のために支出できたはずの財政的手段を切りつめてしまうことにつながる。豊かな国における飢餓という一見明らかな逆説は、所得だけを見るのではなく、所得やその他の資源が多様な潜在能力へ変換される過程に注目することで説明が容易になる。

「低所得」と「潜在能力の欠如」を区別することは、間違いなく重要である。所得にのみ注目した貧困分析は、われわれが貧困(つまり、一部の人々が強いられている制約された生き方)に関心をもつ時の根底にある主要な動機からはかけ離れてしまっていることがある。所得アプローチからは、貧困の原因や蔓延に対して、経験に基づく提言を導き出すことができない[40]。しかるべき評価の対象に目を向けることは、社会的不平等の分析一般だけでなく、貧困研究においても重要である。

注

(1) 原則としては、人数を勘定する手法は低所得に依拠する手法だけではなく、貧困を定義する他の手法にも応用できるものである。しかし、実際には、ほとんど例外なく低所得に依拠する手法だけが用いられてきた。

(2) Beckerman (1979)、Anand (1983)、Beckerman and Clark (1982) を参照。

(3) これを標準化する方法は他にもある。例えば、貧困と認められた人々の貧困ギャップを一掃するために必要になる額の国民所得に対する割合などである。Anand (1977)、Beckerman (1979) を参照。

(4) この制約は、決して厳しいものではない。この点については、Foster (1984, n. 27) を参照。

(5) 正確な公式は、以下のような形をとる。$P = H[I + (1 - I) G]$。この指標を導く定理の証明と公理の厳密な記述については、Sen (1976a) を参照。なお、すべての貧困者が同じ所得であるという特別なケースにおいては、Gは0となり、したがって$P = HI$となることに注意。

(6) 社会的選択理論における、順位によるウェイト付けの用法については、Arrow (1951)、Sen (1970a)、Suzumura (1983) を参照。経済学や開発研究における計測問題に、位置関係アプローチを用いる可能性と、特にボルダの順位によるウェイト付けについては、Sen(1974, 1976a, 1976b, 1981b)で検討した。

(7) ジニ係数の特徴については、*OEI*の第二章を参照。ジニ係数の属性、ローレンツ曲線による比較、そして関連する諸事項については、Graaff(1946, 1977, 1985)、Kolm(1969)、Atkinson(1970b)、Newbery(1970)、Sheshinski(1972)、P. Dasgupta, Sen, and Starrett(1973)、Sen(1974, 1976b)、Pyatt(1976, 1987)、Cowell(1977)、Blackorby and Donaldson(1978, 1980)、P. J. Hammond(1978)、Yitzhaki(1979)、Kakwani(1980b)、Roberts(1980b)、P. K. Sen(1986)、Seidl(1986a)を参照。

(8) Ahluwalia(1978)、Alamgir(1978)、Anand(1977, 1983)、I. Z. Bhatty(1974)、Sastry(1977)、Seastrand and Diwan(1975)、S. Clark and Hemming(1981)、Szal(1977)、Dutta(1978)、Fields(1979, 1980a)、Fishlow(1980)、Gaiha and Kazmi(1981)、van Ginneken(1980)、Kakwani(1980b, 1981, 1986, 1988)、Sundaram and Tendulkar(1981)、Osmani(1982)、Pantulu(1980)、Sastry(1980a, 1980b)、Hemming(1984)、Ray(1984b)、Gaiha(1985)、Babu(1986)、その他を参照。近年に至っても、同じようなタイプの重要な実証研究が数多く出ている。

(9) この点は、支出統計ではなく所得統計を用いることについても当てはまる。支出統計を利用すべきであるという言い分には強い根拠があるが、信頼性の高い支出に関する情報を得にくいために実際の利用は制約されている。この点については、Atkinson(1989, ch.1)を参照。

(10)　インドでの貧困をめぐる議論におけるこの種の考察については、Sen(1973c)、Ahluwalia(1978)、Dutta(1978)、S. R. Chakravarty(1981)、L. Chakravarty(1986)を参照。感度の鈍い貧困指標が分配面を無視してしまうことの政策的含意は、様々な状況の下で幅広い問題を引き起こしている。例えば、もしホームレス問題の深刻さが、しかるべき家屋をもたない人の数だけで判断されてしまうと、ホームレス問題の程度や、その結果生じる生活の悲惨さに関係なく、比較的簡単に対処できるケースから手をつける誘惑は相当に大きくなるだろう。

(11)　とりわけ、Anand(1977, 1983)、L. Taylor(1977)、Drewnowski(1978)、Hamada and Takayama(1978)、Takayama(1979)、Thon(1979)、Blackorby and Donaldson(1980)、Fields(1980a)、Kakwani(1980a, 1980b, 1981)、Sastry(1980a, 1980b)、S. R. Chakravarty(1981, 1983a, 1983b)、S. Clark, Hemming, and Ulph(1981)、Osmani(1982)、Kundu and Smith(1983)、Foster, Greer, and Thorbecke(1984)、Foster(1984)、Ray(1984a)、Bigman(1985, 1986)、Lipton(1985)、Cowell(1986)、Donaldson and Weymark(1986)、Jorgenson and Slesnick(1986)、Seidl(1986a)、Atkinson(1987, 1989)、Lewis and Ulph(1987)、Pyatt(1987)、R. N. Vaughan(1987)、Besley and Kanbur(1988)、Buhmann *et al.*(1988)、Foster and Shorrocks(1988a, 1988b, 1991)、Ravallion and van de Walle(1988)、Smeeding, Rainwater, and O'Higgins(1988)、Bourguignon and Fields(1990)、Pattanaik and Sengupta(1991)を参照。

(12)　多くの注目を集めてきた問題のひとつは、貧困指標における「分離可能性」である。分離可能性は確かに便利な特性であり、それによって下位集団(サブ・グループ)に適用された貧困指標を基に貧困の全体像を明らかにすることが可能になる。分離可能性の条件が、分析上発揮する力は大きい。この問題や、関連した問題については、その含意も含めて有用な専門的研究がある(Anand 1983、Foster 1984、Foster, Greer, and Thorbecke 1984、Cowell 1986、Foster and Shorrocks 1991 を参照)。一方で、貧困指標をこのように組み合わせることができると仮定してよいかどうか、というより大きな疑問が残る。この仮定に従えば、ある特定のグループの貧困は、他のグループがどうあろうと関係なくなってしまう。つまり、貧困の全体像を捉えたところで、全体を構成する各グループにすでに示されているもの以上に新しい要素は何も付け加えられないことになる。

(13) ただし、Foster(1984)や Seidl(1986a)によって示された批判的比較分析、あるいは、Atkinson(1987, 1989)による一般的な方法論批判も参照のこと。Sen(1981a, 1983d)も参照。

(14) 政策に関連した貧困の見方についての議論は、Beckerman(1979)を参照。

(15) この議論は Sen(1979e, 1981a)に示されている。この問題についての私の立場はその時から変わっていないが、今では、両者の対比を当時ほどは重視しなくなったことを告白しなければならない。

(16) この主張は「すべきである、とは、できる、を意味する」という古い格言に関連している。この哲学的な問題については、Hare(1952)を参照されたい。

(17) この点は、Sen(1980b)ですでに議論した。

(18) これらの問題は Sen(1980b, 1981a, 1983d)で議論した。同じような一般的機能が社会に応じて多様な形態で現れるという基本的論点については、アダム・スミス(Smith 1776)まで遡ることができる。この点は「徳の非相対性〔訳注1〕」に関するアリストテレス的立場と類似するものがある。これについては、Nussbaum(1988b)を参照。

(19) この種の一般的アプローチをめぐる優れた議論については、Streeten *et al.*(1981)を参照。関連した問題については、Pant *et al.*(1962)、Adelman and Morris(1973)、Sen(1973d, 1981a)、P. Bardhan(1974b, 1984)、Adelman(1975)、Grant(1978)、Morris(1979)、Chichilnisky(1980)、P. Dasgupta(1986)、Drèze and Sen(1989)、UNDP(1990, 1991)、Desai, Boltvinnik, and Sen(1991)も併せて参照。

(20) この一般的な問題については、Sen(1984, 1985b)、Streeten(1984)、Stewart(1988)、Griffin and Knight(1989)を参照。

(21) これらの問題については、Griffin and Knight(1989)を参照。

(22) この点については、Desai(1990)とHossain(1990)を参照。Sen(1980a)やGriffin and Knight(1989)も参照。

(23) 関連した議論については、Goodin(1985, 1988)を参照。

(24) この点については、Himmelfarb(1984)も参照。

(25) Rowntree(1901, 1941)自身も、英国における貧困に関する先駆的研究の中で(所得の低さというよりも)所得が不十分であるという問題に相当の関心を寄せていた。

(26) そうした分類については、第八章で議論する。

(27) 十分な栄養を摂取する潜在能力があるのに、そうしないことを選んでいる人を「貧しい人」の中に分類しないからといって、そういう人の困窮に何の同情や注意を向けなくてよいということにはもちろんならない。第四章で議論したように、人はエージェントとしての目的の中で自分の福祉に直接反映しない目的を優先することもある。しかし、だからといって、その人の低レベルでしか達成されていない福祉を向上させようと努める理由を他の人が持てないわけではない。貧困は他の人からの同情を受ける唯一の理由ではないからである。例えば、マハトマ・ガンディーは、一九四七年の暴動に抗議して無期限の断食を実行するこの上ない理由を持っていたが、彼の友人や支援者たちもこの断食で彼が致命的な衰弱に至らないように注意する十分な理由を持っていた。

(28) 米国における関連した諸要素に関する分析については、Danziger and Weinberg (1986) に含まれている諸論文を参照されたい。所得以外の異なるタイプの変数が米国における社会的弱者の貧困の程度に与える影響についての啓発的な分析は、Palmer, Smeeding, and Torrey (1988)、Case and Katz (1990)、その他の最近の研究に見ることができる。

(29) 「生活条件に関するスカンジナビア研究」では、(ただ単に所得や富を検証するだけではなく)重要な諸機能を含めるように情報的基礎が拡張された。そして実証的研究は、この拡張がいかに大きな違いをもたらすかを示している。これについては、Allardt (1981)、Erikson and Aberg (1987) とそこに引用されている文献、その他、Allardt (1993)、Erikson (1993)、そして Ysander (1993) を参照。

(30) Atkinson (1970a) や Townsend (1979) を参照。

(31) とりわけ、Wedderburn (1961)、Townsend (1979)、Palmer, Smeeding, and Torrey (1988)、Laslett (1991) を参照。

(32)　この点については、School of Public Health, Harvard University (1985) を参照。

(33)　豊かな国々におけるこのような一般的な問題に関連した興味深い実証研究としては、van Praag, Hagenaars, and van Weeren (1982) と、Mack and Lansley (1985) を参照。併せて、貧困研究における概念的な貢献と、その先駆けになったライデン学派の厚生経済学、例えば、van Praag (1968, 1978, 1993)、Kapteyn and van Praag (1976) も参照。

(34)　これは相対価格の著しい違いに関係している。これについては、Usher (1968) を参照。

(35)　この点については、Drèze and Sen (1989) を参照。

(36)　Sen (1983d)、そして、この主題についてのピーター・タウンゼンドとのやり取り、Townsend (1985)、Sen (1985c) も参照。

(37)　これはアダム・スミスが「必需品」というアイデアを議論した際に非常に明快に考察した問題である。Smith (1776, pp. 351–352) を参照。

(38)　この重要性については、Townsend (1979) を参照。

(39)　Townsend (1979) を参照。タウンゼンドは、貧困のこうした側面の分析には、「徹底した相対主義的」アプローチが必要になると見ている。必要となる財が多様であることは、財や所得で測った場合の貧困の相対性を示すものであるが、われわれは飽くまで潜在能力における絶対的貧困(例えば、コミュニティーの暮らしに参加できないでいること)に関心を寄せていると論じることも可能である。この主張(Sen 1983d を参照)は、(必ずしも啓発的ではなかったが)ある程度白熱した議論に発展した(Townsend 1985、Sen 1985d、Seidl 1986a、Desai and Shah 1988 を参照)が、主要な論点はごく単純なものである。絶対・相対の間のやりとりは、同じ機能を満たすために必要になる財が多様であることに関連している(例えば、「コミュニティーの暮らしに参加する」とか、アダム・スミスの「恥をかくことなく人前に出られる」といった機能を達成するにも、豊かな国ではより多くの財が必要になる)。最低限必要とされる機能を満たすための潜在能力の定義も社会に応じて多様であるが、貧困を潜在能力の欠如として見る限り、同じ潜在能力を満たすのに必要になる財が異なること自体は、貧困に対して「相対主義的」アプローチを意味するものではない。

(40) この問題については、Allardt (1981) や Erikson and Aberg (1987) に示されている「生活水準についてのスカンジナビア研究」、および、そこで引用されている文献を参照。Allardt (1993)、Erikson (1993)、そして Ysander (1993) も参照。

訳注

〔1〕「徳の非相対性」とは、ヌスバウムがアリストテレス派本質主義を掲げて価値判断における相対主義に挑戦する意図から執筆した論文のタイトル。彼女は、この中でそれぞれの地域に固有の地域や伝統に必ずしも依拠しない、より根本的な人間としての本質的性質から、普遍的に正当化しうる価値の基準を導き出そうとする。これは、伝統的な身分制度や女性差別に対して批判的な態度をとる時の根拠を提供することになる。

第八章　階級、ジェンダー、その他のグループ

1　階級と分類

第一章で議論したように、どの領域で平等が追求されるのかを区別する意義は、究極的には人間の多様性に関係している。われわれは非常に多様なので、ある領域における平等は、しばしば他の領域における不平等をもたらす。「何の平等か」という問いの意義は、われわれがみな（身体的、知的能力と障害、疫学的な脆弱性、年齢、ジェンダー、そして福祉と自由をもたらす社会経済的な基礎において）異なっているという経験的な事実に基づいている。

多様性にも様々な種類がある。もし全ての多様性に配慮しようとするならば、完全な混乱に陥ってしまうといってもおかしくない。実践的な必要からわれわれのとるべき道は、特定の多様性には目をつぶり、より重要な多様性に注目することであろう。このちょっとした世俗的な知恵をあざけるべきではない。事実、不平等の研究において実践的な推論と行動を志向するのであれば、計り知れないほどの多様性の多くを無視せざるを

得ない。それぞれの場面で問われるべき問題は、「この文脈で重要な多様性は何か」ということである。

不平等の一般的な分析は、大抵の場合、(特定の個々人ではなく)グループを単位に進められ、グループ間の格差の程度に注意が限定されることが多い[1]。グループ分析をする上で、われわれは人々を分類する様々なやり方から取捨選択しなければならず、その分類が特定の多様性だけを選びとる結果に結びつく。これまでの不平等研究において、伝統的に最も広く用いられてきた分類は、経済的階級に基づくものである。それは、マルクス的なものやそれに類似した(主に、職業や生産手段の所有に焦点を当てる)カテゴリーで定義されるか、あるいは、所得水準や資産の種類に基づく分類によって定義されるものであった[2]。

このようなタイプの階級に基づく分類の重要性は、ほとんどの文脈において明らかである。こうした分類は、特定の領域における平等、例えばリバタリアン的な権利という領域における平等が、なぜ福祉の平等や人々が価値をおく生き方を選ぶ自由の平等に結びつかないか、を併せて示してくれる。また、こうした分類は、しばしば遠回しに「機会の平等」とよばれる公式の手続きや特定の物的条件における平等が仮に満たされていても、所得や富の不平等が結果として不平等な福祉水準や生活条件をもたらすという重要な点にわれわれの注意を引きつけてくれる[3]。このような階級分類の決定的な意義は、政治、社会、経済的分析の文脈において否定しがたいものである。

階級分析は、「搾取」をめぐるマルクス理論の中心的な部分でもある。勤勉に働いても所得が少ない人がいる一方で、労少なくして高い所得を得ている人がいるという対照性は、社会批判の担い手たちに多様な形でこの二項対立を理論化するよう促した。マルクスは、財産とは「盗まれたもの」であると診断したプルードンの分析を退ける一方で、上の対照性を濃密な記述的方法で捉えるような、実効労働時間にもとづく計算システムの枠組みを作った[4]。さらに生産の分析へと踏み込む搾取の理論は、誰が何を生産しているのかを認定する作業を含むものであった。搾取とは他人の労働の果実を享受することであると見られていたのである。

一つに統合された生産システムの中で、誰が何を生産しているのかを診断するのは容易ではない。この難しさは、生産物を各々の生産要素に分配する新古典派の経済分析にも当てはまる。この生産要素に分配する作業は、J・B・クラーク(Clark 1902)やピーター・バウアー(Bauer 1981)らの業績に多かれ少なかれ見られるように、生産に基づく賞罰の規範的理論の中で重要な役割を果たしている。「平等という汚れた聖杯」[訳注1]に対するバウアーの批判は多くの特徴を備えているが、中でも「生産者は自らの生産物を享受する権利を持つ」という論点が際だっている(彼は、「多く生産する者が高い所得を得ることのどこに不正義があるのかは明白ではない」と述べている[5])。

実際のところ、統合された生産構造の中で、誰が何を生産したのかを認定することは極めて恣意的なものになる。生産とは多くの資源を同時に利用する相互依存的な過程であり、どの資源が何を生産したかを認定する明確な方法は存在しない。ある資源の「限界生産物」という概念は、誰が実際に何を生産したかには関係がなく、他のすべての資源を所与として、もう一単位の資源が追加投入されるならばどうなるかを分析することで資源配分の指針を得るためのものである。「架空の」限界生産物の物語(他の全てを所与として、もう一単位追加投入されたならば何が起こるか)から、総産出量の中で誰が実際に何を生産したかを認定することは、限界分析の目的や射程を遥かに超えるものである[6]。

このような認定の問題(誰が何を生産したか)は、マルクスの搾取論にも当てはまる。マルクス理論では労働力以外の資源は限られた形でしか取り扱われていないので、むしろより強く当てはまると言った方が良いかもしれない。もしこの理論を、人間の労働の観点から生産過程を記述したものとしてではなく[7]、ある人の生産物を他の人が横取りする過程を記述したものとして見るなら、多くの疑問は残されたままになる。マルクス自身はこのような断定的な診断を下すことにかなり懐疑的ではあった。彼は多くの場面でそれに近いことをほのめかしてはいたが、彼の評価システムの中で認定の問題は中心的な分配上の関心事ではなかったのである(この点は、マルクスの『ゴータ綱領批判』で明らかにされている)。

経済的機会と自由の関係について分析する際に、いわゆるマルクス的階級分析に基づく分類の仕方は不適当である。他にも考慮されるべき差異は多々あり、ニーズの充足や自由の保障における平等は、純粋に階級に基づいた分析を超えてアプローチしていく必要がある。例えば、所有権に基づく不平等がすべて解消されたとしても、生産能力、ニーズ、その他の個人的な差異の多様性から深刻な不平等が生じることもある。

階級分析を超える必要性は、実はマルクス自身が唱えていた(Marx 1875)。それは、ドイツ労働者党が「労働の報酬における平等」と「ニーズの充足における平等」は互いに矛盾しないと決め込んでいたのに対してマルクスが激しく攻撃した時のことである。

しかし、一部の人間は身体的に、もしくは知的に他の人より優れているために、同じ時間内により多くの労働を供給できたり、あるいはより長い時間働くことができる。労働が尺度として機能するためには、労働は長さと強度によって定義づけられなければならない。そうでなければ、それは尺度として用いることができない。ここでの平等な権利とは、不平等な労働に対する不平等な権利を意味するのである。(8)

ニーズにかかわりなく同じ労働に対して同じ報酬を主張する立場を、マルクスは人間を生産者としてのみ捉える「ブルジョア的権利」の延長であると考えた(Marx 1875, p. 9)。

労働者階級というカテゴリーの中に多様性を認めていたマルクスは、別の分類法を求めていたのである。実際、生産性の違いはマルクスの関心のごく一部に過ぎなかった。彼は、ニーズの違いを含めた多面的な多様性を取り上げる必要性に注目していた。このことが、彼を「それぞれの能力に応じてではなく、それぞれのニーズに応じて」というよく知られたスローガンへ導いていく。マルクスの不満の本質的な部分は、人間を「一つの決まった側面だけ」から捉えるという誤りであり、特に、人間を「労働者としてのみ扱い、それ以外の面は何も見ず、すべて無視して」捉えるという誤りであった。(9)

マルクスは例として、各々の労働者の世帯の大きさはそれぞれ異なっているという事実に言及している。(10) 親にとって子供の数は少なくとも部分的にはコントロールできるものであり、従って、親の自己責任が問われる事柄であるが、だからといって子供たちが要求する権利の重みは少しも変わらない。(11) 異なる家族規模から生じるニーズの違いは、適当な標準化と「等価スケール」(12) を用いることで、所得に基礎をおくアプローチでもある程度対応できる。しかし、ニーズの多様性から生じる、より一般的な問題は同じようには対処できない。ニーズは個人によって様々であり、資源をニーズの充足へと変換する能力もまた様々であるから、所得の平等、あるいはもっと一般的に基本財や資源の平等によって、ニーズの充足の平等が達成できるとは限らない。福祉やニーズの充足の面で平等を達成していくためには、所得階層による分類や、いわゆるマルクス的階級を越えた分類が必要になる（このことはマルクス自身が議論していたことである）。

この議論は、既に述べた所得、基本財、資源などを、何かをしたり、何かになったり、人が欲するような生活を営む自由へと変換する能力が人によって多様であるということと全く類似している。幅広い人間の多様性は、様々な問題の根源でもあるが、それはまた各々の違いを尊重する理由でもある。階級・所有・職業に見られる多様性がもつ普遍的な重要性を認め、それを踏まえた上で、われわれの送ることのできる生活や享受できる自由に影響を与えるその他の多様性まで視野に入れる必要がある。

人々の間に相違を生み出すその他の諸要因は、部分的に階級に関連することもあるが、階級とは関係なく自らの影響を特定の側面で及ぼすこともある。例えば、アメリカやイギリスでは人種や肌の色は階級と統計的に有意な相関関係を示すかもしれないが、黒人であることに伴う貧困は階級によるものだけではない。人種格差の存在する社会で人がどう見られるかは、その人の外見的な特徴に強く影響され、多くの場面で機能の達成を妨げる方向に働く。カーストの違いもしばしば階級に関連づけられることが多いが、同様にそれ自身がもたらす影響がある。[13] 人種やカーストは、雇用の確保や医療サービスの享受に始まり、警察に公平に扱われるかどうかといった点まで、人の日常生活の多くの側面に深く影響する要因である。所得と富の不平等は、物語の一部ではあっても、その全てではない。

2　ジェンダーと不平等

この文脈で、特に関連がある分類はジェンダーである。異なる社会において男性と女性が享受している自由には構造的な格差が存在し、これらの格差は所得や資源に還元できないことが多い。男女間で異なる賃金や報酬は、多くの社会でジェンダー間の不平等を構成する重要な要素であるが、例えば、世帯の中における分業のあり方、医療や教育を受けられる程度、享受できる自由など、それ以外の多くの領域においても便益の差別は見られる[14]。

世帯内の所得分配について言えば、世帯の総所得のうち、誰がどれだけ受け取っているかを切り分けることは容易ではない。所得分配は、特にニーズの観点から見れば不平等になされているかもしれないが、これは世帯内所得格差の形では表現しにくいものである。従って、所得格差は世帯内分配を検証するには適した概念ではない[15]。世帯内の不平等には、資源の利用における不平等と、資源を潜在能力へと変換することにおける不平等とがあるが、世帯内の「所得分配」という概念では、これらの情報をいずれも捉えることはできない。

世界の多くの地域、例えばアジアや北アフリカの農村において、女性と男性、特に少女と少年の間で扱いの違いが見られるという間接的証拠は数多く存在する[16]。そこで観察される発病率と死亡率は、しばしば女性が著しい困窮を強いられていることを示している。

総人口における女性の男性に対する比率だけを見ても、南アジア、西アジア、北アフリカ、中国などでは、わずかに〇・九三と〇・九六の間の値にとどまっている。これとは対照的に、ヨーロッパや北米では女性の男性に対する人口比は一・〇より高く(およそ一・〇五前後である)、これは、ある部分は、同じような扱いを受けた場合に女性が男性よりも生物学的に優位にあるためであろう。豊かな国々における男性の死亡率の高さの一部を、生物学的というよりは社会的要因によって説明することも可能である。(17) 例えば、アメリカなど多くの社会では暴力に伴う死亡の事例が男性に多く見られる。また、男性の死亡率の高さは戦争によって説明できる部分もある。しかし、同じ待遇を受けていることを仮定すれば、女性の方が優位にあるという生物学的な根拠は確かにあると思われる。(18) 死亡率に関してアジアや北アフリカの女性が不利な立場にいるということは、女性が同じ待遇を受けた場合に生物学的に到達可能な点からは離れたところにいることを反映している(この点については、Sen 1989a を参照)。これらの国々における男性に比べた女性の罹患率や死亡率の高さは、生物学的には本来逆のはずであるから、著しい「不足分の不平等」だけでなく、「到達度の不平等」の深刻さも示している。(19)

これらは多くの発展途上国におけるジェンダー間の不平等の基本的かつ重要な側面で

あり、その評価は、世帯内の所得不平等の概念から派生的に導かれるようなものではない。ジェンダー間の不平等は、予防可能な病気や本来は避けられる死を免れるといった基本的な機能の違いと、それに対応する潜在能力の格差を反映している。ここでの関心は、ジェンダー間の不平等を引き起こす諸要因にあるのではなく[20]、むしろ、まずジェンダー間の不平等問題の性質を明らかにすることにある。まさにこの点で、伝統的な所得アプローチから離れて、機能と潜在能力を直接検討することへの移行が重要なステップになる[21]。

罹患率や死亡率に関してジェンダー間の差がそれほど甚だしくない場合であっても、他の重要な機能や能力における差が自由における不平等を生み出すこともある。サハラ以南のアフリカでは、栄養、罹患率、死亡率などに関して女性は不利な状況にいるわけではないものの[22]、その他の潜在能力、例えば読み書きできる、割礼などの身体切除を避けられる、独立したキャリアを歩む自由がある、あるいは、リーダーシップを発揮できる立場に立つ、などの潜在能力においてはジェンダー間に依然として歴然とした差が見られることが多い。

生存率と死亡率について女性の方が相対的な優位性(これは、少なくとも到達度に関する優位性であって、必ずしも不足分における優位性ではない)を保っているようなヨーロッパや北米などの豊かな国々においても、多くの社会的機能におけるジェンダー間の格差は、重大な意味を持つ。ここでこの問いをこれ以上追究する余裕はないが、[23]言いたいのは次のことである。ジェンダー間の不平等の問題は発展途上国に劣らず、先進諸国においても、基本財や資源といった単なる手段ではなく、機能や潜在能力のように本質的に重要な要素を比べることで、より一層深い理解が得られる。ジェンダー間の不平等の問題とは、結局のところ、まったく別々の種類の自由に関わる問題なのである。

3　地域間の対照性

この章を閉じる前に、貧困を所得によって判断することと、基本的な機能や潜在能力によって判断することとを明確に区別する重要性を示すために、地域間の対照性に関する実証的な事例について議論したい。

「早死にせずに長く生きられる」といった最も基本的な機能を含めて生活水準を示す最も重要な諸機能は、一人当たり実質所得から予想される水準からは見事なほどにかけ離れていることが多い。このことは、一人当たり国民総生産(GNP)と、出生時平均余命の国際比較をすることで容易に見ることができる。[24]一人当たりGNPで見ると、南アフリカ(二四七〇ドル)、ブラジル(二五四〇ドル)、ガボン(二九六〇ドル)、オマーン(五二二〇ドル)は、中国(三五〇ドル)やスリランカ(四五〇ドル)の一人当たりGNPの六倍以上に達している。しかし、これらの相対的に「豊かな」国々の平均余命は五三—六六歳の間であり、自国民に対して早すぎる死を回避する能力を授けるという点では、平均余命が七〇歳以上である後者の二つの低所得国よりも劣っている。コスタリカも最初に挙げた四つの国々よりかなり貧しいが、平均余命においては、それらの国々(そして他の上位の中所得国)よりずっと高いばかりでなく、ヨーロッパや北米といった最も豊かな国々(コスタリカの一人当たりGNPの一〇倍以上の国々)の人々にも引けをとらないほどの平均余命を達成している。例えば、米国の一人当たりGNPは二万九一〇ドルで平均余命は七六歳だが、コスタリカはわずか一七八〇ドルのGNPで、すでに七五歳の平均余命を達成している。

視点を財や所得から機能や潜在能力へと移すにしたがって、国々の相対的な位置付けは著しく変化する。このような違いは、社会や教育環境、そして疫学的な諸条件の違いに深く関連している。生活の質における中国、スリランカ、コスタリカといった国々の成果は、村落コミュニティー・レベルの保健サービスや医療介護、そして基礎教育に関する諸政策に負うところが大きい(25)。従って、所得面における欠乏と、基本的機能を達成する能力の欠如を区別することは、開発政策や貧困と不平等の除去をめざす公共政策を考える上でも重要である(26)。

もうひとつ興味深い例は、インドのように大きな国の内部に見られる対照性である。ケララ州はインド諸州の中でも一人当たりの実質所得は比較的低いが、平均余命は群をある。[27]ケララの乳児死亡率も、これに対応してインドの平均よりはるかに低い。[28]ケララはまた一般的な識字率においても抜きん出ており（全国平均が五二％に対して、九一％である）、特に女性の識字率は極めて高い（全国平均の三九％に対して、八七％である）。[29]実際、多くの重要な機能において、ケララの到達度はインドの他の州に比べて格段に優れているだけでなく、特定の領域、特に女性に関しては、中国やスリランカさえも上回る。例えば、ヨーロッパ、北米、サハラ以南のアフリカではすでに議論したように女性の数が男性の数をかなり上回っているのに対し、女性の男性に対する人口比の低さは中国やインドの一般的な特徴である（比は〇・九三である）。しかし、ケララにはそれが当てはまらない。ケララにおける女性の男性に対する比率は、一・〇四であり、それはヨーロッパや北米の一・〇五という数字にかなり近い。[30]

一人当たりGNPを分配上の不平等を考慮して「修正」すれば、所得に基づくアプローチも幾分かは的を射たものになるだろう。しかし、この調整がなされても（つまり、分配を修正した実質所得の指標を用いたとしても）、ケララは依然としてインドの中では貧しい州である。[31]所得アプローチの欠陥は、分配面の修正をしても、ケララで見られる未熟児死亡を避ける能力の高さを説明できるまでには除去できない。所得アプローチの欠陥は、平均所得の数字を所得格差や財の不平等な所有を考慮に入れて補ってみても十分には直らないのである。

基本的な潜在能力における重要な領域でケララが成功を収めた理由は、教育(女性の識字教育を含む)や保健サービス(村落レベルの医療介護を含む)、そして食糧支給(都市部・農村部における食糧消費に対する公的支援の実施を含む)など、インドの他の州とは際だった対比を示す公共政策の歴史の差によって説明できる。さらに、ケララでは影響力を持つかなりの人々の間で所有権や相続における女性の扱いが比較的良いことや、より行動的な大衆が教育のためのキャンペーンや政治一般に関与していることなど、他の条件も関連している。ケララの公共活動の歴史は長く、一九世紀のトラバンコールやコチンなどの先住国家における見事な識字キャンペーンにまで遡るものである。[32]

本書では、政策問題に深入りする余裕はないが、潜在能力アプローチに基づく評価の視点が、そうした政策問題を検討・吟味する方向へわれわれの注意を力強く誘導していることは強調しておきたい。それはまた、国民総生産や所得分配の改善にのみ注目するのではなく、より広い視点から開発を考える必要性を示唆している。

注

(1) ここで、以下の二つの区別をする必要がある。すなわち、(一)異なるグループ間の不平等に対して内在的な関心を持つ立場と、(二)異なるグループに属する個人間の不平等に主たる関心があり、それを明らかにしてくれる限りにおいてグループ間の不平等に派生的な関心を持つ立場、である。われわれの焦点は後者にある。これら二つのアプローチの区別や、グループ間不平等へのあらゆる内在的な関心の倫理的な立場については、とりわけ Béteille (1983a, 1983b) や Loury (1987) を参照。

(2)　階級、所得、所有などの概念を用いた最近の経済・社会的分析の例として、Dalton (1925)、Kuznets (1959, 1966, 1973)、Lydall (1966)、Atkinson (1972, 1975)、Thurow (1975)、Edwards, Reich, and Weisskopf (1986)、Dahrendorf (1988) などを参照。マルクスの階級分類をめぐる最近の分析は数多いが、中でも、Hobsbawm (1964)、Miliband (1977)、G. A. Cohen (1978, 1988)、Kolakowski (1978)、M. Cohen, Nagel, and Scanlon (1980)、A. E. Buchanan (1982)、Roemer (1982)、Marglin (1984)、Elster (1986) などがある。

(3)　「機会の平等」という概念の曖昧さについては、Thurow (1975)、Le Grand (1982)、Bayer, Caplan, and Daniels (1983)、Béteille (1983a)、Verba *et al.* (1987)、Goodin (1988)、Van Parijs (1990b, 1991) を参照。アメリカのような国においてすら、標準的な条件として課される「機会の平等」の達成に限界があるという点については、Jencks (1972) を参照。

(4)　これはマルクスが「労働価値説」を適用した対象の一つである。事実、一九世紀に探求された二つの主要な価値論、労働理論と効用理論は、ただ単に将来を予測する上での利用価値よりも記述の濃密さの方を重視していた。Dobb (1937)、Sen (1980b)、Roemer (1982, 1986a) を参照。

(5)　Bauer (1981, p. 17)。第一章で議論したように、バウアーのはっきりとした反平等主義的立場にもかかわらず、彼の理論は、自ら生産したものについては、それを享受する権利を持つという生産者各々の「平等な権利」を強調するものになっている。ここでの関心は、この問題ではなく、バウアーが求めている正義の形態の本質的な中身の方である。

(6) この問題については、Sen (1985e) で議論した。

(7) 労働価値説、および効用理論の考え方を豊かに記述した古典的著作として、Dobb (1937) を見よ。

(8) Marx (1875, p. 9)。

(9) Marx (1875, p. 9)。この区別については、*OEI* の第四章も参照。

(10) 「もっと言えば、ある労働者は結婚しており、ある労働者は結婚していない。ある者は他の者より多くの子供を抱えている、などなど」(Marx 1875, p. 9)。

(11) これは、大きな家族ほど社会的支援を大きくすることに「インセンティブ問題」が伴うことを否定するものではないし、この場合は人口政策上の問題も無視することはできない。しかし、そのようなインセンティブに関する議論は、貧困な大家族の中で不利な立場におかれている人々の福祉や潜在能力に配慮して柔軟に加減されねばならない。

(12) とりわけ、Barten (1964)、Muellbauer (1974a, 1974b, 1987)、Pollak and Wales (1979, 1981)、Deaton (1980, 1988)、Deaton and Muellbauer (1980, 1986)、Blackorby, Donaldson, and Auersperg (1981)、Atkinson (1983, 1989)、Jorgenson and Slesnick (1983, 1984a, 1984b, 1987)、Blackorby and Donaldson (1984, 1988)、Atkinson and Bourguignon (1987)、Buhmann *et al.* (1988) などを参照。

(13) Srinivas(1962)とBéteille(1981, 1983a, 1987, 1990)を参照。

(14) 「ジェンダー格差」の異なる側面については、Amsden(1980)、Okin(1987, 1989)、Bergmann(1986)、Goldin(1989)、Folbre *et al.*(1991)、Nussbaum(1991a, 1991b)、R. A. Putnam(1991)、Annas(1993)、O'Neill(1993)などを参照。

(15) 世帯内で差別的な扱いがなされていないという仮定の下に「世帯等価スケール(household-equivalence scales)」を用いれば、世帯間の比較が可能になる。この仮定は世帯構成員を差別化した分析をすることである程度まで修正ができる(これについては、Muellbauer 1987、Deaton 1988、Blackorby and Donaldson 1988を参照)。しかし、この方法は実際の機能(例えば、個人の栄養不良や病気の状態)を直接的に観察の対象に含まず、世帯全体の消費のパターンや財の構成にのみ注目している点で、情報的に限られたものになるのが普通である。もっとも、機能に関するデータが限られているときには、このアプローチが利用できる最善のものになることがある。

(16) この点については、多くの業績の中でも、Boserup(1970, 1987, 1990)、Tinker and Bramsen(1976)、A. Mitra(1980)、Miller(1981)、L. C. Chen, Huq, and D'Souza(1981)、Rosenzweig and Schultz(1982)、Buvinic, Lycette, and McGreevey(1983)、Kynch and Sen(1983)、Sen and Sengupta(1983)、P. Bardhan(1984, 1987)、Sen(1984, 1985d, 1988c, 1990c)、Jain and Banerjee(1985)、Kynch(1985)、M. Chen(1986a, 1986b)、Banister(1987)、Harriss and Watson(1987)、Das Gupta(1987)、M. Vaughan(1987)、A. Basu(1988)、Behrman(1988, 1992)、B. G. Kumar(1989)、Sen(1989a,

1990b)、Tinker(1990a)、Kanbur and Haddad(1990)、Harriss(1990)、Whitehead(1990)を参照。

(17) 人口学的要素におけるジェンダー格差に対する文化の影響に関する一般論としては、Johansson(1991)を参照。

(18) この点については、I. Waldron(1976, 1983)を参照。女性の生物学的な優位は、子宮の中ですら当てはまるようである。女性の胎児は、男性の胎児よりも流産の確率が低いのである。

(19) 例えば、仮にインドにおける女性の男性に対する比率が、実際の比率(〇・九三)ではなく、(ヨーロッパや北米の長寿国における一・〇五前後という極めて高い比率をとらないにしても)アフリカにおける比率(一・〇二)であったとするならば、男性の数から推計して、一九八〇年代中頃のインドには実際より約三〇〇〇万人多い女性がいたことになる。同様に、中国における「失われた女性」の数は(アフリカの比率を基準にすると)四〇〇〇万人近いことになる(Drèze and Sen 1989を参照)。「失われた女性」の数量的な推計を本格的に行うためには、(いくつかの仮想的なシナリオを明確に特定して)出生や死亡に関する適切な人口学的モデルを考える必要がある。しかし、これらの大雑把な推計から得られる何千万人という数からも、問題が如何に悲惨なものであるかを窺うことができよう。「失われた女性」の問題の背景にある経済、社会、文化的な側面の分析については、Sen(1988c, 1989a)とDrèze and Sen(1989)を参照。

(20) これらの点については、Sen(1984, 1985d, 1989a, 1990c)で議論を試みている。この問題の多様な側面については、とりわけ、Boserup (1970, 1987, 1990)、Gardiner, Himmelweit, and Mackintosh (1975)、Banerjee (1979, 1982)、Loutfi (1980)、Manser and Brown (1980)、McElroy and Horney (1981)、Miller (1981, 1984)、Rochford (1981)、Young, Wolkowitz, and McCullagh (1981)、Beneria (1982)、Dixon (1982, 1983)、Rosenzweig and Schultz (1982)、Ahmed (1983)、Buvinic, Lycette, and McGreevey (1983)、Kynch and Sen (1983)、Sen and Sengupta (1983)、P. Bardhan (1984, 1987)、Folbre (1984)、K. Bardhan (1985)、Jain and Banerjee (1985)、Mazumdar (1985)、Agarwal (1986, 1991)、M. Chen (1986a, 1986b)、Banister (1987)、Behrman (1988)、Das Gupta (1987)、Harriss and Watson (1987)、A. Basu (1988)、Okin (1989)、Harriss (1990)、Papanek (1990)、Tinker (1990a)、Allen (1991)、Folbre *et al.* (1991)を参照。

(21)　このアプローチは女性と男性との間の所得稼得能力の違いが女性の社会的地位に影響することや(この点については、Boserup 1970、P. Bardhan 1984、Sen 1984, 1985d, 1990c、K. Bardhan 1985を参照)、子供の世話にかかわる経済計算の影響を否定するものではない(Rosenzweig and Schultz 1982を参照)。これは、所得稼得能力をめぐる因果関係の分析を必要とする別の問題であり、ジェンダー間の不平等を診断する際の問題とは区別されなければならない。

(22)　アフリカの多くの地域において、女児の方が男児よりも栄養状態が比較的良いという点については、Svedberg (1988, 1990)を参照。Deaton (1988)も参照。

(23)　私は他の所で、ジェンダー間の不平等という一般的な問題を、広い意味における不平等やエンタイトルメントおよび潜在能力における「協力的対立〔訳注2〕(co-operative conflict)」の不平等な帰結として議論することを試みた。Sen(1981a, 1985d, 1990c)を参照。あわせて以下の文献も参照。Kynch and Sen(1983)、Sen and Sengupta(1983)、Bryceson(1985)、Jain and Banerjee(1985)、Kynch(1985)、Tilly(1985)、M. Vaughan(1985, 1987)、Brannen and Wilson(1987)、Wilson(1987)、Aslanbeigui and Summerfield(1989)、Drèze and Sen(1989)、Papanek(1990)、Tinker(1990a)、UNDP(1990)、Agarwal(1991)、M. Chen(1991)、Ahmad *et al.*(1991)。

(24) 国際比較のデータは、『世界開発報告』(World Bank 1991)から得ている。関連した資料として、UNICEF(1987, 1992)、UNDP(1990, 1991)も参照。数値はいずれも米ドルである。

(25) 中国の場合、平均余命の急激な伸長と死亡率の低下は一九七九年の経済改革の前、つまり、非常に緩やかな経済成長と国民一人当たりの食糧生産もほとんど停滞していた時期に起こっている。これとは対照的に、改革後の時期のGNPの成長は速かったが、平均余命の方はやや勢いを失っている。この点と関連する事項については、C. Riskin(1987)およびDrèze and Sen(1989)を参照。

(26) もちろん、平均余命、識字率、その他「生活の質」を表す一般的な指標だけで価値のある機能の達成を可能にする潜在能力の全体像を表すには無理があるが、それらは、全体像を表す重要な一部分であることには違いない。

(27) 一九八六—八八年の「登録者標本調査」によれば、ケララ全体で女性は七三・二歳、男性は六七歳であった。

(28)　しかしながら、ケララ州における罹患率の自己申告件数はインドの他の地域よりもはるかに高いことも確かである(この問題や関連事項については、Panikar and Soman 1984、B. G. Kumar 1987, 1989、Vaidyanathan 1987 を参照)。このことは、ケララ人口の低所得とそれに由来する栄養不足をある程度反映しているのかもしれない。しかし、自己申告による罹患率の高さは、ケララの人々の自らの健康状態についての意識の高さによるところが大きいと思われる。これは、識字率の高さと保健サービスの高い利用率にも強く関係している。事実、ビハール州やウッタル・プラデーシュ州といった識字率の最も低い諸州においては、罹患率の自己申告件数は最も少なく、これらの州での死亡率は(非識字率とともに)非常に高い。Murray and Chen (1990) が最近の論文で、同じように罹患率の自己申告を基準にしたところ、病気の報告件数においては米国の方がケララ州よりも高かった。ちなみに、病気の自覚と死亡率の逆相関は、福祉水準を判断する際に自己認識のみに頼ることの落とし穴を示している(これについては第三章で議論した)。

(29)　インド国内における比較のためのデータは、『インドの国勢調査一九九一年版』や『暫定人口集計』(New Delhi: Government of India, 1991) を含めてインド人口登録およびセンサス局からのものである。識字率のデータは、七歳以上の人口に関してのものである。

(30)　(比率の推計において)ヨーロッパや北米における過去の戦争での男性の高い死亡率を計算から除外したとしても、数字は実質的にほとんど変わらないであろう。

(31)　Sen (1976b) や Bhattacharya, Chatterjee, and Pal (1988) を参照。

(32)　多岐にわたるこれらの事柄(国際比較やインド国内における地域間の対比を含めて)につ

いては、政策問題に焦点を当ててDrèze and Sen (1989) で議論した。

訳注

〔1〕「平等という汚れた聖杯」とは、不平等をなくすための再分配政策は、その神聖な建前とは裏腹に、自由社会を損なうような強制を伴うという意味で、実は汚れているという意味。バウアーは、平等の名の下に所得や富の格差を政治的に除去・軽減することが、その結果として、統治者と統治されるものの間に一層甚だしい権力の不平等を生み出すという議論を展開し、自由な社会における平等主義に警告を発している。

〔2〕「協力的対立」とは、世帯が一つの経済単位として協力しながら生産活動をしなければならない一方で、場合によっては対立の元になる生産物の分配も世帯の中でしなければならないような矛盾した状態を指す。

第九章　平等の要件

1　平等に関する問い

この本は二つの異なる、しかし互いに関連した目的で書かれてきた。第一は主に方法論的な目的であり、第二は主に内容に関するものである。

第一の問題群は、平等主義に対するもっともな問いかけ、特に「なぜ平等が重要なのか」、「何の平等なのか」といった問いの妥当性や射程に関するものである。この理解のためには、以下の両方の側面をおさえておくことが重要である。すなわち、(一)人間の多様性(われわれは個人的な特徴や、置かれている環境・状況において互いに異なっているという事実)、そして、(二)平等を判断する際に重要になる領域の複数性(所得や富、効用、自由、基本財や潜在能力といった比較の対象になる変数が多々あるということ)、である。異なる領域において平等が要求するものは互いに整合的であるとは限らない。というのは、人間はあまりに多様な存在だからである。一つの領域における平等は、他の領域における重大な不平等を伴うものである。

第二の作業は、平等に対して特定の本質的アプローチを試みることに関連している。本書は方法論に関する議論(第一章)から始めたが、その大部分は平等の内容に関するものであった。私が特に試みた平等へのアプローチは、実際に達成された成果を含みながら、さらにそれを超えて「達成するための自由」に基づいて個々人の優位性を判断するというものである。人々が直面している諸条件、特に個人の福祉水準の評価には、実現可能な機能も含みつつ、さらにそれを超えた「潜在能力」という観点から捉えるのが有効な場合が多い。潜在能力アプローチは、「機能を可能にする能力」も含めた「達成するための自由」に対する幅広い関心の上に立脚しているのである。

潜在能力アプローチは、一般的には「達成するための自由」、個別的には「機能を可能にする能力」を吟味する必要性をわれわれに指し示すものである。本書では潜在能力アプローチの根底にある動機付けについての議論に加えて、このアプローチを解釈し、擁護しようとする際に生じる困難にどう対処するかについても考察した(第二章、第三章)。そして、このアプローチによる自由や優位性の評価(第四章)、正義の諸理論(第五章)、不平等評価に関わる厚生経済学(第六章)、貧しい国と豊かな国々における貧困の評価(第七章)、そして、階級、ジェンダー、その他のグループなどの分類に伴う不平等の分析(第八章)のそれぞれがもつ含意を検討してきた。

この最終章では、これまでの分析から明らかになったいくつかの一般的な論点を総括し、評価しようと思う（もっとも、これまでの議論を要約したり、得られた個々の結論を列挙したりするつもりはない）。ここで特に関心を払いたいのは、方法論的な問題と内容に関する問題の相互関係である。

2　平等、領域、そして多様性

第一章では、しばしば提起される「なぜ平等でなければならないか」という問いが誤解を招きやすいということを主張した。擁護に値するような社会制度についてのいかなる倫理理論も、ある領域の平等を要求するものである。つまり、それぞれの理論が重要と見なす変数に関して人々が平等に扱われることを要求する。その領域が何であるのかは、理論によって実にまちまちである。例えば、リバタリアンたちは自由が平等に与えられることに関心を寄せ、経済的平等主義者たちは所得や富の平等を訴える。また、功利主義者たちは帰結主義的最大化の原則に則って、すべての人々の効用に同じウェイトを付与すべきであると主張する。いずれにせよ平等の要求はそれぞれのシステムに、それぞれの形で根本的な特徴として取り込まれている。異なるアプローチを区別しているのは、「何の平等か」という問いに対する答えの違いである。この質問こそ、社会のあり方を見る上での多様な倫理的アプローチの違いを理解する際に真に中心的なものである。

これもすでに議論したが、社会組織をめぐる主だった倫理理論のすべてが、特定の領域(その理論において基礎的な重要性を帯びた領域)における平等を要求するのには、もっともな理由がある。理論が手抜かりのないものであるためには、全てのものに等しい配慮を、しかも(その理論構造に関連して)決定的な形で行き届かせる必要性があるからだ。[1] もちろん、この診断は「なぜ平等でなければならないか」という問いが無用であることを意味してはいない。各々の平等に関する理論は、どの領域にあろうとも正当化される必要がある。しかし、「なぜ平等でなければならないのか」という問いの性質、中身、そしてそれが要求しているものは、「何の平等か」という中心的な問いに関連づけられてはじめて理解され、検討の対象にすることができる。

それぞれのアプローチは、われわれが「基礎的平等」と呼んできたもの、すなわち、社会正義や政治倫理に関する概念の中で基本的であるとされる個人の特徴における平等について、個別の解釈を持っている。特定の平等に対する根本的な関心は、調和や公平性の要件を特定の解釈へと導く。その結果、今度は「他の領域」、すなわち自らの擁護する理論にとって、あまり基本的ではないと思われるような領域における平等に対しては異議を唱えることになる。例えば、社会組織の基本的な要件として、(Nozick 1974 がそうしたように)幅広いリバタリアン的権利に対する平等なエンタイトルメントを要求する場合、所得や富、効用、その他の平等はどれも軽視する結果となる。同様に、所得の平等を達成しようとすれば、効用や権利、あるいは自由の平等を同時に追求することはできなくなる。評価の領域は、一度選ばれると動かし難く、原則として他のどんな説得力を持つ領域も入り込む余地がない。

ところが、原理上は噴出してもおかしくない対立が、実際に起こるとは限らない。(原理上は重要になる)概念上の優先順位を決定する必要性は、計り知れない人間の多様性のために実際にも重大な意味を持つことになる(この多様性の広がりについては、すでに今までの章で論じた通りである)。異なる領域における平等の概念が求める要件は、原理上だけでなく、実際に互いに衝突する傾向がある。従って、「基礎的平等」をどの領域に求めるかは、特定の要求を主張し、他のものを退けるという実践的な場面で決定的な重要性を帯びる。「基礎的平等」を含め、基礎的要件の満足を保証するには、関心の外側にある「周辺部分」と見られる領域の不平等については甘んじて受け入れなければならない。

3　複数性、不完全性、評価

平等の概念が要求するものは多様な形を取るため、基礎的平等それ自体を評価するときでさえ関心の対象をある程度複数の次元に広げざるをえない。このことは、完全な平等の条件を特徴づける際に、ある程度の曖昧さをもたらす。特に、様々な状態における不平等の程度をランク付けする場合(つまり、完全平等からどのくらい乖離しているかを判断しようとするとき)に、この点は重要である。これらの問題は、いわゆる「内的複数性」と呼ばれるものに由来し、次のふたつに関連している。(一)基礎的平等が定義される領域が不均一であること、(二)同じ変数の分布においてすら、変数同士の「距離」の測り方や不平等の比較をするときに異なるやり方があるということ、である。

一部の基礎的変数は、各々の範疇の中にかなりの不均一性を内包している。(2) 例えば、リバタリアンたちの主張する自由は、その中に否応なく異なるタイプの権利を含み、複数の範囲を覆い、多様な形態(すなわち、主張、義務の免除、権力など)をとる。(3) 同様に、基本財にも多様なタイプがある。異なる潜在能力は互いに別個のものである。効用でさえ多様である。(4)

一つの倫理体系において、基礎的な意義を持つ範疇に二つ以上の異なる変数を含めることも可能である。われわれは、自由と福祉水準の両方に関心を持っていることもある。福祉とエージェントとしての役割に本質的な重要性を付与することもある。また、自由と達成の両方に価値をおくこともある。(5) ひとつの変数だけを用いて記述することは、多くの道徳哲学者(功利主義者も含めて)にとっては明らかに魅力的であるが、実際のところ、複数性の提唱は実践的倫理学の大部分で受け入れられている。(6)

不平等の計測に異なった方法を用いると、同じ領域であっても平等を評価する方法は変わってくる。所与の領域における不平等指標の多様性(例えば、変動係数、ジニ係数、対数標準偏差、エントロピー尺度など)はすでに既存研究の中で幅広く議論されてきた。[7]計測方法の基礎にある考え方は、尺度によって様々であり、それぞれの考え方は、十分な根拠に支えられていることも多いが、互いに相いれないことも多い。

従って、基礎的平等が多面的な特徴を持っているために、同じ状況でも異なったランク付けが行われてしまう。場合によっては、これらの源泉から生じる複数性は、複数性の特定部分についての主張を始めの段階で綿密に吟味して排除すれば減らすことができるかもしれない。あるいは、ウェイトをつけて評価することによって考慮すべき対象を組み合わせたり、統合したりすることで複数性を減らすこともできよう。しかし、こうした削減を実行した後でも、幾分かの複数性は依然として残り、その結果、平等や不平等のランク付けにおける曖昧さは拭いきれないかもしれない。

このタイプの曖昧さの存在は、意志決定論や社会選択論の中心課題であり、その他多くの異なる場面でも問題化する。曖昧さ(あるいは「未解決の対立[8]」)が残っている中で、合理性的な決定を求めていくためのいくつかの分析手法が提示されてきた。不平等に関する私のかつての著作(OEI)でよく用いた比較的控えめでシンプルな一つの考え方は、望ましい特徴が一緒に動くような共通部分順序を別に分けて扱うというものである。望ましい特徴のすべてについてxがyよりも上である場合に限り、共通部分順序ではxをy

より上位に位置づけるのである。

潜在能力アプローチを用いるときの、機能や潜在能力の選択とウェイト付けの問題についてはすでに議論した(第三章)。機能ベクトル(そして、それらのベクトルから成り立っている潜在能力の集合)を評価する際の分析上あるいは論理上の問題は多々ある。しかし、優越集合や共通部分といった工夫は一貫性を持ち、妥当性が高いだけでなく、分析をかなり前進させてくれることが多い[9]。

「共通部分」を用いるからといって「望ましい特徴」とされるものが、それぞれ何であるか十分に吟味する必要性が否定されるわけではない。しかし、吟味された上で残っている別々の基準が二つの選択肢を順序付けするときに互いに矛盾する場合、それらの選択肢は順序付けしないまま残すべきだろう。時には、更なる分析、もしくはより多くの情報が余計な複数性を整理してくれることもある。この場合、共通部分順序の適用範囲は複数性の減少に対応して広がり、これまで順序付けが不可能だった組合せの順序付けが可能になる[10]。この意味で、共通部分順序は基本的には暫定的なもので、(関連した複数性のいくつかの特徴を吟味して取り除いたり、個別の諸側面をウェイト付けした上で組み合わせたりすることで)複数性を削減できるようになった段階で、常に拡張される余地を持っている。第三章で論じた根本的な不完全性と実践的な不完全性を区別することは、この議論にも当てはまる[11]。

不平等の評価において、不完全性の存在を認めることは避けられない。従って、この問題は目立たないやり方でいやいや提示するよりも、その存在をはっきり明示する方がよい。不完全性は、概念それ自体の性質に由来するものかもしれないし(例えば、平等の概念はかなりの曖昧さを内包している)、情報の不在によるものかもしれないし(何らかの比較を可能にするようなデータが欠落しているのかもしれない)、あるいは、関係者の間でどうしても残ってしまう意見の相違を尊重する必要によるものかもしれない(これは、公正や正義へのアプローチの一部に複数性を受け入れることと関連している)。はっきりさせるため、利便性のため、秩序のため、あるいは何か他の価値ある事柄のために部分順序を恣意的に完全化しようとするのは、誤った方向である。部分順序が仮にかなりの程度不完全なものであったとしても、そこに完全性を押しつけるのは間違っている。一般に、不明確、あるいは、はっきりしない事柄については、冗舌であるよりも黙っているほうがよい。

とはいえ、個人間比較や平等の評価において部分順序の見方を採用することは、多くの場合にAの状況がBの状況よりも平等であるかどうかをはっきり断言できなくなる可能性を認めてしまうことになる。[12] 平等をすべての社会的・政治的論争の分かりやすく明快で、決定的な仲裁者であると見る人にとって私の考え方はあまり魅力的ではないだろう。しかし、私は第一―四章で論じた理由から、このことについて落胆してはいない。[13] 部分順序を恣意的に完全化するのは、平等の概念に対する正当な扱いとは思えないし、平等の要求、とりわけ明確で根拠の十分な平等の要求にしかるべき注意が向けられるよう保証することにもならないだろう。もっと言えば、過度に野心的になり、ごく特定の尺度では検知できても、他のまっとうな尺度では捉えられないような些末な格差に囚われてしまうと、不平等を軽減したいという元々の思いまで台無しになる危険が大きい。(異なる角度からでも確認できる)甚だしい不平等を許さないための堅固な基礎は、細かく微調整された諸前提がなくても構築できるものである。

4 データ、観察、そして有効な自由

実際の評価となれば、データ上の制約にも縛られる。この制約は、観察可能な機能の達成よりも、潜在能力集合を表現しようとするときに厳しく効いてくる。各々の潜在能力の集合がどれほど大きなものかを知るためのデータがないときには、選択肢の集合の中から結果的に選ばれた機能の組合せによって実際に享受されている機会の評価を行わざるを得ない(14)。多くの場面で、少なくともある部分では現実的な妥協が必要になる。しかし、データの入手可能性の制約を受け入れなくてはいけないために、潜在能力の全体像を明らかにするには満たないレベルに照準を合わせざるを得なくなっても、そもそもの動機をはっきりと自覚しつづけ、実践的な妥協がそのような状況の下で打てる最善の手であると見なすことが重要だ。

ここでもう一つ指摘しておきたいのは、自由を評価する場合においても「コントロールとしての自由」ではなく、「有効な自由」という見方が、観察される結果から(仮想的選択の形で)自由の比較をある程度可能にするという点である。この議論の概要は第四章で示したが、それは「飢餓からの自由」とか「マラリアからの自由」といった表現で、自由を引き合いに出すことを弁護する内容を含むものであった。すでに強調したように、このような自由という言葉の用い方は、空虚な言葉遊びであると思われるきらいがあるが、必ずしもそうではない。というのは、自由の概念の重要な部分は、結果に基づいた自由の判定に含まれているからである。もしこの議論が受け入れてもらえるのなら、観察された機能は、特定の状況の下では、達成されている福祉だけでなく、享受されている自由をも表していることになる。この本の中心的な主題にとっては、有効な自由や仮想的選択という見方の意義を一般的に受け入れてもらう(私が主張したように限定付きだが、重要な役割を付与する)必要はない。しかし、もしこの見方が受け入れられれば、自由と不平等の一部の側面について入手可能なデータに基づき明らかにできる部分は増えることになるだろう。

5　総体的観点、平等主義、そして効率性

基礎的平等の要件の中に存在する「内的複数性」をどう理解するかは、その基礎的平

等一般が求めるもの以外の論点を評価に入れて補足される必要がある。平等を評価するためにどの領域を選ぼうとも、総体的な観点(例えば、分配面を無視して、個々人の優位性を一般的に向上させる)と、分配的な観点(例えば、優位性の分配における格差を縮めること)の間で矛盾が生じることがある。経済学でよく議論される「効率性」という観点は、総体的な関心に共通して見られる要素である。(15)この観点が、「すべての個々人の立場を向上するような明らかに優越する改善ができる余地は残されるべきではない」という形で表現されるとき、これは、われわれが全体を見るときの道徳感情の中でもとりわけ争う余地のない部分に訴えかける力をもつ。

経済学における効率性は、しばしば効用という特定の領域で定義される「パレート最適」という形で表される。これは改善不可能性に対する弱い条件であり、全ての人々の効用を高めるような変化の余地がないことを求める。(16)パレート効率は、近代厚生経済学の中でほぼ間違いなく最も広く用いられている基準であり、その基準を受け入れることについては基本的に全く論争の余地がないと考えられている。社会的に最適な状態の必要条件としてパレート効率を受け入れるかどうかという議論は、効用という領域自体の位置付けに関連している。(17)効用に基づく議論では、重要であるとして受け入れられている領域における優越的改善(その内にいる一人一人の立場を向上させるような改善)を行うことそれ自体が問われることは滅多にない。問題は効用を適切な領域と見なすべきかどうかである。特に論争の対象になっているのは、パレート最適の概念が依拠している効用（あるいは、欲望の充足）を言われているほど優先すべきかどうか、である。この論点は、効用と競合する自由(liberty や freedom)などといった、効用以外の観点を組み入れる必要性の主張につながる。[18]

総体的な観点は、一般的平等とは異なる向きにわれわれを導いていく可能性がある。基礎的平等の果たす役割の大きさの説明に専念した場合でさえ、平等の域をはるかに超える倫理的関心の複数性を見過ごすわけにはいかない。[19]総体面と分配面の区別は、結果を評価する際にしばしば議論の対象になってきた（例えば、総所得を上昇させることと所得分配の不平等を減少させることの対立、あるいは総効用を増大させることと個人間の効用の格差を減少させることとの間の対立）。しかし、これと同様の対立は、「結果」そのものには必ずしもこだわらない他の評価領域においても見られる。例えば、（分配に関わりなく）ある種の権利の拡大を広く後押しすることと、それらの権利を平等に分配することとは対立するかもしれない。事実、総体と分配の二項対立は社会評価において最も広く見られる問題の一つである。平等はどれほど広く定義されたところで、どの基礎的領域においても唯一の関心ではありえないし、（効率性の要求を含めた）総体的な関心は、確固とした地位を保ちつづける傾向にある。

しかし、これら個別の関心を統合していく際、様々な関心を集計化する方法自体が、平等に対して決定的な役割を付与しかねない点にも注意すべきである。集計を実施するときには、何を取り入れ、それにどの程度のウェイトをつけるかという問題が生じるが、まさにこの時点で守るべき規律として平等が重要視されることが多い。事実、功利主義的な集計量最大化の原則において、個々人に付与するウェイトを等しくしていることこそ、功利主義がまさに堅固な平等主義的立場をとっている現れである。この立場の意義は、ハルサーニ(Harsanyi 1955, 1982)やヘアー(Hare 1963, 1981, 1982)など功利主義的な研究者が特に強調してきた。最大化される集計量の中で個々人に等しいウェイトを与えることは、功利主義を非常に特殊な形の平等主義的アプローチに仕立てている。それは、ある特定の領域(すなわち、効用)を選んでいる点において特殊なだけでなく、その領域における平等の要件の満たされ方が特殊なのである(つまり、総体的な目的のために全ての人に等しいウェイトを与えるのであって、例えば、効用水準の平等を促進しようとするわけではない、という具合に)。[20] 平等の要件は多様な形で課すことができるものであり、一見して純粋に集計のためと思われるような作業においてさえ、それなりの役割を果たしている。

平等の要件は、このように色々な場面で様々な形で浮上してくる。しかし、平等の要件をどれほど広く定義したところで、それだけではすべての問題を解決できないことも明らかである。例えば、平等は(ウェイト付けをしない総計こそ最大化されるにふさわしいという立場を貫くなど)集計的な目的の形状に影響することもあるが、目的とする集計値の最大化を主張すること自体は、平等の要件ではない。平等の要件だけですべてを完全に考慮するという出来もしないことを追い求めず、その多様性や射程を認識しておくことが必要なのである。

6　その他の不平等擁護論

平等の諸要件が総体的な関心と競合してしまう場合、それは結果として採用された制度にかなり妥協した形で取り入れられることが多い。この認識自体は、平等主義的な価値のもつ変わらぬ重要性や奥行きと矛盾するものではない。事実、平等の追求は、他の主義・主張が恣意的に無視されることのないような広い文脈においてのみ正当に評価されるものである。

社会のあり方を理性的に判断しようとする場合、どのような変数(例えば所得や潜在能力)で測った不平等も、社会における平等の重要性に一般的な異議を唱えることなく次の三つの議論の少なくとも一つによって擁護することができる。すなわち、(一)「領域間違い」論、(二)「インセンティブ」論、(三)「作業上の非対称性」論である。

「領域間違い」論は、議論の対象になっている変数(所得、潜在能力などなど)が、平等を求めるべき変数としては正しくないという形をとる。その領域が平等の要件を求めるのに適していないことを(通常は暗黙の形で)示すのである。実際、この種の議論では、他の領域における平等の必要性が主張される。例えば、リバタリアン的権利の平等(Nozick 1974)、自ら生産したものを享受する権利の平等(Bauer 1981)、何らかの手続きにおける平等で公平な処遇(Gauthier 1986)、集計値を最大化するときに一人一人の効用に平等なウェイトを与えること(Bentham 1789, Harsanyi 1955, Hare 1981)、などである。他の領域で(平等の要件を含めた)これらの諸要求がなされているために、論議の対象になっている特定の領域(所得、潜在能力、効用水準、あるいは「平等主義者」たちが好むような他の領域)において平等を強く主張することができないのである。

以上に見たような議論の性質と含意については本書の初めの方(第一章と、この結論部の最初の方)でかなり広く議論したので、ここでこれ以上述べることは控えよう。また、これらの主張の多くが批判の対象になりうる理由についてもここで議論するつもりはない[21]。(この本のかなりの部分で主張してきたように)平等を潜在能力で評価することの妥当性自体が、他の領域における平等を無条件に主張することに対する反論になっている。

他の二つの議論は、問題となる領域に平等以外の観点を持ち込む点において互いに関連している。これらの議論は、平等を追求すべしという要求に対して他の領域の優越性を明らかにすることで反論するのではなく、同じ領域の中で平等と、(一般的な意味の)効率性の間に存在する対立を指摘する。ある領域における不平等が悪いということは受け入れられても、その悪さ(と主張されるもの)は、効率に伴って生じる便益によって相殺されて余りあるかもしれない。逆に、そのような不平等をなくそうとする試みは、もっと悪い帰結、例えばすべての人々(もしくはほとんどの人)の立場を悪化させるような結果になるかもしれない。

効率性に依拠した平等に対する批判は、すでに示したように、少なくとも二つの異なった形態をとることができる。すなわち、「インセンティブ」論と「作業上の非対称性」論である。インセンティブ論はこれまでの研究でもずいぶん議論されてきた。インセンティブ論は、様々な目的を推進するために人々に正しい行動をさせるためには、その人々にそれなりの誘因(インセンティブ)を与える必要があることを重視する。[22] 従って、不平等は労働、事業、投資を促す上で機能的に有用な役割を担うかもしれない。

様々な目的は、(例えば、パレート改善や総和の最大化のように、分配を無視して個人の達成を後押しするといった意味において)「集計的」な形をとるのが当然であると見なされることが多い。しかし効率の要件は、(分配的なものであれ、集計的なものであれ)どのような目的にも関係づけることができる。[23] 平等それ自体や、その他の諸目的の追求にも効率性の問題が付きまとう。[24] 個人に適用されるインセンティブ論は、人々の選択や行動が総合的な諸目的の促進に役立つように個々人に対して動機づけをしたり、奨励したりする必要を主張する。[25] これらの目的は純粋に総体的なものかもしれないし、分配上の目的まで含むかもしれない。

インセンティブ論は、平等の要求として即座に出てくるものに対する反論として、長い間、唱えられてきた。平等主義的な政策は、社会的な諸目的の追求を妨げるとして批判を受けてきたが、これは目的の一部に平等が含まれているときでさえ生じる。インセンティブ論に基づく平等主義批判は近年、例えば毛沢東主義下の中国で平等主義政策が失敗した理由をめぐる議論や、「福祉国家」的政策の再分配面での特徴を批判した議論のように、実社会でも相当の広がりを見せている。[26]

三番目の議論も、平等と効率の間の緊張関係に関連している。しかし、この議論はとりわけ総体的な諸目的に注目し、それを推進するために作業上の非対称性から生じる不平等が必要であるとする。そうした非対称性が必要になるのは、人々の技能や能力に差があるからである。例えば、より能力が高く熟練した人に特定のタイプの権限や潜在能力(例えば、政府の運営や経営上の決定をする能力や権限など)を付与することは、すべての人の助けになると議論することもできよう。しかし、これは明らかに権限や潜在能力の不平等を伴う。この「作業上の非対称性」の議論は、ある特定の領域、例えば権限や潜在能力における不平等に当てはまるもので、(効用のような)他の領域には直接関係ないかもしれない。[27]

別のタイプの「作業上の非対称性」論は、非対称な取り扱いが果たす社会的役割(例えば、混乱を避けるために作業上の決定は少数の人々に任せるべきという考え方)に着目する。

この見方に沿えば、作業上の効率を高めるためには一部の人々に他の人より多くの権威や権限を持たせることが必要となる。また、この見方では、権力の座にある人が他の人より優れていないとしても、非対称な扱いを必要とするかもしれない。同様に、技術の性質上共有できないような経済機会の分割不可能性があるときも、総体的な諸目的のために作業上の非対称性が導かれる。「作業上の非対称性」論は、必ずしも個人のインセンティブの問題そのものに着目するのではなく、例えば技能の違いを利用するとき、権威や規律が必要なとき、分割不可能性が存在するとき、といった非対称性が果たす社会的役割に着目する。[28]

7　インセンティブ、多様性、そして平等主義

インセンティブ論は、資源配分に関する経済学の文献で相当広く研究されてきた。[29] ところで、(本書で繰り返し出てくるテーマである)人間の多様性の重視は、インセンティブ論にどう影響するだろうか。深い広がりをもつ人間の多様性の中のある部分と、それが不平等の評価に果たす役割を明示的に認めることは、インセンティブ問題の説得力を弱める効果をもつという議論も可能である。少なくともインセンティブ問題は、よくある説明で提示されるものとは異なる形で示される必要があるかもしれない。

多くの経済モデル(例えば、厚生経済学や財政学のモデル)によれば、人々の間に見られる

達成度の差は、典型的には個々人の努力とその他の意思決定変数における差から生じるものであり、もともとの生産能力の違いに由来するものではない(とはいえ、リスクや金銭的見返りに対する嗜好の違いもあるかもしれない)。これらの違いは、明らかに動機や機会の問題に関連しており、その意味でインセンティブ論は既存研究の中で広く存在感を示してきた(30)。そうした分析から学ぶことは実に多い。

一方で、もし(意思決定の違いではなく)人間のある種の多様性が、成果や自由の不平等の背後にある重要な要因であるとすれば、インセンティブ論をそのままの形で直接適用することはできないかもしれない。例えば、ジェンダーや年齢が潜在能力の不平等の原因とみなされる限り、政策的対応はジェンダーや年齢層の分類の中でより貧困の甚だしいグループに対して特別の支援を提供するという形をとるだろう。人の実年齢を急に変えるのは不可能だし、性別の変更も困難だから、この人々を優遇したからといって、よくある類のインセンティブ問題は生まれないかもしれない(31)。もちろん、年齢や性別について嘘をつくこともできるが、それはいつも簡単ではないし、説得的でもない。一般的に、どの程度の努力をするかについての自らの選択がもとで富の大きさに違いが生じてしまうような標準的な経済モデルに比べて、年齢やジェンダーの場合には平等主義的な政策によるインセンティブの歪みが起こる可能性はかなり低い。

同様に、病気に苦しむ人々に対して特別の医療介護や施設が提供されるとき、そこで生じるインセンティブ問題は比較的軽いものだろう。というのは、人々はたいていの場合、病を悪化させることを望まないし、病気を悪化させたところで提供される特別介護や施設は他に使い道がないことが多いからである。無料の、あるいはかなりの部分を補助金でまかなわれる医療措置が人々の予防に対する配慮を低下させるかもしれないという点では、インセンティブ効果は確かに存在する（というのは、結果の違いは選択変数、つまり、病気に対して不注意になるということに由来するから）。しかし、ほとんどの状況において、そしてほとんどの病気について、人々は治療そのものが無料、もしくは安いからという理由でリスクを負うことには躊躇する。病気にかかる遺伝的・環境的リスクは、面倒なインセンティブ問題を引き起こすことなく特別の医療介護の提供で対処できるものである。(32)

人間の多様性に伴う不平等を解消するための平等主義的諸政策は、インセンティブの観点から見るとそれほど厄介ではない。むしろ厄介なのは、努力や（便益を得るための）働きかけの違いから生じる不平等の方であり、これまでのインセンティブ研究が専ら対象としてきたのも、こちらの方である。従って、この本の大部分を割いて考えてきた不平等の評価における人間の多様性も、平等主義的な政策を追求するとき（特に、基礎的な潜在能力をより平等な方向にもっていこうとする場合）のインセンティブ問題の性質や影響力に相当程度関連している。この問題は、われわれの暮らす世の中で、人々の自由が不平等であることの背後にある中心的な要素が、初期条件の多様性(ジェンダー、年齢、階級など)である限りにおいて、決して些末な問題ではない。

8　社会的関心としての平等について

この本では、個々人の優位性を判断する際の基礎として潜在能力を検討することに主な関心を払ってきた。そして、潜在能力の視点は、平等を評価するときだけでなく効率性を評価するときにも有用であることを強調してきた。潜在能力の領域における効率性とは、普通の(効用の次元で特徴づけられる)「経済効率性」の定義に倣って言うならば、他のすべての人々の潜在能力を少なくとも同じ水準に維持しながら誰の潜在能力も向上させることができないような状態、と定義できる。[33]

総体的な観点を社会評価の欠くことのできない一部として明確に受け入れることは、平等それ自体の評価の仕方にも大きく影響する。効率面に十分配慮しなくては平等が要件とするものを明確に解釈したり理解したりすることはできない。ここで大切なのは、他に競合する要件が存在するときに、最終的に平等の要件とそれらを天秤にかけるべきであるという点だけでない。平等が求めるものの解釈は、(その重要性がなかんずく認められている)他の観点(例えば、総体的な関心)に照らして評価されるべきであるということである。他の関心事を明示的に受け入れることで、平等に不必要な重荷を負わせずに済ますことができるのだ。この一般的な論点は、以下の例によって示すことができよう。

第一に、第六章第2節ですでに議論したが、総体的な観点に全く価値が付与されないと(潜在的な達成可能レベルに照らした)「不足分の平等」に対して「到達度の平等」を訴える力はひどく弱められてしまう。しかし、総体的な観点が在れば「到達度の平等」に向けた動きは支持しやすいものになる。他のすべての人の一般的な最大達成度が仮に$2x$であるのに、Aという人の潜在的な達成度が最大でxでしかないとき(この差は例えばAが煩っているある種の身体的障害に関係するかもしれない)、平等への要求を唯一の観点とする見方は、(障害のない)他のすべての人々を一様にxと同じ水準まで下げる効果を及ぼしがちである。そうした状況の下では「不足分の平等」という考え方が比較的役に立つであろうし、各々の最大値に対する比率で表された達成度を平等化するプログラムならば、さほど極端な方向に走らずに済む。

一方でこのプログラムは、明らかに正義にかなった解決にはならない。Aは他の人より低い最大達成値しか得られないという不利な状況にあるのに、なぜ最大$2x$を達成できる他の人の達成度に比率に応じた少々の犠牲が生じてもAに援助を与え、できる限りxに近づけるよう優先できないのか明らかではない。この状況が要求しているのは、効率性の要求を含めた総体的な考慮を視野に収めつつも、到達度の平等を尊重することである。もし、このように問題が設定し直されるならば、他の人を(それぞれ潜在的に最大

2 xまで達成できるときに）xの水準まで引きずり降ろすことなく、Aは自らの達成最大値xに近づけるよう優遇的な支援を受けられることになる。集計面と効率面への配慮を同時に受け入れれば、いずれの角度で平等を解釈するにせよ、平等への過剰な重荷を取り去ることになる。到達度の平等を尊重すべきであるという主張は、効率面への配慮と組み合わさってこそ本来の力をもつという点も同様に重要である。このようなわけで、ある場面では有効性を発揮した「不足分の平等」は、結局、本来の守備範囲まで戻されることになる。(34)

二つ目の例として、ロールズ(Rawls 1990)が「公正としての正義」の中で「格差原理」の基礎として基本財を用いることを擁護していることを取り上げよう。彼はここで、(Sen 1980a で行った)個々人の優位性を判断する際に潜在能力を用いた方が公正ではないかという私の異議に対して答えている。(35) ロールズは、公共政策に影響を与える潜在能力を平等化することには反論し、政府の要職は開かれた競争の結果充足されるシステムがあるときに公正で正義にかなったものになると繰り返し主張する。(36) これらの要職につくための競争に参加する機会はすべての人に平等に与えられていても(つまり、人々は機会という観点では同じ基本財を保有していても)、結果として潜在能力は不平等なものになるだろう。ロールズは、個々人が「道徳的、そして知的能力と技術」において異なっている場合、より優れた技能を持った人が影響力のある地位や公職に就くのは不公正でもなければ不正義でもないと指摘する。(37) この議論は、前述の「作業上の非対称性」論とも関連している。

ロールズの示した本質的な結論、すなわち責任ある公職や地位に能力の高い人をつけるような人選のシステムをもつことに何の不正義もない、という結論をまず受け入れることから始めよう。重要な問いは、「なぜ」われわれはこの結論に同意するのかということである。その理由は、能力の高い人々が公職に関連した潜在能力において他の人より本質的に優れているからということではない。実力に応じて公職を担う人や影響力のある地位に就く人を選ぶ利点は、究極的にはそうしたシステムの効率性にある。他人より劣った知性を持って生まれてくることは、罰せられるべき過失ではない(その理由は、ロールズ自身が誰よりもよく教えてくれたところである)。事実、仮に非効率性や諸々の利点一般の喪失なしに影響力のある公職や地位の平等を達成できるなら、それを選択するのは正義に適っているし、私もその選択を支持するであろう。上のケースでわれわれが不平等を受け入れるのは、まさにこのような仮定的な状況に現実に達することは不可能であるという理由による。

ここで議論している制度には、確かに無視できない不平等が存在する。それは、異なる人々が結果として保有することになる潜在能力や権限の差を通じて理解できるような不平等である。にもかかわらず、こうした不平等が受け入れられるという議論は、効率面での利点から最も容易に理解できるものであって、誰もが公職を争う等しい機会を持っているのだから本当の意味での不平等は存在しない、という理由からではない。この考え方が正当化できるものかどうかを検討する前に、まず深刻な不平等の存在を確認しておく必要がある。このケースにおいて潜在能力の不平等を正当化する議論は、その不平等を除去してしまうと多くの人々の潜在能力を相当引き下げることになり、それは不効率であるだけでなく、受け入れがたいものである、という形をとる。正当化は、このような総体的な考慮に条件付けられている。

このように、条件付きでロールズの擁護する社会制度が受け入れられるからといって、個人の優位性を判断する際に潜在能力よりも基本財に着目する方がより公正で優れていることにはならない。この議論が示唆しているのは、個々人の優位性における平等の要求は、そうした優位性を作り出している効率性の観点から補足される必要があるということである。

ロールズ自身、自らの「正義の第二原理」の中で効率の要請を考慮する必要性を示している。しかし、効率面を考えることで生じる効果は、最も不遇な人の利害をすべてに最優先するという彼の極端な議論のために多少とも制限されてしまっている。[38] この優先順位では、辞書式順序で最も不遇なグループにのみ焦点が当てられるので、総体的な考慮に基づく不平等の正当化が難しくなる。個々人の優位性を基本財の保有という形でつかもうとする方法は、潜在能力であれば容易にとらえることのできる不平等には目をつぶるために、ロールズが唱えるマキシミン原理の要請は比較的容易に満たせてしまう。しかし、特定の不平等に目を向けないことは、政治のあり方を監視するための情報を間違いなく貧弱なものにしている。そうではなく、潜在能力の深刻な不平等を記録し、それらが効率面の議論から正当化できるものかどうかを検討する方がよいと考えられる理由は多くある。

これまでの所、私はロールズの主張、つまり開かれた競争を通じて要職を配分し、(すべての人が同じように教育を受け、競争する機会を与えられている限り)結果として技能の高い人が実際に選ばれるということに、何の不公正や不正義もないという主張の中身には反論してこなかった。こうした不平等を正当化する根拠を明示的に効率性の利点に求めるためには、効率の要請に関連した因果関係を調べる必要性が生じる。多くの状況下では、(先程、それを私も暫定的に受け入れた)ロールズが支持する手続きが、まさに正しいものになるだろうということに疑いの余地はない。しかし、一方で、もし公職や影響力のある地位が、開かれた競争で上手に競り勝つ人によって占められるという仕組みができても、それが非効率で、かつ、不遇なグループが(公職や地位のある人々によって)不当な扱いを受けるような「実力主義社会《メリトクラシー》」を作るようなことになるのであれば、ロールズの正当化はもはや成り立たなくなるだろう。

一九九〇年を通じてインドで沸き起こった政治論争は、当時の首相シン(V. P. Singh)の提案をめぐるものであった。それは、公職における重要な役職の半分以上を低いカーストやその他の不遇なグループの人々のために割り当てようというもので、それまで前提とされていた開かれた競争に基づく効率的な選任の利点が深刻に問われたのである(この論争によって、シンは結局国会での過半数を失い、政権は崩壊した)。シンが抱いた効率の利点に対する疑いが正しかったのか否かを議論するのがここでの目的ではない。ただ言いたいのは、開かれた競争制度の正義は、この問いかけに対する答えに敏感でなければならないということである。この問題は、(例えば、社会的移動性のない不遇な人々に公職を前もって割り当てないという形で)基本財の配分パターンをあらかじめ固定すれば決着するものではない。諸々の社会制度の正義は、それぞれ異なるシステムが人々の有効な自由や潜在能力の総体的・分配的な側面に与える影響に敏感でなければならない。こうした分析は、もちろんロールズの提言をそのまま支持するものにもなりうるが、もしそうならば、彼の提言を支持する根拠はなおさら強化されることになる。

9 責任と公正

ジョン・ロールズ(Rawls 1971)や他の現代の正義に関する理論家たち(例えば、ロナルド・ドゥウォーキン、R. Dworkin 1981)は、人は自らの思い通りにできる事柄については、自分で責任を持つべきであるとする見方を強調することが多かった。これとは対照的に、その人にはどうすることもできないこと(例えば、親が裕福であるとか貧乏であるとか、天賦の資質を持っているとか持っていないとか)については、その責任は課されるべきではない(同様に、功績も与えられない)と彼らは考える。線を引くのは時に難しいこともあるが、以上のような一般的な区別は妥当なものであろう。本書での分析においても、そうした区別の仕方をかなり活用してきた。

ロールズの「公正としての正義」論に対する潜在能力の視点に基づく批判は、部分的には、「基本財」を実際に「達成するための自由」に変換する際に個々人が直面する(自然あるいは社会的に作り出された)困難に、より直接的な注意を払おうとする試みから生じている(第五章を参照)。基本財を自由の確保のために用いる能力や資質に恵まれていない人(身体的・知的な障害のため、様々な形で病気がちであるため、あるいは、ジェンダーに関連した生物学的・慣習的な制約のため)は、そうした制約がない人に比べて、全く同じ基本財を保有していたとしても、不利な状態にある。正義の理論は、すでに議論したように、この差に十分な注意を払うべきである。私が提示したアプローチが、ロールズの理論を援用しつつも批判する、すなわち公正と責任についてのロールズの啓発的な分析を援用しながらも、それを用いて彼の基本財保有への際立った依存を批判する理由はここにある。

先述の区別はもうひとつの論争、つまり人の相対的な状況を、成果と自由のどちらで判断すべきかという問題にも深くかかわっている。責任ある大人を取り扱う場合、個々人の社会に対する要求(あるいは、平等や正義への要求)は、実際の成果よりも「達成するための自由」に照らして見定めるのがより適切である。もし責任ある大人が、他の人と同様の自由の集合を与えられているような社会制度にありながらも、種々の機会を無駄にし、その結果、他の人よりも惨めな状況に至ったとしても、そこには正義に反する不平等は何もないと論じることができる。この見方が採用されるならば、(達成された機能ではなく)潜在能力の直接的な妥当性を主張するのは容易になる。

ただし、以上の議論に適用されるべきいくつかの条件を、はっきりさせておくことが重要である。一つには、不確実性が高い場合は問題が変わってくる。自分の意志ではどうにもならない不運な出来事のために生じた苦境を、個人的責任を根拠に片づけてしまうことはできない。

そうした責任論は、自らが進んでリスクを負って儲けに失敗したケースに当てはまる。この場合、その人自身の責任を問える余地が大きいからである。しかし、この場合においても、リスクを伴う状況下では、人に知的な意思決定を可能にするだけの十分な情報が得られにくいことが、事態の様相を一層複雑なものにする。例えば、有名な保険会社や信用のある銀行が倒産したとき、被害者たち自らがその保険会社や銀行を選んだという理由で（不運な被害者に何の特別な慈悲もなく）、社会が冷酷に責任を放棄するのは適切ではない[39]。実際の成果ではなく、達成する自由に着目すべきであるという言い分は、人々が現に持っている選択肢を理解し、そこから知的に選びとっていく能力や知識にかなり深く依存しているのである。

これと密接に関係するのは、人々が（「原則的に」ではなく）実際に享受している真の自由をどのように潜在能力の勘定に入れるかという問題である。社会的条件が、ある人から（仮に選ぶことができたなら価値のある選択肢を）選択する勇気を奪っている（あるいは断たれているものを「欲する」ことさえできないかもしれない）としたら、その人に現実に実質的な選択肢があると仮定して倫理的評価をするのは公平ではない。ここでは「社会的規律」に由来するものも含めて、すべての障害を考慮に入れた上で、実際に享受されている真の自由に着目することが問題となる。

人々が「欲することのできるもの」に過剰に依存してきたこと、特に、あまりに抑圧されていたり、多くを欲する勇気が持てないほど打ち砕かれている人々の要求を無視してきたことは、功利主義倫理学の短所の一つである[40]。潜在能力の勘定において同じような誤りを犯すのは望ましくない。もっとも、潜在能力の勘定に入るのは（「社会的規律」の影響が小さければ持つことができたであろう潜在能力ではなく）人々が現に持っているものであるから、そういう間違いを犯すことはない。この問題は、（伝統的な社会制度において女性が隷属的な役割を受け入れることを強いられている場合のように)、相対的な困窮を受け入れざるを得ない条件におかれている犠牲者たち自らに支えられて固着化してしまった不平等を取り扱うときは特に重要である。(41)

10　潜在能力、自由、そして動機

潜在能力アプローチは福祉の評価と自由の評価の両方に寄与する。まず、前者との関連について言えば、福祉に対する潜在能力アプローチは、従来の経済的な富裕(実質所得や消費水準など)に注目するものとは、次の二つの側面で異なっている。(一)財や資源という形をとる「手段」の次元から、人の福祉の構成要素である「機能」の次元に焦点を移していること、(二)人がそこから選択できる様々な機能ベクトルを含んだ集合を(必ずしも必須というわけではないが)考慮に入れることが可能になること。「潜在能力集合」とは、人が福祉を追求するにあたって享受できる自由の総体として見ることができる。

もし、本質的に重要な複数の選択肢の中から一つを選ぶ能力が、生きがいのある人生を送る上で価値あることとみなされるならば、潜在能力の集合は更なる役割を担うことになる。つまり、潜在能力が人の福祉を決定づける直接的な影響をもつということである。この見方では、複数の「機能」の組合せである x は、x が属している S という集合から選ぶという自由を伴っていることになる。もしある人の行為から得られる福祉が、どのようにそれを行うことになったか(特に、自分でその機能を選んだかどうか)に依存しているとしたら、その人の福祉はxにのみ依存するのではなく、「集合Sからxを選ぶこと」にも依存していることになる。(42)

ここには、(第三章、第四章で議論した)複雑な問題が含まれている。福祉を議論する際の決定的に重要な問いかけは、「選ぶ自由」には手段としてのみ価値が在るのか、それともそれ自体も内在的な価値を持つのかということである。潜在能力アプローチは、競合する(しかし、互いに関連する)福祉の特徴付けの方法を両方とも包含するほど幅が広いため、どちらの解釈にも用いることができる。

個人の福祉を決める上で、仮に選択の自由が手段としてのみ評価されたとしても、各人によって享受される自由の広がりは、善い社会にとっては直接的に重要になる。自由が個人の福祉の要件に入るかどうかにかかわらず、個々人の自由はわれわれにとって追求しがいのある社会の善さを構成する要素として見ることができる。(43)

従って、自由の平等に対するわれわれの関心は、評価をするときの様々な基盤に関連してくる。本書では、これらの多様な倫理的基礎の相対的な利点については特別に注意は払ってこなかった。(44) しかし、平等な自由に重要性を付与したいと願う基礎的根拠はいろいろあるということを視野に入れておくことは重要である。潜在能力アプローチが提供した観点は、これら一つ一つの動機に関連して平等な自由を分析したり評価したりする上で用いることができる。

これと同じような複数性は、貧困を潜在能力の欠如として捉える時にも当てはまる。これは、最低限の個人の福祉を保障したり、最小限の個人の自由を提供するといった、根底にある様々な関心とも結びついている。そして、これらは転じて、善い(もしくは正しい)社会制度の基礎的な要件に関係してくる。貧困分析を所得の低さから基礎的潜在能力の欠如へ軌道修正すべきであるという主張は、究極的には、以上のような、これまでとは異なる基礎的な関心に結びついているのである。

具体的にどのような基礎的構造を選ぶことになっても、所得中心の見方から潜在能力中心の見方に軌道修正することで、立ちはだかる貧困がどういったものかについてのわれわれの理解は深まる。潜在能力の見方は、貧困撲滅政策における優先順位について明確な指針を与え、貧困がありそうもないところ[45](例えば、ヨーロッパやアメリカの豊かな国々)での貧困の生成を理解するときの助けになる。自由の欠如としての貧困に焦点をあてる工夫は、様々な基礎的関心とも整合的なものである。

本書は、平等が要件とするものの性質と範囲を検討することを目的としてきた。ここでの分析は主に概念的なものであったが、それらは実践的な事柄にも直接関係を持っている。これまでの分析は、むしろ、この関係に相当強く動機づけられてきたといってよい。

注

(1) この診断にかかわる問題のいくつかについては、Sen(1985a)で議論した。

(2) この問題は、第三章で機能の不均一性という特定の文脈で議論した。

(3) Kanger(1957, 1972, 1985)、Lindahl(1977)、Raz(1986)を参照。

(4) 異なるタイプの効用が、人の福祉や社会とかかわりにおいて異なる位置を占めるという主張は、アリストテレスまで遡ることができ、ジョン・スチュワート・ミル(Mill 1859, 1861)も強調した点である。

(5) これらの考慮点の各々の、および両方合わせた時の説得力については、これまでの章で議論した(第二章から第四章)。

(6) 倫理的多元主義には洗練さが欠けているという信念は、(少なくともジョン・スチュワート・ミルまで遡ることのできる)立派な系譜を持っているが、それは上述の理由によって支持できるものではない。この問題については、Sen(1985a)で議論を試みている。関連した点については、B. Williams(1973a, 1985)、Nagel(1979)、Hurley(1989)を参照。

(7) これは *OEI* の中心的な主題の一つであった。有用な既存文献の解説は、Cowell(1977)、Foster(1985)、およびLambert(1989)に見ることができる。

(8) これに関するいくつかの問題点は、Sen(1970a, 1982a)、Suzumura(1983)、Levi(1986)で議論されている。ファジー集合とファジー選好についての文献も参照。

(9) 共通部分分析の応用範囲については、Sen(1970a, 1970b, 1985b)で議論を試みている。

(10) この一般的な問題については、Sen(1970a, 1970b, 1982a)を参照。

(11) 本書の第三章第4節を参照。いくつかの根本的なレベルでの不完全性を受け入れる理由については、第一章から四章までの間で議論した。

(12) しかしながら、貧困や社会的困窮の認知においては、最低限必要な水準とされる潜在能力のリストを作るだけでも多くのことが言えるということを強調しておく必要がある。しかも、この作業は異なる潜在能力を序列化することを必要とするものではない。この点については、Sen(1984)とHossain(1990)を参照。

(13) Sen(1970a, 1973a)も参照。

(14) もちろん、データの入手可能性については様々な段階があり、選択肢は「どちらか一方だけ」という形をとる必要はない。

(15) この部分の総体的な考慮は、仮に論点となっている変数について(効用が比べられないように)個人間比較ができなくても利用できることに注意されたい。

(16) 厚生経済学では、条件の強い形(「強パレート最適性」)も用いられることがある。この場合は、少なくとも誰一人の効用を下げることなくして、誰の効用も高めるような改善ができないような状態を表す。

(17) パレート最適を必要条件として受け入れることと、それが社会的最適解の基準として十分条件であるという主張とは区別するべきである。パレート最適は、暗に「十分」であるかのように扱われることが多いが、むしろ一般的に見られるのは、パレート最適が社会的最適に「必要」な条件であるという、もっとはっきりした主張である。分配面における諸問題を完全に無視していることを考えれば、パレート最適の十分性を主張するのは全く妥当ではない(ただし、「合意に基づくきまり」のような特殊な場合は例外である。これについては、J. M. Buchanan and Tullock 1962を参照)。本書で議論しているのは、パレート最適を支持する側の十分性に関する主張の明白な限界についてではなく、その基準が必要条件としてすら不十分であるという点である。

(18)　この点については、Sen(1970a, 1979a, 1983a, 1992a)を参照。

(19)　この複数性は、本章第3節で議論した基盤的平等それ自体の一部として含まれる焦点の多様性(「内的複数性」)をも超えるものである。

(20)　Meade(1976)は、効用の集計値の最大化におけるウェイトの平等と個々人の達成した効用水準の平等に対する主張が互角の注目を与えられるような厚生経済学的分析を提示している。他にも、Mirrlees(1971, 1986)、Phelps(1973)、Mueller(1979)、Atkinson and Stiglitz(1980)、Roberts(1980a)、Drèze and Stern(1987)、Starrett(1988)を参照。

(21)　私はSen(1982b, 1985e)の中で、様々な議論の中でも、Nozick(1974)とBauer(1981)を相手に反論を提示した。

(22)　不平等な結果は、リスクを伴うような決定を進んで行う意欲にも関係している。しかし、所得の不平等とリスクの関係は、一般に考えられている以上に複雑であることが多い。これについては、Kanbur(1979)を参照。

(23)　この点については、Le Grand(1990, 1991)を参照。

(24) 「効率」が(目的が何であろうと)無駄のない、生産的な目的の促進を意味するのであれば、平等が諸目的の一つに選ばれる限りにおいて、効率性の重視は平等の促進を伴うこともある。しかし、平等を促進すべき諸目的の一つに含めたときに、平等の追求が目的全体の達成度を引き下げてしまう可能性は避けられない。

(25) 分配上の関心とインセンティブ論との対立については、シンプルだが示唆に富む例を最適所得税に関する文献に見ることができる。例えば、Mirrlees (1971)、Stern (1976)、Sadka (1977)、Seade (1977) などを見よ。

(26) ここには国の政策として追求される諸目的を左右するような立法や行政を含めた政治過程における個人のインセンティブという基本問題もある。これについては、J. M. Buchanan and Tullock (1962)、J. M. Buchanan (1975, 1986) を参照。

(27) 実際、あるタイプの「作業上の非対称性」論は、より生産的な者がより低い総効用を得るという奇妙な結果を生み出すかもしれない。一部の人々が他の人々よりも生産力で優れていて、同じ仕事量で(つまり、同じ量の余暇の喪失で)より多くの成果を生み出すとしたら、総効用を最大化するというシステムの下では、生産力の高い人ほど多く働かなければいけないことになる。これにより、生産的な者は過剰な仕事と少ない余暇のために低い効用にいたる結果となる。この点については、Mirrlees (1971, 1974)、Roemer (1985)、あるいは、Atkinson and Stiglitz (1980)、Tuomala (1984, 1990) を参照。

(28) 非対称な取り扱いの必要性は、他の状況で主張されることがあるし、それらはインセンティブ論だけに還元できないとはいえ、インセンティブ問題と特に関わりが深い場合もあるだろう。総体的な目的をもちつつ「水平的な公平性」を達成することの困難については、Stiglitz (1982) の議論を見よ。彼が特に扱ったのは功利主義におけるケースであり、「同じ嗜好をもち、同じ初期条件の下に置かれている個人が異なる待遇を受けた場合に(効用を合計して測られる)社会的厚生が高まる」(p. 2) ような事例である。

(29)　Atkinson and Stiglitz (1980)、Auerbach and Feldstein (1987)、Starrett (1988) を参照。

(30)　これは、市場メカニズムの下においてだけでなく、その他の制度的仕組みにおける資源配分で当てはまる。こうした考察が農民や共同体から構成される経済における資源配分を考える際にもつ重要性については、Putterman (1986) を参照。

(31)　Sen (*OEI*, 1973a)、Akerlof (1978, 1984)、Atkinson (1991c) を参照。

(32)　保険会社にとっては、遺伝学的に誰が病気にかかりやすいかを見つけ出す誘因はもちろん強く働く。そのような人々を保険の対象から除外することで、収益を高めることができるからである。しかし、もし仮に、遺伝学上、病気にかかりやすい人々に医療介護の範囲を広げるべきである、という社会的に説得力のある議論が受け入れられるのであれば、それに基づく政策は深刻なインセンティブ問題の障壁に必ずしも突き当たらずに済むだろう。この場合の「インセンティブ両立性」は、人間の基本的な多様性ではなく、人の行動選択の結果として差がもたらされる場合に生じる諸問題とは対照的である。

(33)　注意してもらいたいのは、この効率性の定義が個々人の潜在能力の序列付けを完全にできない可能性にも配慮していることである。不完全性が広く見られることを考えれば、誰一人の潜在能力も削減されないという要件は比較的受け入れやすいものであろう。個々の潜在能力の比較ができないために、ある変化が潜在能力の低下をもたらしているとはっきり言えなくても、その人の総合的な潜在能力が少なくとも以前と同じレベルに保てていると言えないことはありうる。この区別は政策判断、例えば潜在能力に基づいて競争的市場均衡の効率性を評価する際にとりわけ重要である（これについては、Sen 1993a を参照）。

(34) このやや込み入った問題についてのより本格的な議論については、第六章第2節を参照。

(35) 第五章も参照。

(36) ロールズ（Rawls 1971）は、不平等な分け方がすべての人々に利益をもたらすようなものでない限り、平等な基本財の分配を求める立場をとる。しかし、基本財の特定化となると、機会（例えば、「職を確保しておく」p. 61）に集中してしまいがちである。「すべての社会的価値をもつもの、自由、機会、所得や富、自尊心の基礎などは、いずれか一つの、あるいはすべてにおける不平等な分配がすべての人々の利益にならない限り、すべて平等に分配されるべきである」（p. 62）。

(37) Rawls（1990）、第五講義第三節「基本財と個人間比較」。

(38) これについては、Sen（1970a, 1977b）を参照。

(39) 興味深いことに、そうした倒産に対する人々の反応は、イギリスとアメリカとではかなり異なっている。アメリカにおいては、貯蓄貸付組合（S&L）をめぐる金融危機の時に桁外れの保護的な対応がなされたのに対して、イギリスで国際信用商業銀行（BCCI）が破産した時には、不運な預金者に対して比較的少額の補償がなされた程度であった。両国では預金者保護のための法的枠組みさえかなり異なっており、責任に対する見方も本質的に異なっている。

(40) この問題は、Sen(1985a)で議論した。

(41) この問題については、Kynch and Sen(1983)、Sen(1985d, 1990c)、Laden(1991b)を参照。

(42) よって、福祉水準の分析にあたってはxだけを見るのではなく、(x, S)という組合せを見ることが必要になる。

(43) 関連しているが異なるタイプの倫理分析では、社会の善さについての何らかの既成概念を必ずしも当てはめずに、社会制度の「正しさ」を個人の自由に照らして考えるという形をとる。こうした問題の見方は、明らかにカントに由来するものである(Kant 1788)。関連する諸問題のカント的基礎の重要性については、とりわけ、Rawls(1971, 1988a)、O'Neill(1989, 1993)、Korsgaard(1993)を参照。

(44) ただし、Sen(1982b, 1985a)を参照。

(45) Schokkaert and Van Ootegem(1990)が行ったベルギーの失業者たちの貧困に対する意識の実証研究によれば、失業者たち自身は貧困をまさに実質的な自由の欠如として見ている。

［訳者解説］

センの歩み

野上裕生

社会科学の分野で規範理論に対する期待と関心が高まりつつある現在、経済学を越えて哲学・倫理学など様々な分野で人々の福祉と自由について探求を進めるアマルティア・センの存在は、もはや多くの学問分野において無視することのできないものとなっている。経済的不平等や貧困・生活水準の指数化に関する基礎理論の構築とその応用、社会的選択理論の公理的アプローチ、飢饉の分析、個人の自由と権利に視座を定めた新しい福祉と開発の経済学の展開など、センのこれまでの研究はもはや後戻りすることのない潮流を形成している。

アマルティア・センは一九三三年一一月三日、インドのベンガル州サンティニケタンに大学教師の子として生まれた。死者三〇〇万人と言われる「ベンガル大飢饉（四三年）」を一〇歳の時に経験し、これがセンを経済学に向かわせるきっかけとなった。

一九五一年、カルカッタ大学経済学部に入学し、マルクスから大きな影響を受ける一方で、アリストテレス、アダム・スミス、バーナード・ショウにも関心を向けた。翌年、センは級友からアローの『社会的選択と個人的評価』(Arrow 1951)の内容を教えられたが、この時のセンには、民主的決定の基本原理間の相互矛盾を明らかにしたアローの「不可能性定理」が、貧困・失業・搾取という厚生経済学の基本問題にどのように重要な意味を持つのかを理解できなかったのである。

一九五三年に学士号取得後、ケンブリッジのトリニティ・カレッジに留学し、M・ドップ、J・ロビンソン、P・スラッファらに学んだ。そこでアローの本を読み直したセンは、アローの問題提起が経済学や倫理学に大きな意義を持つことに気づき、博士論文では、祖国インドの経済開発、特に綿工業部門における技術選択や投資の基準という実践的な問題を取り上げ、五九年に博士号を取得した。博士論文は、六〇年に『技術の選択』として出版されている。

一九五七年にトリニティ・カレッジのフェローとなり(六三年まで)、その後、デリー大学経済学部教授(六三―七一年)、ロンドン大学(LSE)教授(七一―七七年)、オックスフォードのオール・ソウルズ・カレッジのフェロー兼ドラモンド政治経済学教授(八〇―八七年)を経て、八七年からハーバード大学のラモント・ユニバーシティ・プロフェッサーに就任、哲学と経済学を講じる(川本隆史『現代倫理学の冒険』四四―四五頁参照)。九八年からケンブリッジ大学トリニティ・カレッジ学寮長をつとめた後に、二〇〇四年からはハーバード大学に復帰している。

所得分配の不平等・貧困に関する理論的研究や飢餓に関する実証研究などの分野における多大なる貢献を認められ、一九九八年一〇月一四日、スウェーデン王立科学アカデミーから九八年度のノーベル経済学賞を授与された。

センの研究歴

博士論文を書き上げた後のセンは、アローの著作から示唆を得て、社会的選択理論の研究に専念した。アローの「不可能性定理」をさらに進めて、リベラリズムの価値観の中に「全員一致の原理」（パレート原理）と「個人の自己決定権の承認」という二つの要素があり、これらが両立不可能であることを数理的に証明した。このことが持つ意義は、効用に依拠するパレート原理という厚生基準と、「個人の自己決定権の承認」などの非効用情報を重視する社会倫理との間の根本的な緊張関係を明らかにしたことであった（川本、前掲書、八一頁参照）。

センは、経済学を志すきっかけになった不平等・貧困・飢餓の研究を一貫して続け、その初期の成果が一九七三年に『不平等の経済理論』（Sen 1973a、本書で *OEI* と呼ぶもの）として発表された。しかし、この本は、不平等を所得や効用によって捉えようとする点で、現在のセンの考え方からすると視野の狭いものであった。一九八一年の『貧困と飢饉』(Sen 1981a)では、飢餓発生が食糧の絶対的な不足によるものではなく、食糧価格の急激な上昇に伴うエンタイトルメントの喪失が原因であることを実証研究によって明らかにした。食糧価格の急激な上昇は単純に経済学的に分析されるような問題ではなく、社会が飢饉に喘ぐ人たちの声をいかに取り上げるかという権利や自由の問題と深く関わっている。このような認識の下に、一九八五年に出版された『福祉の経済学――財と潜在能力』(Sen 1985b)では、人の福祉を所得や効用を通して見るのではなく、「機能」や「潜在能力」という面から人の福祉に直接迫る方法を提案した。これらの新しい概念は、その後、批判を受けながら、それに応える形で洗練されたものとなっていく。本書は、そのひとつの到達点であり、通過点である。

これまでの福祉に対する経済学のアプローチは、福祉の解釈と福祉の評価に用いるデータという二つの次元から分類することができる。福祉の解釈には、(1)個人の効用としての解釈、(2)富裕としての解釈、(3)人々が実際にどのような生き方や在り方をしているのかということそのもの(センの言葉では「機能」)としての解釈がある。これらを評価する際に利用するデータは、(i)市場での財・サービスの購入量、(ii)アンケートへの回答、(iii)個人の状態に関する非市場的な観察という三つに分類される。伝統的な福祉評価は(1)と(i)とを組み合わせたものである。これに対して、センは(3)の「機能」としての福祉の解釈を擁護する(Sen 1985b 第六章「情報と解釈」参照)。個人の客観的な特性を重視し、個人の主観的な評価については、内省的な考察に裏付けられたものを重視する。

センは、個人の制約が取り払われたならば選択されるかもしれない「機能」をも福祉の評価に加えることを提案した。人間が実際に何をしているのか、また何をなし得るのか、という客観的な情報を重視し、そのひとつひとつを「機能」と呼び、その全体を「潜在能力」と呼ぶ。潜在能力アプローチは、個人が選択できる生き方の幅、すなわち「自由」を広げることを福祉政策の最重要の課題とするアプローチと言うことができる。ここでは、平等と対立する概念として自由がとらえられているのではない。

センは、必要最低限の基礎的機能を実現する潜在能力さえ欠いている状態を貧困状態と見なす。貧困には二つのタイプがある。ひとつは、社会経済システムの在り方に深く根差した持続的な慢性的貧困であり、もうひとつは大不況や飢餓など生活環境を突如として激変させる突発的困窮である。前者の貧困問題を解決する社会保障プログラムは、生活条件を持続的に改善することを目的とする促進的側面であり、後者の問題に対処するのが社会保障の保護的側面である。このような社会保障を達成するために要請されるものを公共的活動という。公共的活動には国家の政策手段だけではなく、はるかに広範な社会的行動が含まれる。これはジャン・ドレーズとの共著である『飢餓と公共的活動』(Drèze and Sen 1989) の主題である。平均的な所得水準を引き上げる経済成長プログラムは、社会保障プログラムの必要条件でもなければ十分条件でもない。生活条件の持続的な改善を目的とする社会保障プログラムに必要なのは、財・サービスの社会的分配メカニズムの在り方にまで深く踏み込んで制度設計を行うことである。飢饉の予防や救済といった保護的社会保障プログラムに必要なのは、第一に危機に対して政府が的確にコミットするように誘導する政治的メカニズムであり、第二に食糧配給のような社会的メカニズムが、救済活動が提供するインセンティヴに敏速かつ的確に対応することが制度的に保証されていることである(鈴村 一九九八、一九八―二〇〇頁参照)。

センの社会保障論は発展途上国の開発問題に取り組む中で形成された。しかし、そのアプローチは先進国の社会問題を考える時にも示唆を与えてくれる。

本書の内容

序章において、本書の内容は簡単にまとめられているので、ここで再び本書の内容を要約する必要はないだろう。ここでは、本書の内容を簡潔に整理しておくことにしたい。

本書の冒頭でセンは、これまでの平等論を「何に関して平等を求めているのか」という観点から問い直す。このような観点は、人間が多様な存在であるところから必要となる。一見、反平等的な社会理論も、実は、その議論の組み立てのどこかで何かについての平等を求めている。社会理論が人々に受け入れられるためには、最低限の要件として「平等」が必要となるからである。例えば、自由主義は人々の自由を平等に促進することを求めている。それぞれの理論で重要と見なされるものに関して平等を求めようとすれば、重要とは見なされないもの（あるいは、周辺的と見なされるもの）に関して不平等を受け入れなければならない。経済的平等主義は、所得や資産の平等を求める一方、権利や自由の規制（すなわち、不平等な自由や権利の分布）を受け入れる。このように、「自由か平等か」という二者択一的な捉え方は正しいものではない。不平等を取り扱う本書においても自由の平等は重要なテーマである。

従来の経済的平等論は、所得や資産の平等を中心に据えてきた。しかし、この考えでは人間の在り方の多様性を十分に考慮できないことは明らかである。所得や資産を活用する能力が人によって異なっているという点を無視しているからである。

「効用」によって不平等を測ろうとする立場も、効用が環境に適応する可能性を無視している点で問題がある。例えば、貧困に慣れきってしまって、わずかなことにも満足してしまう場合、効用水準は高くなってしまう。

ロールズの「基本財」も人間の多様性を考慮していない点では同じである。ロールズの「基本財」が成果から資源へと視点を変えた点で、センはロールズを評価するが、基本財を活用する能力（すなわち、基本財を福祉に変換する能力）が人によって多様であることを無視している点で批判的である。

センが提案するのは、人々の福祉を直接表す変数（すなわち「機能」）に注目するということである。これまでの平等論の情報的基礎は、功利主義または効用主義のように快楽または欲求充足という心理的アウトプット(成果)か、またはロールズの基本財のように、よく生きるための手段にすぎない財・サービスの保有量(資源)のどちらか一方に偏っていた。これらはいずれも、人間の多様性のために人々の福祉を正確に表現することはできない。そこで様々な「機能」(すなわち人々の行動や状態)の中でも人々の福祉に必要不可欠な基本的な「機能」に焦点を当てる。「機能」に焦点を当てることによって所得では明らかにできなかった不平等や、社会的差別の意味を明らかにすることができる。さらに、人々が選択できる機能の集合(すなわち「潜在能力」)を見ることによって、人々が達成できる生き方の幅(すなわち「自由」)を知ることができる。公共政策や開発政策の目標は、人間の自由であり、主体的に選択できる「生き方の幅」(すなわち「潜在能力」)を広げることである。

「潜在能力」は曖昧さを残した概念である。「潜在能力」を完全なものにしないでも役に立てることができるというのが、センの考え方である。実態が完全でないものを理論上完全にしようとすると、どこかで無理が生じる。「潜在能力」は、人々の状態を完全に記述するためのものではなく、見逃すことのできない不平等を分析するための道具である。その応用例は、第八章で示される。

第三章までの議論では、個人は自分自身の福祉の向上を目標とすることを前提としていた。しかし、人の目標は自分自身の福祉のためだけではない。第四章のテーマは、自分自身の福祉を向上させること以外の目標を持つとき、すなわち「エージェンシー」としての側面が重要となるケースである。このときには、自由は福祉と対立する可能性が生じる。エージェンシーとしての自由が拡大したとき、自分の福祉を犠牲にしてエージェンシーとしての役割を果たそうとするのはその例である。このように自由と福祉との関係は複雑であり、自由が増すことがそのまま福祉の向上につながるわけではない。

第五章では、ロールズの正義論を批判的に検討する。ロールズの「基本財」は評価の観点を自由の手段へと移すことに貢献したものの、人間の多様性のために同じ基本財であっても異なった自由をもたらす可能性がある。このことは、ジェンダーなどによる差別を対象とする時には「基本財」では本質を捉えられないことを意味する。これに対して、「潜在能力」は人間の多様性を取り込んだ概念であり、この問題を克服することができる。

第六章は、従来の厚生経済学の不平等論を取り上げ、それが所得や効用によって不平等を測ろうとすることによって生じる難点について論じている。「潜在能力」に比べ、所得や効用では人間の多様性が捉えられないところに問題がある。この章で取り上げられている論点で、後の議論でも登場するのは、不足分と到達度の区別である。「不足分」とは、人が成し遂げられる最大限の値と比べて現実の値（すなわち、「到達度」）がどれだけ低いか(不足しているか)を表す。人の能力は多様であるために、到達度の平等を求めると能力の低い人に合わせる形で、能力の高い人の到達度を引き下げることになりかねない。一方、不足分の平等を求めると、能力の高い人は十分に能力を発揮できるものの、到達度の不平等をもたらすことになる。現実には、場合に応じて両者を考慮する必要がある。

第七章は、従来の経済学的な「貧困」の捉え方の問題点について論じている。所得に基づいて貧困を計測するという分野では、セン自身、「セン指標」と呼ばれる尺度を考案することで大きく貢献してきた。しかし、所得によって人の福祉を捉えることは、これまで述べてきた理由によって不完全なものである。やはり、「潜在能力」を基準にして貧困を捉えることが必要となる。そうすることによって、先進国の貧困現象も説明できるようになる。

第八章は、「潜在能力」を用いることによって、これまで見えていなかった点が明らかになることの具体例をジェンダーなどいくつか提示している。これらの具体例によって、どのように「潜在能力」を応用するのかが示される。

最後の第九章では、平等と効率性との間のトレードオフ、すなわち、平等を求めれば効率性が犠牲になり、効率性を求めれば平等を犠牲にしなければならないという関係について論じている。この点は、日本的(あるいは東アジア的)な平等な社会が、効率性を指向するグローバル化や市場経済化の圧力によって不平等化するのではないかと議論されている現在、重要な論点である。センをこのトレードオフの平等の側につくものと単純に見なすのは正しくない。センは、必ずしも所得の平等を求めていないという点で、一般に使われる意味での平等主義者ではない。繰り返しになるが、所得だけでは人間の多様性を捉えることはできず、社会に根強く残る不平等の分析には使えない。「潜在能力」によって不平等を捉えることは、平等と効率性のトレードオフとは違った角度から不平等を見ているということである。第九章は、「潜在能力」が、効率性や経済成長など総体的な側面にも配慮したものであることを示している。

本書のテーマに関連する参考文献をいくつか掲げておく。


朝日譲治（一九九二）『生活水準と社会資本整備』多賀出版。

桂木隆夫（一九九五）『市場経済の哲学』創文社。

川本隆史（一九九五）『現代倫理学の冒険』創文社。

佐藤仁（一九九七）「開発援助における生活水準の評価──アマルティア・センの方法とその批判」『アジア研究』第四三巻第三号一─三三頁。

鈴村興太郎（一九九八）「機能・福祉・潜在能力──センの規範的経済学の基礎概念」『経済研究』第四九巻第三号、一九八─一九九頁。

野上裕生(一九九八)「開発プロジェクト評価と潜在能力」(今岡日出紀編『援助の評価と効果的実施』アジア経済研究所、一五九—一七五頁)。

Broome, J. (1993). 'A Review of Inequality Reexamined', *Economic Journal*, Vol. 103, No. 419, pp. 1067–1069.

Drèze, J., and Sen, A. K. (1995). *India: Economic Development and Social Opportunities* (Oxford: Clarendon Press).

Sen, A. K. (1997). 'Human Capital and Human Capability', *World Development*, 25(12), pp. 1959–1961.

Sen, A. K. (1997). 'Inequality, Unemployment and Contemporary Europe', *International Labour Review*, 136(2), pp. 155–172.

Sen, A. K. (1998). 'Human Development and Financial Conservatism', *World Development*, 26(4), pp. 733–742.

Sen, A. K. (1998). 'Mortality as an Indicator of Economic Success and Failure', *Economic Journal*, Vol. 108, No. 446, pp. 1–25.

Sugden, R. (1993). 'Welfare, Resources, and Capabilities: A Review of Inequality Reexamined', *Journal of Economic Literature*, Vol. XXXI, No. 4, pp. 1947–1962.

教育者としてのセン

佐藤　仁

私は一九九二年から九四年までハーバード大学ケネディー行政学大学院に留学する機会に恵まれた。セン教授が一九九三年に経済学部で開講していた講義にも参加し、教授の許可をもらって授業をすべてテープに録音した。本書の翻訳にあたって、セン教授のことを思い出すために、もう一度テープを聞き直してみた。彼のイギリス調のなまりと、独特の言い回しを聞いている内にいろいろなことを思い出した。録音した授業は、「厚生経済学の基礎（Foundations for Welfare Economics）」と題された大学院の講義で、学生の数はおよそ三〇人くらい。セン教授が例年オファーしていた二つの授業のうちの一つである（もうひとつは、「貧困と飢饉」に関連した学部生向け授業）。私が留学していたちょうどその年は、セン教授がアメリカ経済学会の会長に選出された年で、多忙のため開講された唯一の授業がこれなのであった。

発展途上国の貧困や援助介入をめぐる倫理的な問題に関心があった私は、半ばセン教授に会うためにハーバードに留学した。一年かけてようやくケネディー・スクールでの必修課目を消化し、自由になった段階でさあ、いよいよセン教授の授業を取ろうと意気込んでいた矢先に、彼の授業がひとつしかオファーされないと知った。非常にがっかりしたが、まずは御本人に会いにいくことにした。当時のセン教授のオフィスアワー（学生が自由に教師に会える時間）は週一回で、一人当たりに割り振られる時間は一五分。世界銀行の副総裁であろうが、学生であろうが一五分なのである。数週間まえから予約をいれないとなかなかアポがとれない。廊下に列をなす控え用の椅子に緊張しながら座っていると、彼がオフィスから出てきて一人一人を出迎える。本来は秘書の役割だ。分厚いメガネに地味なネクタイ、よれよれのシャツ、肩を少し丸めて、やや前傾姿勢のまま握手を求めてくる。眼光は鋭いが、手は柔らかくて温かい。私は部屋に通されたものの、緊張のあまり何を話していいやら分からなくなってしまった。何とか気を取り戻して自己紹介をした後に、今年度にオファーされる授業や彼の潜在能力アプローチについて、しどろもどろになりながらも質問を続け、あっという間に制限時間の一五分が過ぎてしまった。

せっかく開発や貧困の問題についてハーバードに勉強をしにきたのだから、この機会をもっと有効に活かさなければいけないという思いを強めた私は、開発問題に関心をもつ仲間を集めて、あつかましくも先生のオフィスアワーに再び押しかけ、開発に関するテーマに学生主体の自主ゼミを開講してもらえないか交渉した。予想どおり断られた。

は関心があるし、学生のやる気に応えたいのは山々だが、忙しすぎるというのが理由であった。教授は代わりに、同じ経済学部で開発や途上国における西欧化の根本問題を講義していたスティーヴ・マーグリン教授（ラディカル・エコノミストの一人として著名）に頼んではどうかと提案した。その場でマーグリン教授に電話をしてくれた。半ば学生だけのゼミになりかけていたので、それはありがたい提案であった。が、われわれ学生は、そこで引き下がらなかった。今度は、なぜこのゼミが重要で、なぜセン教授でなければ困るかを二ページの文書にまとめ二週間後にもう一度押しかけた。リーディングリストは学生が作り、ディスカッションの口火も学生が切る。先生はそこに座っていていただくだけでよいのです、と頭を下げた。今思えば、本当に押し付けがましい懇願の末に、とうとうセン教授も折れてくれて、二、三週間に一回ゼミに顔を出してくれると約束してくれた。マーグリン教授にも二週間に一度来ていただくことになったので、時折、両教授が顔を揃える何とも贅沢な自主ゼミが始まった。

集まった院生たちの出身学部はバラバラだったが、途上国の教育問題、宗教と経済学、開発計画、開発人類学など様々な視点から「近代化と経済成長」をもって「発展」とする見方に疑いを持ち、開発や進歩の根本的な意味について頭を悩ましていた人ばかりであった。当時のハーバードでは、開発プロセスを批判的に考察する授業は人類学部で若干開講されていたが、経済学部やケネディー・スクール、政治学部では開発の意味や介入の倫理に関する講義は皆無であった。ゼミのタイトルを「開発における価値と倫理」に決め、教授の個人指導という形式で、単位も出してもらえることになった。議論は毎回白熱した。特に、マーグリン教授とセン教授のやりあいに学生は圧倒された。経済学者とはいえ、御夫人が文化人類学者で、文化の固有性とコミュニティーを重んじつつ新古典派的経済学を批判してきたマーグリン教授は、「あなたは結局、近代化論者だ」とセン教授を叩けば、「あなたのように、地域や文化を過度に相対視する考え方が一部の人間を基本的な発展からとり残してきた」とやり返す。お互いに譲らないので、きれいな決着がつくことはほとんどなかったが、学生のわれわれにとっては、結論よりも議論することと自体が思考の糧となり、方法のトレーニングになった。

セン教授の説得のレトリックには、いくつかのパターンがある。その一つは、まず相手の土俵に立って、相手の前提に沿って論理を詰めていくと必然的に矛盾が起こり破綻してしまうという筋書きをつくることである。本書の中でも各所で、この論法をうかがうことができる。マルクスやスミスといった古典を例示に用いたり、そこから今も役立つアイデアを抽出するのも彼独特のテクニックである。引用される古典は経済学にとどまらず、インドに古くから伝わる詩から、仏教や儒教の教えにいたるまで、実にバリエーションに富む。セン教授は、ある社会学者との「合理性」に関するインタビューの中で古典から学ぶ重要性について次のように述べている。「私は古典的な文献の勉強から限りなく大きな示唆を受けた。事実、私はこの問題がいかに多くの社会で、そして、如何に長い間、考察の対象になってきたのかを古典を通じて知ることで、問題の深さに初めて触れることになった。それだけではない。当時の物事の捉え方は、今日の狭い経済学で見られるもの以上に、豊かな視点に基づいている」。

われわれは、登場時期の新しいものの見方ほど優れていると考えがちであるが、貧困や不平等など社会問題の基本的な部分はほとんど変わっていないのかもしれない。表出する文脈こそ異なれ、長らくその存在が確認されている「問題」はなぜ繰り返し現れるのか。社会科学が過剰なほどに細分化され、分野間の知的交流が少なくなっている今日、古典を新しいまなざしで読み直す訓練は私たちにますます必要なステップであろう。

あれから数年が経ち、私の関心は「開発」そのものよりも、その裏面にある途上国における環境や資源の管理問題に移っていった。しかし、研究者としての道を歩みはじめた私の中に、折に触れて蘇るセン教授の教えがある。それは、学者の作る理論は一体どこで現実社会と接点をもつのか、という問いかけの重要性である。端的に言えば、「誰についての話をしているのか」をはっきり意識する必要性である。

セン教授が一九八一年に出版した『貧困と飢饉』(Sen 1981a)は、彼の恩師、アミヤ・ダスグプタに捧げられている。若き日のセンが経済理論を勉強し始めた頃、テキストは欧米から輸入されたものばかりであった。それらのテキストがインド社会の抱えている現実問題に全く応えていないと感じたセンは、理論を必死で学ぶことに疑いを持ち始め、もっと世の中に直接役に立つような政治的問題に関心を移し始めていた。アミヤ・ダスグプタは、そんなセンに対して、現実にあまりに直に向き合うと、何が大事であるかを見失ってしまい、現実と接点をもつどころか大間違いを犯す危険があると諭し、現実の社会問題を正しく見るためにこそ、その準備として理論を学ぶのが必要なのだと教えた。インドの日常であった貧困と飢饉は、欧米社会にとっての日常ではない。その欧米社会で作り上げられた経済理論をインドの飢饉分析にそのまま当てはめるのは危険である。食糧の需給バランスに専心する標準的な経済モデルから離脱して、人々が様々な社会的制約の中でどのようにして食べるものを獲得しているのか、という当事者の視点を取り入れる工夫が、センのエンタイトルメント・アプローチに結実していった。理論と実社会の接点はどこにあるのか、理論は誰についての話をしているのか、この自覚をセンに強く植え付けたのがダスグプタなのであった。途上国の経済や制度、環境についての研究は、様々な暮らしを営んでいる人間についての研究であることを忘れてはならないのである。

教育者としてのセン教授は、経済学者の域をはるかに越えて、社会科学のあり方、さらに社会の在り方について学生に幅広い刺激を与えてきた。ジョブ・マーケットの構造上、問題を狭く限定して、重箱の隅をつつくような専門家を養成しがちな大学院にあって、セン教授は全く逆の方向へと学生を導く。人類が共通に抱えている人口問題、飢饉、貧困、福祉やジェンダーの不平等、民主主義など際限なく広がる彼の守備範囲は、かつてのスミスやミル、マルクスといった道徳哲学の巨匠を彷彿とさせる。幅広い関心と視野を持ちつつも、場面に応じて鋭く照準を絞るセン教授の技法は、一つの分野を完全にマスターした人だけに許される自由な越境行為なのか、それとも、特定のイシューに的を絞って学際的なトレーニングを積むことでも達成できるのか。環境や開発といった複雑な問題にアプローチするときに必要になるセン教授のようなタイプの人材がどう作られるのか、私にはまだよく分からない。

一九九八年にハーバードを後にし、英国の数あるカレッジの中でも最も伝統のあるトリニティ・カレッジに移ったセン教授は、学寮長としての「最初の大仕事」である学寮長室の柱時計を巻き忘れてしまったという。一六世紀半ばに創立されたカレッジで、あのニュートンも巻いたという柱時計を数百年ぶりにうっかり止めてしまったセン教授。気取らない彼の人柄を象徴した出来事である。ゼミの最中に「教授」と呼ばれることを嫌がり、「アマルティア」とファーストネームで呼んでほしいと言われたことをふと思い出した。セン教授にはいろいろなことを学んだが、これだけは最後まで実践することができなかった。

翻訳を終えて

池本幸生

私の中心的な研究テーマは、アジアの国々の所得分配である。主にタイ、マレーシア、ベトナムなどの所得格差の研究を続けてきた。しかし、所得によって不平等を測ることの限界は、本書でセンが繰り返し強調しているところであり、また、私自身、所得によって不平等を測ることの限界については十分に認識していた。タイの所得分配の統計的研究を本にまとめている間も、地域研究の立場から、それではタイの不平等は捉えられないという批判を受けることは十分に予想できた。世帯所得に基づいてジニ係数を計測することによって、ある国の「不平等度」を知ることはできる。また「不平等度」が経済発展とともにどのように変化してきたかを明らかにすることもできる。しかし、それによって人々の暮らしぶりの格差まで知ることはできない。所得格差の拡大が政治的な不安定をもたらすということが常識のように広く受けいれられてはいるが、そのように単純に決めつけることもできない。所得によって「貧困」を測ってみても、それが本当に貧困を表しているとも限らない。センが指摘するように所得と福祉の間にギャップが存在するからである。このような認識は、東南アジアや中国の地方に調査に行く機会が増えて、ますます強くなっている。また、自由も不平等を考える上で重要な要素であるという認識も強く抱くようになった。このような変化は、所得から「機能」へというセンの変化に沿ったものであり、センのアプローチを取り入れていたことになる。

本書の翻訳話が持ち上がったのは、昨年の春のことである。本書はイェール大学でのクズネッツ記念講義が元になっており、センの考え方を比較的容易な形で表してはいるものの、内容が経済学を越えて哲学や倫理学にまで広がっており、経済学を専門とする私だけでは本書の翻訳は荷の重いものに感じられた。そこで一緒に翻訳する人を探したところ、幸い野上裕生氏の積極的な返事とセンの下で学んだ佐藤仁氏の協力を得ることができた。そして池本が第一―三章を、野上が第四―六章を、佐藤が第七―九章を担当し、互いにコメントし合いながら翻訳を進めていった。三人の関心領域に重なるところはあるものの、もともとの出発点が異なっており、異なった専門分野の三人が互いに知恵を出し合うことによって、一人で翻訳するのに比べてずっとミスは少なくなったと思う。もちろん、完全にミスが無いとは考えておらず、この翻訳に残る誤りをご指摘頂ければ幸いである。

本書を翻訳するに当たって、できるだけ読みやすく、理解しやすいものにすることを心掛けた。英文をそのまま厳密に翻訳することによってセンの文体の雰囲気は残すことができるかもしれないが、そのために難解な文章にしたのでは、センの思想を広く知ってもらうという当初の意図を果たすことができない。そこで、不要な修飾語を削ったり、時には思い切って意訳することによって、やさしい文章に変えた。また原文にある強調のためのイタリックは、煩瑣になるのをさけるため、その多くを訳文には明示していない。難解な文章をあたかも何か高尚なことを言っているかのように捉え、結局、正確に理解しないよりは、やさしい文章であってもセンが言おうとしていることが正確に伝わることの方が重要だと考えるからである。

翻訳を開始してから、一年以上が経過してしまった。当初、昨年の末には出版できると考えていた。もし予定通りに進んでいれば、センのノーベル賞受賞に合わせることができるはずであったが、結局、半年ほど遅れることになった。しかし、この遅れによって、より完成度の高いものに仕上げることができたと考えている。

最後に、岩波書店の高橋弘氏には翻訳に際していろいろお世話になったことに対して御礼を申し上げる。また、この本を翻訳するきっかけを作って下さった東京大学東洋文化研究所の原洋之介所長にも御礼申し上げたい。いちいち名前を挙げることは控えるが、翻訳原稿に眼を通し、コメントしていただいた東京大学の大学院生の皆さんにも御礼申し上げたい。

〔二〇刷にあたって〕

二〇一二年五月、野上裕生氏が亡くなられた。野上氏とは、一九八四年にアジア経済研究所に入所されて以来の付き合いであった。研究所では一緒に経済学の勉強をした仲である。彼はもともと経済学を専門としていたわけではなかったので、経済学の勉強は人一倍やっていた。本書の翻訳では、彼の経済学以外、特に哲学の知識が非常に役に立ち、本訳書の誤りを大幅に減らすことに貢献してくれた。最近、もらった手紙には、結局、経済協力の分野ではセンのケイパビリティ（潜在能力）アプローチはあまり役に立たなかったのではないかと否定的なことが書かれていた。ちょうど私がセンの『正義のアイデア』を翻訳した頃であり、野上氏とはまったく逆の意見を持っていたので、一度、じっくりと議論したいと思っていたところであった。それが叶わなくなり、非常に残念である。ご冥福をお祈りします。

現代日本の不平等についての議論とセンの不平等論
――「現代文庫版訳者あとがき」にかえて

池本幸生

幸いなことに、本書はセンの不平等論や潜在能力アプローチの手軽な入門書として一九九九年の出版当時から今にいたるまで広く読まれ、多くの人から「潜在能力とは何か」「それをどう応用すべきか」などについて質問をいただいてきた。ここでは、「訳者あとがき」にかえて、それらの質問に答えるために、一九九〇年代の日本で交わされた不平等の議論に即して解説してみたい。

日本にとって一九九〇年代は大きな転換点であり、同時に平等について考える上でも重要な時期である。この時期、日本の所得格差が拡大しただけでなく、平等に対する見方そのものが変わっていった。「失われた一〇年」と呼ばれた長期不況から抜け出せずに苦しんでいたとき、その原因が日本的な平等主義にあるとされ、平等であることがまるで悪であるかのように論じられた。平等というと、「みんな同じであること」と思いがちであるが、そもそも人間は多様な特徴を持ち、多様な環境で生き、多様な生き方をしたいと思っている。そのことを無視して、「みんな同じであること」を求めれば、それは個人の自由を侵害することになる。「自由か平等か」という形で、自由が平等と対立するかのように論じられる背景には、このような平等観がある。しかし、自由に反するような平等観には問題があり、自由と平等の関係は再検討する必要がある。自由と両立するような形で「平等の再検討」を行なうことは、すなわち「不平等の再検討」であり、それが本書のテーマである。本訳書の副題に「潜在能力と自由」と付けたのはそのことを表している(ちなみに、原書にはこのような副題はない)。ここでは、このことを日本の状況に触れながら説明してみようと思う。

一九八〇年代末にバブル経済が発生し、九〇年代初めにはそれが崩壊する。それまでの日本は、「世界第二位の経済大国」として、「世界経済をけん引する」という過剰なほどの自信にあふれていた。一般的には「経済発展は所得格差の拡大を伴う」(「クズネッツの逆U字仮説」と呼ばれる)ことが多いのに対して、日本は経済発展とともに所得格差の縮小も実現し、経済発展と平等を同時に達成した数少ない国として称賛され、日本人もそれを自慢にしていた。「日本的経営」のような日本独自のやり方は平等志向的で、平等を達成するのに貢献したと考えられ、日本は「日本的経営」を世界に向かって発信しようとしていた。このように、一九八〇年代までは「平等」は望ましいものと受け止められていた。

　ところが、バブル崩壊後、「失われた一〇年」と呼ばれる長期不況に突入すると、「平等」こそが不況を長引かせている原因だと主張され、「平等」は悪者扱いされるようになっていった。「平等」は「足の引っ張り合い」によって達成されており、平等志向が成長の芽を摘んでいるという批判である。むしろ不平等の方が望ましいとされ、その根拠となったのが、当時、景気の良かったアメリカであった。アメリカは所得格差が大きく、不平等な国だと多くの日本人は思っていたが、大きな所得格差こそが人々にインセンティブを与え、それが経済に活力をもたらしているという主張である。その結果、平等志向の日本的経営は時代後れなものとして放棄され、平等主義的な年功序列型の賃金体系は成果主義的なものに変えられ、様々な規制緩和が行なわれていった。日本における「不平等の再検討」(むしろ「不平等の再評価」と言うべきだろう)はこのような形で行なわれた。もちろんこれは、センが論じようとした「不平等の再検討」ではない。

　日本が平等な国だったと言っても、それは一九六〇年代から九〇年代にかけての三〇年程度のことに過ぎない。戦前の日本は所得格差の非常に大きな国であったが、戦後改革を経て格差は大きく縮小し、高度経済成長期にさらに平等化していった。当時、社会を平等にするのは良いことだとされ、平等に変えていく勢力が「革新」と呼ばれ、それに抵抗する勢力が「保守」と呼ばれた(1)。この構図は、アメリカを中心とする資本主義諸国とソ連を中心とする社会主義諸国との間の冷戦構造を反映していた。この対立は「自由」対「平等」という形で単純化されて表現されたりした。単純化は常に実態とはかけ離れたイメージを作り出す。社会主義国は平等な国であるという幻想は、一九八〇年代末から起こった社会主義国の崩壊によって明らかとなる。その結果、「自由」と「平等」の対立は、「自由」が勝ち、「平等」が敗れる結果に終わる。日本で「平等」の位置付けが低下していくのも、このような世界情勢の変化に呼応している。

このような「自由か平等か」という単純な議論をセンは本書の第一章「何の平等か」で批判する。両者は次元の違うものであり、それらを対立させて論じるのは間違った問題設定である。「自由」とは、追求すべき「価値を認めるもの」(それを「焦点変数」と呼ぶ)のひとつであり、「平等」はその分布を指している。「平等」は、ある思想が多くの人々に受け入れられるために必要なものであり、まともな思想には備わっているものである。「平等」に反対し「自由」を主張する人たちも、自由が多くの人に平等に与えられることを求めているのであり、この意味で平等主義者だと言える。平等はどのような思想にも備わっているとすると、本当に重要なのは「価値を認めるもの」は何かということであり、それが「何の平等か」という問題である。自由主義者が自由に最高の価値を認め、「自由の平等」を求めているということは明らかだが、それでは平等主義者と見なされる人たちは、一体、「何の平等」を求めているのだろうか。この点が非常に重要であり、それが本書の大きなテーマのひとつである。

まず、平等主義者は「所得の平等」を求めているという議論から始めよう。実際に、ある国が平等かどうかを測る指標として「所得格差」が用いられることが多く、日本が平等であると見られたのも、所得格差が他の国に比べて小さかったからである。他に平等を測るのに適したデータがないため、所得格差は平等を測る指標として今も使われている。「所得の平等」を追求するということは、低所得者には優しく、高所得層には厳しいということであり、その政治的立場は明確で、政治目標とする有力な理由であった。

しかし、所得を「価値を認めるもの」とすることには問題がある。所得が目的化してしまい、所得を増やすことだけに熱心になり、人の暮らしのことが忘れられてしまうということがしばしば起こる。例えば、ある国が「所得倍増計画」を打ち出して、それを、人々を二倍働かせることで達成しようとすると、人々の暮らしは悪化するだろう。所得を人生の「価値あるもの」とする見方は、昔から批判されてきた。もし「私の人生の目標は所得を増やすことです」と言えば、大抵の人は顔をしかめるに違いない。しかし、センが所得を用いることを批判する理由はそのことではなく、所得では人々の暮らしが正確には捉えられないという点にある。人の特徴もその置かれた環境も多様であり、同じ所得水準が同じ生活水準をもたらすわけではない。たとえば、病気がちの人と健康な人とでは、同じ額の所得を得ていたとしても「できること」は大きく違ってくるし、自由な国に生きるのと自由の無い国に生きるのとでは、また違ってくる。差別された人とそうでない人の間でも同様である。このように所得は、人の暮らしを捉えるには不十分なものでしかない。所得は人の暮らしを決める重要な要因ではあるが、人々の暮らしに目を向けることの妨げになることもある。

所得が本当に「価値あるもの」ではないと言うと、「幸福」こそ「価値あるものだ」という意見がすぐに出てくる。GDPのような経済指標で「豊かさ」を測ることに抵抗する人たちは、「幸福指標」を作ろうとする。幸福にはほとんど関心を示さないと思われがちな経済学だが、実は経済学と幸福は密接に結びついていて、経済学は人々の幸福を最大化することをずっと論じてきたのである。それは、経済学の基礎となった功利主義哲学が「最大多数の最大幸福」をスローガンとしていたことからきている(ただし、経済学では「幸福」ではなく「効用」という言葉が用いられてきた)。仮に「幸福の経済学」というものを考えてみると、それは利用可能な財や所得によって人の幸福を最大にする方法を考える学問であり、「幸福」を「効用」と置き換えれば、それはまさに経済学そのものである。しかし、この表現に違和感を覚えるのは、幸福がまるで所得や財だけで決まるかのように考えている点であり、所得が多いほど幸福になれるという考え方を素直に受け入れることができないからである。もし功利主義が「最大多数の最大所得」をスローガンとしていたら、多くの人に受け入れられることはなかったに違いない。

「最大多数の最大幸福」というスローガンからも分かるように、もともと功利主義者は社会全体のことを考えていた。同様に、功利主義に基づく経済学も社会のあり方について考えていた。ところが最近では功利主義者も経済学者もまるで個人の効用や所得にしか関心のない利己主義者のように思われている。この変化は、「人の幸福は比べられない」という批判から始まっている。人の幸福が比較できないということは、だれが幸福でだれが不幸かすら分からないということであり、それでは社会の不平等について考えることができない。こうなると、「幸福の平等」や「効用の平等」はもはや意味を持たない。

経済学で用いられる所得と効用のいずれにも問題があるとすると、それらに代わるものが必要となる。そこでセンは「潜在能力」という概念を提唱する。所得は手段であり、それは何かをするために用いられるものである。大事なのは、「何かをすること」の方であり、「人は何ができるか」は、「どんな暮らしができるか」ということである。それがセンの「潜在能力」であり、それは同時に人の「自由」を表している。

人の「できること」や「なれること」は無数にあるため、それを本当に包括的に把握することができるのかという疑問がすぐに浮かぶ。マーサ・ヌスバウムはそれを一〇項目の「機能」のリストとして提示することによって答えようとするが(ヌスバウム『女性と人間開発』)、センはそれには反対である。センは、包括的なリストを作るために無駄に時間を費やすべきではなく、目の前の問題に取り組むためには、注目すべき「機能」

をもっと柔軟に選択すべきだと考えている。例えば、貧困問題を考えようとするなら、「十分な栄養を摂ることができる」、「健康でいられる」、「最低限のまともな家に住むことができる」などの「基本的な機能」や、「自尊心をもつことができる」、「社会的な活動に参加することができる」などの「複雑な機能」に注目するだけで、現実の貧困問題にはかなり対処することができる。貧困問題と言うと「基本的な機能」だけに注目すれば良いと思われがちだが、貧困が社会的排除と深く結び付いていることを考えると、貧困問題を考えるときに「複雑な機能」を考慮しないわけにはいかない。従来の平等主義者が関心を寄せてきたのはこのような社会的弱者に対する配慮である。

では、「持てる能力を十分に発揮できる」という「機能」はどうだろうか。ある人たちにとってはそれが非常に重要であり、その機会は平等に与えられるべきだと主張するだろう。従来の平等主義に対する不満は、その機会が奪われていることから生じている。しかし、センによれば、これも平等を追求していると捉え直すことができる。それを示すために、センは「不足分」というものを定義する。分かりやすくするために、所得を用いて説明してみよう。今、AとBの二人がいて、Aは一〇〇万円稼ぐことができるのに、Bは一〇万円しか稼ぐことができないとする。もし、ふたりの所得を平等にするために、Aに一〇万円分しか働くことを認めないとしよう。このとき、Aは九〇万円分の犠牲を強いられることになり、それをセンは「不足分」と定義する。これは、人の能力を有効に活用していないという意味で非効率性を示している。一方、Bは一〇万円を稼いでいるから、「不足分」は〇円である。どちらも現実の稼ぎは一〇万円なので結果的には平等に見えるが、「不足分」で見ると、九〇万円と〇円という大きな差が存在する。この大きな「不足分の不平等」は、社会の損失を示しており、「総体的な観点」からこの不平等は減らすべきだと論じることができる。ここでは、所得を用いて説明したが、人の「機能」を用いても同じ議論をすることができる。その場合、「不足分」とは、自分にはできることなのに、その能力を発揮することができない状況を指している。例えば、足の速い子に、足の遅い子と一緒にゴールすることを求めるようなものである。結果だけを見れば平等であっても、「自分の持てる能力を十分に発揮できること」という「機能」の面では、とても不平等になっている。

センによれば、私たちは、ある意味ですべて平等主義者である。しかし、「平等主義者だ」と言われて、それを素直に受け入れる人と、そうでない人ははっきり分かれるように思われる。両者の差は「何の平等か」にはっきり表れていて、前者は、「最低限の暮らしができること」といった基本的な「機能」に関心があるのに対して、後者は「持てる能力を十分に発揮できること」といった「機能」に関心がある。「自由か平等か」という論争は、これらの「機能」のレベルで捉えることができる。しかし、二者択一的に選択を迫るのは他者に対する配慮を欠いていて、本当の意味で平等ではない。それは、一つの立場から見た平等であり、その意味で「特殊な平等論」である。すべての人に配慮するのが「平等の一般理論」であり、センの議論はその枠組みを提示している。セン自身の立場は社会的弱者の方に近いと思われるが、公平な立場で不平等を論じているという点で一般的である。「公平な第三者の視点」の重要性についてセンは『正義のアイデア』(明石書店、二〇一一年)の中で詳しく論じている。

「機会の平等」と「結果の平等」

以上の議論は、一九九〇年代に日本で行なわれた「機会の平等」か「結果の平等」かという議論に関連している。当時の議論は、自由至上主義者による従来の平等主義への批判としてなされたもので、その主張は、「結果の平等」ではなく、新しい平等は「機会の平等」でなければならないとするものである。

従来の「平等」を攻撃するために新しい「平等」を持ち出すというやり方については、センも本書で指摘している通りである。このようなやり方は、一方だけを選択することを迫るという形をとり、それは選挙の場面などでしばしば用いられ、一方の大勝に終わることもある。しかし、このような政治的な問題設定は、しばしば理性的な議論を妨げる。もともと二者択一的でないものを、まるで二者択一的なものであるかのように問題を設定し、一方を葬り去るようなやり方はまともなものではない。「機会の平等」か

「結果の平等」かと問われた時、その一方だけを選ばなければならないものなのだろうか。「機会の平等」はだれにとっても大切なものである。「結果の平等」を求める平等主義者であっても「機会は平等に開かれるべきだ」と主張するに違いない。例えば、働く機会が奪われているために貧困に陥っている人は、「働く機会を平等に与えるべきだ」と主張するだろう。「機会の不平等」が「結果(所得)の不平等」をもたらしていると考えられる場合には、平等主義者は両方とも求めるに違いない。逆に、「機会の平等」が「結果(所得)の不平等」に結びつくこともある。例えば、有利な立場にいる人が、さらに有利な機会を求めて、「機会の平等」を主張する場合である。いずれの立場であっても「機会の平等」を重要だと考えているのだから、議論は「機会の平等」に有利な結果に終わるのは予想されるところである。しかし、「機会の平等」が支持されたという理由で「結果の平等」が否定されたわけではない。

問題はふたつあるように思われる。ひとつは、「機会」の内容が曖昧だということである。すでに指摘したように、「機会」という言葉から思い浮かべるものは立場によって大きく異なる。それぞれの立場の人たちが、自分にとって重要な機会を思い浮かべて議論していれば、だれもが「機会の平等」を支持するだろう。もっとまともな議論をしたいなら「どんな機会か」まで特定しなければならない。センが「機能」として例示するものは、そこまで具体的に限定したものである。議論の立て方は、理性的な議論が可能となるような形で行なわれる必要がある。

もうひとつの問題は、ふたつの選択肢を提示し、そのうちのひとつだけを選択させるというやり方である。人はたったひとつの基準で行動しているわけではないのに、ひとつの基準だけで行動しているかのように選択を迫っている。経済学では、「個人は自分自身の効用を最大化する」と仮定しているために、ボランティアのように他者のために行動するという行為は「愚か者」と見なされる。ボランティアも自分自身の効用のためにやっているという解釈も可能だが、自分自身のためにやっているのか、他者のためにやっているのかさえ分からない方が「愚か者」であり、センはそれを「合理的な愚か者」と呼んだ(『合理的な愚か者——経済学＝倫理学的探究』勁草書房、一九八九年)。人は様々な「価値を認めるもの」を持っているにもかかわらず、たったひとつのものを選択させるのは間違っている。

ひとりの人が多様な価値を持っているのと同様に、社会にも多様な価値を持った人がいる。そのような多様性を尊重することは重要なことであり、決してひとつの価値を押し付けるべきではない。それぞれの価値を人として互いに尊重し合い、その上でそれらをどのように調和させ、民主的に合意に導き、良い社会を築いていくかが、センが社会的選択の分野で追究してきたことである。センと同じように「何の平等か」という議論から始めるとしても、そこからたったひとつの「価値を認めるもの」を選択させ、それを押し付けるのはセンのやり方ではない。

ここで、「機会の平等」か「結果の平等」かという議論をセンの表現に置き換えてみよう。「機会」と「結果」は、それぞれ「自由／潜在能力」と「達成された成果」である。人は、その人が持っている実現可能な選択肢(つまり、「自由」であり「潜在能力」)から、その人の価値判断に従ってその人が望ましいと判断するものを選択し、選択した結果が「達成された成果」となる。センはその選択に関しては個人の価値判断を尊重し、「達成された成果」の平等は求めない。センがしばしば言及する例は断食である。「飢えない」という選択肢はすべての人が持つべきだが、政治的宗教的な理由から断食をして「飢えること」を選択した人に食べることを強制するのはその人の自由に反している。大事なのは、「飢えない」という選択肢を持っ・て・い・るということであり、その選択肢を実際に選択するかどうかは、各個人に任せられるべきものである。こう言ってしまうと、センは「機会の平等」を主張する人たちと同じ意見を持っているように思えてくるが、両者の立場はまったく違う。「機会の平等」を主張する人たちは自分自身のことに主な関心があるのに対して、センは、不利な立場に置かれた人たちの方に強い関心がある。しかし、センは一方のことだけを考えているのではなく、他方の立場も忘れない。本当の平等主義は、すべての人に配慮することを忘れない。

潜在能力という訳語について

最後に「潜在能力」という訳語について述べておきたい。「潜在能力」はCapabilityの訳語である。私は、潜在能力という訳語には問題があると考えており、最近では「ケイパビリティ」という言葉を使っている。それにもかかわらず、本書では「潜在能力」という訳語を用いるのは、最初の翻訳で「潜在能力」を用いたからであり、それを変更するのは大変な作業となるからである。

潜在能力という訳語が適切でないことは、例えば「潜在能力の平等」について考えてみればすぐに分かる。持って生まれた潜在能力を平等にすることはできないし、もし生まれつき人は同じ潜在能力を持っているとすると、潜在能力を平等にすることには意味がない。このようにセンの意味での「潜在能力」と、私たちが日常用いる潜在能力との間には大きなズレがあり、それが誤解を招く結果になっている。潜在能力という訳語にもメリットはあった。なじみやすく、また「子どもの潜在能力は無限だ」というような明るい未来を予感させる言葉であり、多くの人々に受け入れられる上では大いに貢献したと思うが、それは間違った解釈を招くというマイナス効果を伴っていた。例えば、貧困問題に応用して、「貧しい人々が持っている潜在能力を伸ばすことが貧困解消につながる」と議論されたりするが、これは間違った使い方である。潜在能力は経営学の分野でも用いられる言葉らしく、著名な経営学者が「セン教授も言っているように、会社の業績を伸ばすためには社員の潜在能力を伸ばすべきだ」と言ったりするのも間違った解釈である。この場合、会社の成長が目的で、社員はそのための道具と見なされており、それは人々の暮らしに焦点を合わせる「人間開発」の発想ではない。ちなみに、「人間開発」を「経済発展のために人間の能力を開発する」とする解釈も同様に経済優先の「経済開発」の考え方であって、人間優先の考え方ではない。

センの「潜在能力」と日常的に用いられる潜在能力の違いがどこにあるかをもう少し厳密に考えておくことは、センの「潜在能力」の理解の助けとなろう。私たちが「子どもの潜在能力は無限だ」と言うとき、今は実現していないことを指しており、またそれが将来実現できるかどうかも確かでないことも多い。しかし、センの「潜在能力」は、今の時点で実際に実現可能なものだけを指している。そこから実際に選択し、実現したものは顕在化しており、潜在的ではない。潜在的なのは、実現可能であるにもかかわらず、選択しなかったものである。例えば、断食をする人は、「飢えない」という選択肢を持っているにもかかわらず、それを選択しなかったためにそれは潜在的なままに留まっている。このようにセンの「潜在能力」には潜在的なものと顕在化したものの両方が含まれており、それらをまとめて「潜在能力」とすれば誤解と混乱を招くことになる。

潜在能力という訳語がもたらしたもうひとつの誤解は、「潜在能力」を「○○をする能力」というような「特別な能力」と見なすものである。例えば、「所得を潜在能力に転換する能力」である。センの文章にはこのような表現がしばしば出てくるが、それは「潜在能力」の説明とは違う文脈で論じられている。この解釈が間違っているのは、この意味で「潜在能力の平等」を追求したとしても、そもそも所得に大きな不平等があれば不平等の解決にはならないことから分かるだろう。

注

(1) その後、平等が悪と見なされるようになると「保守」と「革新」は逆転し、今や「平等な仕組み」を壊すことが「革新」となり、それを拒もうとすることが「保守」となった。ただし「革新」という言葉は使われず、「変化」という言葉が、誰もが好んで用いる言葉になった。大事なのは「どのように変えていくか」なのに、その内容については曖昧にされたまま、どの陣営も「変えること」を叫んでいる。

本書は一九九九年七月、岩波書店より刊行された。岩波現代文庫版刊行にあたり、単行本刊行後の動向を踏まえ、「現代日本の不平等についての議論とセンの不平等論」を付加した。

岩波現代文庫創刊二〇年に際して

二一世紀が始まってからすでに二〇年が経とうとしています。この間のグローバル化の急激な進行は世界のあり方を大きく変えました。世界規模で経済や情報の結びつきが強まるとともに、国境を越えた人の移動は日常の光景となり、今やどこに住んでいても、私たちの暮らしは世界中の様々な出来事と無関係ではいられません。しかし、グローバル化の中で否応なくもたらされる「他者」との出会いや交流は、新たな文化や価値観だけではなく、摩擦や衝突、そしてしばしば憎悪までをも生み出しています。グローバル化にともなう副作用は、その恩恵を遥かにこえていると言わざるを得ません。

今私たちに求められているのは、国内、国外にかかわらず、異なる歴史や経験、文化を持つ「他者」と向き合い、よりよい関係を結び直してゆくための想像力、構想力ではないでしょうか。

新世紀の到来を目前にした二〇〇〇年一月に創刊された岩波現代文庫は、この二〇年を通して、哲学や歴史、経済、自然科学から、小説やエッセイ、ルポルタージュにいたるまで幅広いジャンルの書目を刊行してきました。一〇〇〇点を超える書目には、人類が直面してきた様々な課題と、試行錯誤の営みが刻まれています。読書を通した過去の「他者」との出会いから得られる知識や経験は、私たちがよりよい社会を作り上げてゆくために大きな示唆を与えてくれるはずです。

一冊の本が世界を変える大きな力を持つことを信じ、岩波現代文庫はこれからもさらなるラインナップの充実をめざしてゆきます。

（二〇二〇年一月）

不平等の再検討——潜在能力と自由
アマルティア・セン

2018年10月16日　第1刷発行
2024年6月5日　第5刷発行

訳　者　池本《いけもと》幸生《ゆきお》　野上《のがみ》裕生《ひろき》　佐藤《さとう》　仁《じん》

発行者　坂本政謙

発行所　株式会社　岩波書店
〒101-8002 東京都千代田区一ツ橋2-5-5

案内 03-5210-4000　営業部 03-5210-4111
https://www.iwanami.co.jp/

印刷・精興社　製本・中永製本

ISBN 978-4-00-600393-7　Printed in Japan

索　引

人名索引

あ 行

アトキンソン(A. B. Atkinson)　41, 42, 51, 167, 174
アリストテレス(Aristotle)　7, 89, 93, 95, 177, 207, 267
アロー(K. J. Arrow)　54
イェーツ(W. B. Yeats)　118
ウォルシュ(V. Walsh)　126
オッテン(M. W. Otten)　200

か 行

ガンディー(M. Gandhi)　208
カント(I. Kant)　26, 273
クズネッツ(S. Kuznets)　x
クライン(F. Klein)　viii, xvi
クラーク(J. B. Clark)　213
クワイン(W. Quine)　vii
コルム(S. Ch. Kolm)　167

さ 行

サミュエルソン(P. A. Samuelson)　54
スキャンロン(T. M. Scanlon)　20, 26
スミス(A. Smith)　206, 209

た 行

タウンゼンド(P. Townsend)　209
ダルトン(H. Dalton)　35, 168, 169, 171, 173
ドゥウォーキン(R. Dworkin)　20, 55, 56, 60, 61, 64, 70, 141, 142, 158, 260

な 行

ヌスバウム(M. C. Nussbaum)　210
ネーゲル(T. Nagel)　20
ノージック(R. Nozick)　xvi, 5, 20, 30, 31, 38, 156

は 行

バイツ(C. R. Beitz)　73
ハイレ・セラシエ(Emperor Haile Selassie)　137, 138, 153
バウアー(P. T. Bauer)　213, 225, 232
バーグソン(A. Bergson)　54
ハート(H. L. A. Hart)　150
バーリン(I. Berlin)　114
ハルサーニ(J. C. Harsanyi)　246
ブキャナン(J. M. Buchanan)　20
フランクフルト(H. Frankfurt)　23, 45
ブリソン(S. Brison)　122
プルードン(P. J. Proudhon)　213

ヘアー(R. M. Hare)　246
ボルダ(J. C. Borda)　187, 204

ま 行

マルクス(K. Marx)　90, 95, 213-217
ミル(J. S. Mill)　267

ら 行

リー(D. Rae)　34
ルーズベルト(F. Roosevelt)　116, 129
レットウィン(W. Letwin)　22
ローマー(J. Roemer)　141, 158
ロールズ(J. Rawls)　ix, 12, 20, 27, 38, 49, 50, 55, 56, 60, 61, 70, 133-151, 154, 156, 157, 163, 164, 167, 256-261, 272

事項索引

あ 行

アトキンソン指標　170-174
インセンティブ　14, 15
　——問題(論)　226, 247, 249-254, 270
エージェンシー　97, 111, 117-121, 128
　——としての自由　98, 101-106, 119
　——としての成功　99, 100, 123
　——としての達成　97, 98, 104, 115, 119
エンタイトルメント　vi, xv, 230, 236
OEI　16
オプションの視点　57-59

か 行

階級　10, 12, 14, 15, 88, 120, 196, 211-213, 217
格差原理　12, 38, 134, 140, 155, 164, 256
カースト　10, 88, 217, 260
仮想的選択　110, 112-116, 129, 243
カテゴリーの過ち　33
寛容の原理　136, 139
飢餓　112, 116, 117, 128, 137, 138
機会均等　11
飢饉　128
帰結主義　92
基礎的潜在能力　93
基礎的平等　28, 30, 31, 38, 133, 236-239, 243, 245
機能　ix, 7, 13, 67, 68, 70, 72-75, 79-87, 142-145, 192, 193, 210, 221, 242
　——ベクトル　166, 240
基本財　x, 12, 20, 55, 61, 70, 134, 140-148, 256
基本的ニーズ　192, 193
共通部分アプローチ　76, 77, 94
共通部分順序　240

空間　3, 6, 9, 17, 61
　──の複数性　159
経済的平等　23
結合原理　132
顕示選好アプローチ　58
顕示選好理論　64, 65
原初状態　138
公正　27, 164
　──としての正義　12, 38, 49, 133, 140, 142, 148, 167, 256, 261
厚生主義　92, 132, 166
　──者　72, 92
厚生に基づく不平等評価　168
効用　53, 85, 86, 168
　──アプローチ　14
　──主義　50
功利主義　ix, 21, 54, 71, 85, 86, 92, 131, 166, 173, 246
　──アプローチ　54
　──者　72, 86, 235
効率性　12, 15, 36, 37, 244, 249, 254, 255, 271
合理的な愚か者　123
コントロールとしての自由　101, 109-113, 243

さ 行

作業上の非対称性　250, 257, 270
ジェンダー　xiii, xiv, 10, 12-15, 88, 196, 211, 218-221, 252, 261
資源　20, 55, 61, 70
実質所得　56, 57, 70, 74
社会的厚生　42
　──関数　54
社会的選択理論　54, 62
自由　ix, 31-33
自由主義　ix
焦点の多様性　2-4
焦点変数　2-5, 29, 36, 40, 81, 127
消費者理論　82, 83, 95
情報的基礎　9, 36, 37, 83, 84, 112, 131, 132, 142, 151, 185, 188
所得ギャップ　184
所得分配　3, 5, 40, 41, 43, 160, 168, 169, 173, 184, 186, 218
心理的尺度　86, 87
成果　6
生活の質　53, 89, 192
生活の良さ　67
正義に基づく不平等評価　167
正義の政治的構想　135, 139, 143, 146, 157
選好アプローチ　16
潜在能力　ix, 7, 8-13, 67-75, 79-82, 85-88, 93, 94, 98, 142-145, 147, 150-152, 154, 155, 159, 164, 166, 173, 177, 189, 192-202, 207, 209, 210, 218, 220-222, 224, 226, 230, 238, 240, 242, 248, 250, 252, 254, 256-266, 268, 271, 272
　──アプローチ　10, 14, 70-75, 78, 81, 85, 86, 88, 91, 94, 234, 240, 264, 265
　──集合　68, 70, 81-84, 155, 242, 264
セン指標　181, 187
選択肢　107, 108, 115
選択の視点　57-59
選択の自由　57-59, 70, 80, 82, 83, 101

総体的な観点　12, 164, 244, 245, 254, 255

た 行

達成するための自由　7, 8, 53-55, 61, 68, 80, 98, 103, 120, 121, 127, 147, 234, 261, 262
ダルトンの移転原理　35, 180, 181
断食　83
力(パワー)としての自由　124
到達度　161-165, 177
　──の平等　162-165, 177, 255
道徳上の運　123, 124, 129

な 行

人間の多様性　viii, 2, 9, 15, 28, 30, 40, 148, 159, 162, 211, 233, 237, 251, 253

は 行

パターン化　5, 30
パレート最適　37, 244, 245
ビュリダンのろば　123, 129
評価空間　29, 70-72
評価領域　245
平等主義　4, 5, 21-25, 38, 40, 44-46, 49
　──者　vi, 31, 235
平等の弱公理　45
貧困　13, 183-200, 202, 203, 206-210
　──者比率　183-185, 188
　──線　183, 195, 196
　──の定義　183, 190
ファジー尺度　94
ファジー集合　94, 267
ファジー選好　267
不完全性　75, 78, 79, 240, 241
複数性　3, 33, 118, 233, 237-241, 243, 245, 266, 269
不足分　161-163, 165, 168, 175-177
　──の平等　162, 163, 165, 255, 256
部分順序　77-79
部分優越順序　75-77
普遍性　27
ボルダ法によるウェイト付け　187

ま 行

マキシミン　163, 164
　──原理　132, 157, 164, 259

や 行

優越順序　71, 75-77
有効な自由　8, 109-112, 114, 124, 150, 243
豊かさ　53

ら 行

リバタリアン　vii, xv, xvi, 20, 30-33, 212, 235, 236, 248
領域　211, 212, 218, 223, 224, 233, 235-238, 244-248, 250, 254
　──の複数性　233
「領域間違い」論　247

参考文献

Ackerman, B. A.(1980). *Social Justice in the Liberal State*(New Haven, Conn.: Yale University Press).

— (1984). 'The Storrs Lectures: Discovering the Constitution', *Yale Law Journal*, 93.

— (1988). 'Neutralities', mimeographed, Yale Law School.

Adelman, I.(1975). 'Development Economics—A Reassessment of Goals', *American Economic Review*, Papers and Proceedings, 65.

— and Morris, C. T.(1973). *Economic Growth and Social Equity in Developing Countries*(Stanford, Calif.: Stanford University Press)[村松安子訳『経済成長と社会的公正』東洋経済新報社, 1978年].

Agarwal, B.(1986). 'Women, Poverty and Agricultural Growth in India', *Journal of Peasant Studies*, 13.

— (1991). 'Social Security and the Family: Coping with Seasonality and Calamity in Rural India', in Ahmad *et al.*(1991).

Ahluwalia, M. S.(1974). 'Income Inequality: Some Dimensions of the Problem', in Chenery *et al.*(1974).

— (1978). 'Rural Poverty and Agricultural Performance in India', *Journal of Development Studies*, 14.

Ahmad, E., and Hussain, A.(1991). 'Social Security in China: A Historical Perspective', in Ahmad *et al.*(1991).

—, Drèze, J., Hills, J., and Sen, A.(1991)(eds.). *Social Security in Developing Countries*(Oxford: Clarendon Press).

Ahmed, I.(1983). 'Technology and Rural Women in the Third World', *International Labour Review*, 122.

Ahooja-Patel, K.(1980)(ed.). *Women at Work*(Geneva: ILO).

Ahtisaari, M.(1991). 'Amartya Sen's Capability Approach to

the Standard of Living', Jonathan Lieberson Memorial Prize Essay, mimeographed, Columbia University.

Aigner, D. J., and Heins, A. J.(1967). 'A Social Welfare View of the Measurement of Income Inequality', *Review of Income and Wealth*, 13.

Akerlof, G.(1978). 'The Economics of "Tagging"', *American Economic Review*, 68.

—(1984). *An Economic Theorist's Book of Tales*(Cambridge: Cambridge University Press)[幸村千佳良・井上桃子訳『ある理論経済学者のお話の本』ハーベスト社, 1995年].

Alamgir, M.(1978). *Bangladesh: A Case of Below Poverty Level Equilibrium Trap*(Dhaka: Bangladesh Institute of Development Studies).

—(1980). *Famine in South Asia—The Political Economy of Mass Starvation in Bangladesh*(Cambridge, MA: Oelgeschlager, Gunn and Hain).

Aldrich, J.(1977). 'The Dilemma of a Paretian Liberal: Some Consequences of Sen's Theory', *Public Choice*, 30.

Allardt, E.(1981). 'Experiences from the Comparative Scandinavian Welfare Study, with a Bibliography of the Project', *European Journal of Political Research*, 9.

—(1993). 'Having, Loving, Being: An Alternative to the Swedish Model of Welfare Research', in Nussbaum and Sen (1993).

Allen, T.(1988). 'The Impossibility of the Paretian Liberal and its Relevance to Welfare Economics', *Theory and Decision*, 24.

—(1991). 'Economic Development and the Feminization of Poverty', in Folbre *et al.*(1991).

Amiel, Y., and Cowell, F.(1989). 'Measurement of Income Inequality: Experimental Test vs. Questionnaire', Discussion

Paper TIDI/140, STICERD, London School of Economics.

Amsden, A. H.(1980)(ed.). *The Economics of Women and Work*(Harmondsworth: Penguin).

Anand, S.(1977). 'Aspects of Poverty in Malaysia', *Review of Income and Wealth*, 23.

—(1983). *Inequality and Poverty in Malaysia*(New York: Oxford University Press).

— and Harris, C.(1990). 'Food and Standard of Living: An Analysis Based on Sri Lankan Data', in Drèze and Sen (1990), vol. 1.

— and —(1992). 'Issues in the Measurement of Undernutrition', in Osmani(1992a).

— and Kanbur, R.(1984). 'Inequality and Development: A Reconsideration', in Nissen(1984).

— and —(1986). 'Inequality and Development: A Critique', mimeographed, St Catherine's College, Oxford, and Warwick University.

— and —(1990). 'Public Policy and Basic Needs Provision: Intervention and Achievement in Sri Lanka', in Drèze and Sen(1990), vol. 3.

Anckar, D., and Berndtson, E.(1984)(eds.). *Essays on Democratic Theory*(Tampera: Finnpublishers).

Annas, J.(1993). 'Women and the Quality of Life: Two Norms or One?', in Nussbaum and Sen(1993).

Apffel Marglin, F., and Marglin, S. A.(1990)(eds.). *Dominating Knowledge: Development, Culture, Resistance*(Oxford: Clarendon Press).

Archibald, G. C., and Donaldson, D.(1979). 'Notes on Economic Inequality', *Journal of Public Economics*, 12.

Aristotle. *The Nicomachean Ethics*, English trans. in Ross (1980)[高田三郎訳『ニコマコス倫理学』(全2冊), 岩波書店, 1971-73年].

Arneson, R.(1989a). 'Equality and Equality of Opportunity for Welfare', *Philosophical Studies*, 56.
— (1989b). 'Paternalism, Utility and Fairness', *Revue Internationale de Philosophie*, 43.
— (1990a). 'Liberalism, Distributive Subjectivism, and Equal Opportunity for Welfare', *Philosophy and Public Affairs*, 19.
— (1990b). 'Primary Goods Reconsidered', *Nous*, 24.
— (1990c). 'Neutrality and Utility', *Canadian Journal of Philosophy*, 20.
— (1991). 'A Defence of Equal Opportunity for Welfare', *Philosophical Studies*, 62.
Arrow, K. J.(1951). *Social Choice and Individual Values*(New York: Wiley).
— (1963). *Social Choice and Individual Values*, 2nd extended edn.(New York: Wiley)[長名寛明訳『社会的選択と個人的評価』日本経済新聞社, 1977年].
— (1977). 'Extended Sympathy and the Possibility of Social Choice', *American Economic Review*, 67.
— (1982a). 'Risk Perception in Psychology and Economics', *Economic Inquiry*, 20.
— (1982b). 'Why People Go Hungry', *New York Review of Books*, 29(15 July).
— (1983). 'Behaviour under Uncertainty and its Implications for Policy', in B. P. Stigum and F. Wenstop(eds.), *Foundations of Utility and Risk Theory with Applications*(Dordrecht: Reidel).
— (1991)(ed.). *Markets and Welfare*(London: Macmillan).
— and Intriligator, M.(1986). *Handbook of Mathematical Economics*, iii(Amsterdam: North-Holland).
Article 19(1990). *Starving in Silence: A Report on Famine and Censorship*, ed. Frances D'Souza(London: Article 19).
Asahi, J.(1987). 'On Professor Sen's Capability Theory', mim-

eographed, Tokyo.

Aslanbeigui, N., and Summerfield, G.(1989). 'Impact of the Responsibility System on Women in Rural China: An Application of Sen's Theory of Entitlements', *World Development*, 17.

Aspremont, C. d'(1985). 'Axioms for Social Welfare Ordering', in Hurwicz, Schmeidler, and Sonnenschein(1985).

— and Gevers, L.(1977). 'Equity and the Informational Basis of Collective Choice', *Review of Economic Studies*, 46.

Atkinson, A. B.(1970a). *Poverty in Britain and the Reform of Social Security*(Cambridge: Cambridge University Press).

—(1970b). 'On the Measurement of Inequality', *Journal of Economic Theory*, 2.(Repr. in Atkinson 1983.)

—(1972). *Unequal Shares*(London: Allen Lane, The Penguin Press).

—(1975). *The Economics of Inequality*(Oxford: Clarendon Press)[佐藤隆三・高川清明訳『不平等の経済学』時潮社, 1981年].

—(1983). *Social Justice and Public Policy*(Brighton: Wheatsheaf and Cambridge, MA: MIT Press).

—(1987). 'On the Measurement of Poverty', *Econometrica*, 5.

—(1989). *Poverty and Social Security*(New York: Harvester Wheatsheaf).

—(1991a). 'The Social Safety Net', mimeographed, STICERD, London School of Economics.

—(1991b). 'What is Happening to the Distribution of Income in the UK?', Keynes Lecture, British Academy.

—(1991c). 'On Targeting', mimeographed, STICERD, London School of Economics.

— and Bourguignon, F.(1982). 'The Comparison of Multidimensional Distributions of Economic Status', *Review of Eco-*

nomic Studies, 49.
— and — (1987). 'Income Distribution and Differences in Needs', in Feiwel (1987).
— and Stiglitz, J. E. (1980). *Lectures on Public Economics* (London: McGraw-Hill).
Auerbach, A., and Feldstein, M. (1987). *Handbook of Public Economics* (Amsterdam: North-Holland).
Austen-Smith, D. (1979). 'Fair Rights', *Economic Letters*, 4.
— (1982). 'Restricted Pareto and Rights', *Journal of Economic Theory*, 26.
Babu, S. C. (1986). 'Identifying the Poor—A Development Approach: Case Study of a South Indian Village', unpub. manuscript, Iowa State University.
Ball, S. W. (1987). 'Choosing between Choice Models of Ethics: Rawlsian Equality, Utilitarianism, and the Concept of Persons', *Theory and Decision*, 22: 3.
Banerjee, N. (1979). 'Women in Urban Labour Market', *Labour Capital and Society*, 12.
— (1982). *Unorganised Women Workers: The Calcutta Experience* (Calcutta: Centre for Studies in Social Sciences).
Banister, J. (1987). *China's Changing Population* (Stanford, Calif.: Stanford University Press).
Bardhan, K. (1985). 'Women's Work, Welfare and Status', *Economic and Political Weekly*, 20 (21-8 Dec.).
Bardhan, P. (1974a). 'On the Incidence of Poverty in Rural India in the Sixties', in Srinivasan and Bardhan (1974).
— (1974b). 'On Life and Death Questions', *Economic and Political Weekly*, 9 (Special Number).
— (1984). *Land Labour and Rural Poverty: Essays in Development Economics* (New York: Columbia University Press).
— (1987). 'On the Economic Geography of Sex Disparity in Child Survival in India', mimeographed, University of Cali-

fornia, Berkeley.
— (1988). 'Sex Disparity in Child Survival in Rural India', in Srinivasan and Bardhan (1988).
Barnes, J. (1980). 'Freedom, Rationality and Paradox', *Canadian Journal of Philosophy*, 10.
Barry, B. (1986). 'Lady Chatterly's Lover and Doctor Fischer's Bomb Party: Liberalism, Pareto Optimality and the Problem of Objectional Preferences', in Elster and Hylland (1986).
Barten, A. P. (1964). 'Family Composition, Prices and Expenditure Patterns', in P. Hart *et al.* (eds.), *Econometric Analysis for National Economic Planning* (London: Butterworth).
Basu, A. (1988). *Culture, the Status of Women and Demographic Behaviour* (New Delhi: National Council of Applied Economic Research).
— *et al.* (1986). 'Sex Bias in Intrahousehold Food Distribution: Roles of Ethnic and Socioeconomic Characteristics', *Current Anthropology*, 27.
Basu, K. (1979). *Revealed Preference of Governments* (Cambridge: Cambridge University Press).
— (1984). 'The Right to Give Up Rights', *Economica*, 51.
— (1987a). 'Achievements, Capabilities and the Concept of Well-Being', *Social Choice and Welfare*, 4.
— (1987b). 'Axioms for Fuzzy Measures of Inequality', *Mathematical Social Sciences*, 14.
— (1989). 'A Theory of Association: Social Status, Prices and Markets', *Oxford Economic Papers*, 41.
Batra, R., and Pattanaik, P. (1972). 'On Some Suggestions for Having Non-Binary Social Choice Functions', *Theory and Decision*, 3: 1–11.
Bauer, P. T. (1981). *Equality, the Third World and Economic Delusion* (Cambridge, MA: Harvard University Press).
Baumol, W. J. (1986). *Superfairness* (Cambridge, MA: MIT

Press).

Bayer, R., Caplan, A. L., and Daniels, N.(1983) (eds.). *In Search of Equity: Health Needs and the Health Care System*(New York: Plenum Press).

Becker, G. S.(1965). 'A Theory of the Allocation of Time', *Economic Journal*, 75.

—— (1981). *A Treatise on the Family*(Cambridge, MA: Harvard University Press).

Beckerman, W.(1979). *The Impact of Income Maintenance Programmes on Poverty in Four Developing Countries*(Geneva: ILO).

—— and Clark, S.(1982). *Poverty and Social Security in Britain since 1961*(Oxford: Clarendon Press).

Bedau, H. A.(1971) (ed.). *Justice and Equality*(Englewood Cliffs, NJ: Prentice-Hall).

Behrman, J. R.(1988). 'Intrahousehold Allocation of Nutrients in Rural India: Are Boys Favoured? Do Parents Exhibit Inequality Aversion?', *Oxford Economic Papers*, 40.

—— (1992). 'Intra-household Allocation of Nutrients and Gender Effects: A Survey of Structural and Reduced-form Estimates', in Osmani(1992a).

—— and Deolalikar, A. B.(1988). 'Health and Nutrition', in Chenery and Srinivasan(1988).

——, Pollak, R., and Taubman, P.(1989). 'Family Resources, Family Size, and Access to Financing for College Education', *Journal of Political Economy*, 97.

Beitz, C. R.(1986). 'Amartya Sen's *Resources, Values and Development*', *Economics and Philosophy*, 2.

Bellman, R. E., and Zadeh, L. A.(1970). 'Decision Making in a Fuzzy Environment', *Management Science*, 17.

Beneria, O.(1982) (ed.). *Women and Development: The Sexual Division of Labour in Rural Societies*(New York: Praeger).

Bentham, J.(1789). *An Introduction to the Principles of Morals and Legislation*(London: Payne).(Republished Oxford: Clarendon Press, 1907.)[山下重一訳『道徳および立法の諸原理序説』(『世界の名著』38), 中央公論社, 1967年]

Bentzel, R.(1970). 'The Social Significance of Income Distribution Statistics', *Review of Income and Wealth*, 16.

Bergmann, B.(1986). *The Economic Emergence of Women*(New York: Basic Books).

Bergson, A.(1938). 'A Reformulation of Certain Aspects of Welfare Economics', *Quarterly Journal of Economics*, 52.

—— (1966). *Essays in Normative Economics*(Cambridge, MA: Harvard University Press).

Berlin, I.(1955-56). 'Equality as an Ideal', *Proceedings of the Aristotelian Society*, 56.

—— (1969). *Four Essays on Liberty*, 2nd edn.(London: Oxford University Press)[小川晃一・福田歓一・小池銈・生松敬三訳『自由論』みすず書房, 2000年].

Bernholz, P.(1974). 'Is a Paretian Liberal Really Impossible?', *Public Choice*, 19.

—— (1980). 'A General Social Dilemma: Profitable Exchange and Intransitive Group Preferences', *Zeitschrift für Nationalökonomie*, 40.

Besley, T.(1989). 'Ex Ante Evaluation of Health Status and the Provision for Ill-Health', *Economic Journal*, 99.

—— and Kanbur, R.(1988). 'Food Subsidies and Poverty Alleviation', *Economic Journal*, 98.

Béteille, A.(1969)(ed.). *Social Inequality*(Harmondsworth: Penguin Books).

—— (1977). *Inequality among Men*(Oxford: Blackwell).

—— (1981). *The Backward Classes and the New Social Order*(Delhi: Oxford University Press).

—— (1983a). *The Idea of Natural Inequality and Other Essays*

(Delhi: Oxford University Press).
—— (1983b) (ed.). *Equality and Inequality* (Delhi: Oxford University Press).
—— (1987). 'Equality as a Right and as a Policy', *LSE Quarterly*, 1.
—— (1990). 'Distributive Justice and Institutional Well-Being', text of V. T. Krishnamachari Lecture, mimeographed, Delhi School of Economics.
Beus, J. de (1989). *Markt, Democratie en Vrijhe* (Market, Democracy and Freedom) (Amsterdam: Tjeenk Willink, Zwolle), in Dutch.
Bezembinder, Th., and van Acker, P. (1979). 'A Note on Sen's Partial Comparability Model', mimeographed, Department of Psychology, Katholieke Universiteit, Nijmegen.
—— and —— (1986). 'Factual versus Representational Utilities and their Interdimensional Comparisons', mimeographed, Department of Psychology, Katholieke Universiteit, Nijmegen.
Bhargava, A. (1991). 'Malnutrition and the Role of Individual Variation with Evidence from India and the Phillippines', mimeographed, Department of Economics, University of Houston.
Bhattacharya, N., and Chatterjee, G. S. (1988). 'A Further Note on Between-States Variation in Level of Living in Rural India', in Srinivasan and Bardhan (1988).
——, —— and Pal, P. (1988). 'Variations in Levels of Living across Regions and Social Groups', in Srinivasan and Bardhan (1988).
Bhatty, I. Z. (1974). 'Inequality and Poverty in Rural India', in Srinivasan and Bardhan (1974).
Bhatty, Z. (1980). 'Economic Role and the Status of Women: A Case Study of Women in the Beedi Industry in Allahabad',

ILO working paper.
Bhuiya, A., *et al.*(1986). 'Socioeconomic Determinants of Child's Nutritional Status: Boys versus Girls', *Food and Nutrition Bulletin*, 8.
Bigman, D.(1985). 'Aggregate Poverty Measures and the Aggregation of Individual Poverty: A Reconsideration of Sen's Axiomatic Approach', unpub. manuscript, The Hebrew University of Jerusalem.
—(1986). 'On the Measurement of Poverty and Deprivation', Working Paper No. 8602, The Center for Agricultural Economics Research, The Hebrew University of Jerusalem.
Binmore, K., and Dasgupta, P.(1987)(eds.). *The Economics of Bargaining*(Oxford: Blackwell).
Biswas, T.(1987). 'Distributive Justice and Allocation by the Market: On the Characterization of a Fair Market Economy', *Mathematical Social Sciences*, 14.
Blackorby, C.(1975). 'Degrees of Cardinality and Aggregate Partial Ordering', *Econometrica*, 43.
— and Donaldson, D.(1977). 'Utility versus Equity: Some Plausible Quasi-Orderings', *Journal of Public Economics*, 7.
— and —(1978). 'Measures of Relative Equality and their Meaning in Terms of Social Welfare', *Journal of Economic Theory*, 18.
— and —(1980). 'Ethical Indices for the Measurement of Poverty', *Econometrica*, 48.
— and —(1984). 'Ethically Significant Ordinal Indexes of Relative Inequality', *Advances in Econometrics*, 3.
— and —(1988). 'Adult-Equivalence Scales and the Economic Implementation of Interpersonal Comparisons of Well-Being', mimeographed, University of British Columbia.
— and —(1990). 'A Welfarist Proof of Arrow's Theorem', *Recherches économiques de Louvain*, 56.

——, —— and Auersperg, M.(1981). 'A New Procedure for the Measurement of Inequality within and among Population Subgroups', *Canadian Journal of Economics*, 14.

——, —— and Weymark, J.(1984). 'Social Choice with Interpersonal Utility Comparisons: A Diagrammatic Introduction', *International Economic Review*, 25.

Blair, D. H.(1988). 'The Primary-Goods Indexation Problem in Rawls' *Theory of Justice*', *Theory and Decision*, 24.

Blau, J. H.(1975). 'Liberal Values and Independence', *Review of Economic Studies*, 42.

Blaxter, K., and Waterlow, J. C.(1985) (eds.). *Nutritional Adaptation in Man*(London: John Libbey).

Bliss, C. J.(1993). 'Life-Style and the Standard of Living', in Nussbaum and Sen(1993).

Borda, J. C.(1781). 'Mémoire sur les élections au scrutin', *Mémoires des l'Académie Royale des Sciences*, English trans. by A. de Grazia, *Isis*, 44(1953).

Bos, D., Rose, M., and Seidl, C.(1986) (eds.). *Welfare and Efficiency in Public Economics*(Berlin: Springer-Verlag).

Boserup, E.(1970). *Women's Role in Economic Development* (London: Allen and Unwin).

—— (1987). 'Inequality between the Sexes', in J. Eatwell, M. Milgate, and P. Newman(eds.), *The New Palgrave: A Dictionary of Economics*, ii(London: Macmillan).

—— (1990). 'Economic Change and the Roles of Women', in Tinker(1990a).

Bourguignon, F.(1979). 'Decomposable Income Inequality Measures', *Econometrica*, 47.

—— (1990). 'Growth and Inequality in the Dual Model of Development', *Review of Economic Studies*, 57.

—— and Fields, G.(1990). 'Poverty Measures and Anti-Poverty Policy', *Recherches économiques de Louvain*, 56.

Braithwaite, R. B.(1955). *Theory of Games as a Tool for the Moral Philosopher*(Cambridge: Cambridge University Press).

Brandt, R. B.(1979). *A Theory of the Good and the Right*(Oxford: Clarendon Press).

Brannen, J., and Wilson, G.(1987)(eds.). *Give and Take in Families*(London: Allen and Unwin).

Brenkert, G. G.(1980). 'Freedom and Private Property in Marx', in M. Cohen, Nagel, and Scanlon(1980).

— (1983). *Marx's Ethics of Freedom*(London: Routledge).

Breyer, F.(1977). 'The Liberal Paradox, Decisiveness over Issues, and Domain Restrictions', *Zeitschrift für Nationalökonomie*, 37.

— and Gardner, R.(1980). 'Liberal Paradox, Game Equilibrium and Gibbard Optimum', *Public Choice*, 35.

— and Gigliotti, G. A.(1980). 'Empathy and the Respect for the Right of Others', *Zeitschrift für Nationalökonomie*, 40.

Brock, D.(1993). 'Quality of Life Measures in Health Care and Medical Ethics', in Nussbaum and Sen(1993).

Broder, I. E., and Morris, C. T.(1983). 'Socially Weighted Real Income Comparisons: An Application to India', *World Development*, 11.

Broome, J.(1978). 'Choice and Value in Economics', *Oxford Economic Papers*, 30.

— (1987). 'What's the Good of Equality?', in J. Hey(ed.), *Current Issues in Macroeconomics*(London: Macmillan).

— (1988). 'What is Wrong with Poverty', *London Review of Books*, 10(19 May).

Brown, M., and Chuang, C. F.(1980). 'Intra-Household Power and Demand for Shared Goods', mimeographed, SUNY, Buffalo.

Bryceson, D. F.(1985). *Women and Technology in Developing*

Countries(Santo Domingo: United Nations).
Buchanan, A. E.(1982). *Marx and Justice*(London: Methuen).
Buchanan, J. M.(1975). *The Limits of Liberty*(Chicago: University of Chicago Press)[加藤寛監訳／黒川和美・関谷登・大岩雄次郎訳『自由の限界』秀潤社, 1977年].
—— (1984). 'On the Ethical Limits of Taxation', *Scandinavian Journal of Economics*, 86.
—— (1986). *Liberty, Market and the State*(Brighton: Wheatsheaf Books).
—— and Tullock, G.(1962). *The Calculus of Consent*(Ann Arbor, Mich.: University of Michigan Press)[宇多川璋仁監訳／米原淳七郎他訳『公共選択の理論』東洋経済新報社, 1979年].
Buhmann, B., Rainwater, L., Schmaus, G., and Smeeding, T. M.(1988). 'Equivalence Scales, Well-Being, Inequality and Poverty: Sensitivity Estimates across Ten Countries using the Luxembourg Income Study Data Base', *Review of Income and Wealth*, 34.
Burman, S.(1979)(ed.). *Fit Work for Women*(London: Croom Helm).
Buvinic, M., Lycette, M., and McGreevey, W.(1983)(eds.). *Women and Poverty in the Third World*(Baltimore: Johns Hopkins Press).
Campbell, D. E.(1976). 'Democratic Preference Functions', *Journal of Economic Theory*, 12.
—— (1989). 'Equilibrium and Efficiency with Property Rights and Local Consumption Externalities', *Social Choice and Welfare*, 6.
Case, A., and Katz, L.(1990). 'The Company You Keep: Effects on Family and Neighborhood on Disadvantaged Youth', mimeographed, Harvard University.
Cassen, R.(1978). *India: Population, Economy, Society*(Lon-

don: Macmillan).

Chakravarty, L.(1986). 'Poverty Studies in the Context of Agricultural Growth and Demographic Pressure(Case of Post-Independence India)', mimeographed, Indraprastha College, Delhi University.

Chakravarty, S.(1969). *Capital and Development Planning* (Cambridge, MA: MIT Press).

Chakravarty, S. R.(1981). 'On Measurement of Income Inequality and Poverty', Ph. D. thesis(Indian Statistical Institute, Calcutta).

— (1983a). 'Ethically Flexible Measures of Poverty', *Canadian Journal of Economics*, 16.

— (1983b). 'Measures of Poverty Based on Income Gap', *Sankhya*, 45.

— (1984). 'Normative Indices for Measuring Social Mobility', *Economics Letters*, 15.

— (1988). 'Extended Gini Indices of Inequality', *International Economic Review*, 29.

— (1990). 'Distributional Implications of Minimum Sacrifice Principle', mimeographed, Indian Statistical Institute.

— and Chakraborty, A. B.(1984). 'On Indices of Relative Deprivation', *Economics Letters*, 14.

— and Dutta, B.(1987). 'A Note on Measures of Distance between Income Distributions', *Journal of Economic Theory*, 41.

— and Roy, T.(1985). 'Measurement of Fuzziness: A General Approach', *Theory and Decision*, 19.

—, Dutta, B., and Weymark, D.(1985). 'Ethical Indices of Income Mobility', *Social Choice and Welfare*, 2.

Chapman, B.(1983). 'Rights as Constraints: Nozick vs. Sen', *Theory and Decision*, 15.

Chen, L. C.(1986). 'Primary Health Care in Developing Coun-

tries: Overcoming Operational, Technical and Social Barriers', *Lancet*, 2.
——, Huq, E., and D'Souza, D.(1981). 'Sex Bias in the Family Allocation of Food and Health Care in Rural Bangladesh', *Population and Development Review*, 7.
Chen, M.(1986a). *A Quiet Revolution: Women in Transition in Rural Bangladesh*(Dhaka: BRAC).
—— (1986b). 'Poverty, Gender and Work in Bangladesh', *Economic and Political Weekly*, 21(1 Feb.).
—— (1991). 'A Matter of Survival: Women's Right to Work in India and Bangladesh', paper presented at the WIDER conference on 'Human Capabilities: Women, Men and Equality', 14–16 August.
Chenery, H. B., and Srinivasan, T. N.(1988)(eds.). *Handbook of Development Economics*, I(Amsterdam: North-Holland).
——, Ahluwalia, M. S., Bell, C. L. G., Duloy, J. H., and Jolly, R.(1974)(eds.). *Redistribution with Growth*(Oxford: Clarendon Press).
Chichilnisky, G.(1980). 'Basic Needs and Global Models', *Alternatives*, 6.
Chipman, J.(1985). 'The Theory of Measurement of Income Distribution', *Advances in Econometrics*, 4.
Clark, J. B.(1902). *Distribution of Wealth*(London: Macmillan)［田中敏弘・本郷亮訳『富の分配(近代経済学古典選集 第2期)』日本経済評論社，2007年］.
Clark, S., and Hemming, R.(1981). 'Aspects of Household Poverty in Britain', *Social Policy and Administration*, 15.
——, —— and Ulph, D.(1981). 'On Indices for the Measurement of Poverty', *Economic Journal*, 91.
Clemhout, A.(1979). 'A Life-Cycle Theory of Marriage and Divorce: A Pareto Optimal Differential Game Model', in P. Liu and J. F. Sutinen(eds.), *Control Theory in Mathematical*

Economics(New York: Marcel Dekker).
Clemhout, S., and Wan, H. Y., Jr.(1979). 'Symmetric Marriage, Household Decision Making and Impact on Fertility', Working Paper 152, Cornell University.
Cohen, G. A.(1978). *Karl Marx's Theory of History: A Defence* (Oxford: Clarendon Press).
— (1986). 'Self-Ownership, World Ownership, and Equality', *Social Philosophy and Policy*, 3.
— (1988). *History, Labour and Freedom: Themes from Marx*(Oxford: Clarendon Press).
— (1989). 'On the Currency of Egalitarian Justice', *Ethics*, 99.
— (1990). 'Equality of What? On Welfare, Goods and Capabilities', *Recherches économiques de Louvain*, 56.
— (1993). 'Equality of What? On Welfare, Resources and Capabilities', in Nussbaum and Sen(1993).
Cohen, M., Nagel, T., and Scanlon, T.(1980)(eds.). *Marx, Justice and History*(Princeton, NJ: Princeton University Press).
Colander, D.(1984)(ed.). *Neoclassical Political Economy*(Boston: Ballinger Press).
Cooper, T. C.(1971). 'Poverty', unpub. manuscript, St Hugh's College, Oxford.
Coughlin, P. C.(1986). 'Libertarian Concessions of the Private Pareto Rule', *Economica*, 53.
Cowell, F. A.(1977). *Measuring Inequality*(New York: Wiley).
— (1980). 'On the Structure of Additive Inequality Measures', *Review of Economic Studies*, 47.
— (1985). 'Measures of Distributional Change: An Axiomatic Approach', *Review of Economic Studies*, 52.
— (1986). 'Poverty Measures, Inequality and Decomposability', in Bos, Rose, and Seidl(1986).
— (1988). 'Social Welfare Functions and Income Inequality',

London School of Economics.
— and Kuga, K.(1981). 'Inequality Measurement: An Axiomatic Approach', *European Economic Review*, 15.
Crocker, D. A.(1983). *Praxis and Democratic Socialism*(Brighton: Harvester Press).
—(1991a). 'Toward Development Ethics', *World Development*, 19.
—(1991b). 'Functioning and Capability: The Foundations of Sen's Development Ethic', IDEA Montclair Workshop, mimeographed, Colorado State University.
Crocker, L.(1980). *Positive Liberty*(London: Martinus Nijhoff).
Culyer, A. J.(1986). 'The Scope and Limits of Health Economics', in Gérard Gäfgen(ed.), *Ökonomie des Gesundheitswesens*(Berlin: Dunker and Humbolt).
Dahlby, B. G.(1987). 'Interpreting Inequality Measures in a Harsanyi Framework', *Theory and Decision*, 22.
Dahrendorf, R.(1988). *The Modern Social Conflict: An Essay on the Politics of Liberty*(London: Weidenfeld & Nicolson)［加藤秀治郎・檜山雅人訳『現代の社会紛争』世界思想社, 2000年］.
Dalton, H.(1920). 'The Measurement of the Inequality of Incomes', *Economic Journal*, 30.
—(1925). *Inequality of Incomes*(London: Routledge).
Daniels, H.(1983). 'Health Care Needs and Distributive Justice', in Bayer, Caplan, and Daniels(1983).
Daniels, N.(1975)(ed.). *Reading Rawls*(Oxford: Blackwell).
Danziger, S. H., and Weinberg, D. H.(1986). *Fighting Poverty: What Works and What Doesn't*(Cambridge, MA: Harvard University Press).
Das, V., and Nicholas, R.(1981). '"Welfare" and "Well-Being" in South Asian Societies', ACLS-SSRC Joint Committee on South Asia(New York: SSRC).

Das Gupta, M.(1987). 'Selective Discrimination against Female Children in Rural Punjab, India', *Population and Development Review*, 13.

Dasgupta, B.(1977). *Village Society and Labour Use*(Delhi: Oxford University Press).

Dasgupta, P.(1980). 'Decentralization and Rights', *Economica*, 47.

— (1982). *The Control of Resources*(Oxford: Blackwell).

— (1986). 'Positive Freedom, Markets and the Welfare State', *Oxford Review of Economic Policy*, 2.

— (1988). 'Lives and Well-Being', *Social Choice and Welfare*, 5.

— (1989). 'Power and Control in the Good Polity', in A. Hamlin and Pettit(1989).

— (1990). 'Well-Being and the Extent of its Realization in Poor Countries', *Economic Journal*, 100.

— and Hammond, P.(1980). 'Fully Progressive Taxation', *Journal of Public Economics*, 13.

— and Heal, G.(1979). *Economic Theory and Exhaustible Resources*(London: James Nisbet and Cambridge: Cambridge University Press).

— and Ray, D.(1990). 'Adapting to Undernutrition: Clinical Evidence and its Implications', in Drèze and Sen(1990), vol. 1.

—, Sen, A. K., and Starrett, D.(1973). 'Notes on the Measurement of Inequality', *Journal of Economic Theory*, 6.

Davidson, D.(1986). 'Judging Interpersonal Interests', in Elster and Hylland(1986).

Deaton, A.(1980). 'The Measurement of Welfare: Theory and Practical Guidelines', LSMS Working Paper 7, The World Bank.

— (1987). 'The Allocation of Goods within the Household:

Adults, Children and Gender', mimeographed, Princeton University.
— (1988). 'Household Behavior in Developing Countries', Occasional Paper No. 1, Economic Growth Center, Yale University.
— and Muellbauer, J. (1980). *Economics and Consumer Behaviour* (Cambridge: Cambridge University Press).
— and — (1986). 'On Measuring Child Costs with Applications to Poor Countries', *Journal of Political Economy*, 94.
Deb, R. (1989). 'Rights as Alternative Game Forms: Is There a Difference of Consequence', mimeographed, Southern Methodist University.
Delbono, F. (1986). Review article on *Commodities and Capabilities, Economic Notes* (Siena), 15.
De Leonardo, O., Maurie, D., and Rotelli, F. (1986). 'Deinstitutionalization, Another Way: The Italian Mental Health Reform', *Health Promotion*, 1.
Den Hartog, A. P. (1973). 'Unequal Distribution of Food within the Household', *FAO Newsletter*, 10: 4 (Oct.-Dec.).
Desai, M. J. (1984). 'A General Theory of Poverty', *Indian Economic Review*, 19.
— (1988). 'The Economics of Famine', in Harrison (1988).
— (1990). 'Poverty and Capability: Towards an Empirically Implementable Measure', mimeographed, London School of Economics.
— and Shah, A. (1988). 'An Econometric Approach to the Measurement of Poverty', *Oxford Economic Papers*, 40.
—, Boltvinnik, J., and Sen, A. K. (1991). *Social Progress Index* (Bogota: UNDP).
Diewert, W., and Montmarquette, C. (1983) (eds.). *Price Level Measurement* (Ottawa: Statistics Canada).
Dixon, R. (1982). 'Mobilizing Women for Rural Employment in

South Asia: Issues of Class, Caste and Patronage', *Economic Development and Cultural Change*, 30.

— (1983). 'Land Labour and the Sex Composition of the Agricultural Labour Force: An International Comparison', *Development and Change*, 14.

Dobb, M. H. (1937). *Political Economy of Capitalism* (London: Routledge) [岡稔訳『政治経済学と資本主義』岩波書店, 1968年].

Donaldson, D., and Roemer, J. E. (1987). 'Social Choice in Economic Environments with Dimensional Variation', *Social Choice and Welfare*, 4.

— and Weymark, J. A. (1980). 'A Single-Parameter Generalization of the Gini Indices of Inequality', *Journal of Economic Theory*, 22.

— and — (1986). 'Properties of Fixed-Population Poverty Indices', *International Economic Review*, 27.

Drewnowski, J. (1978). 'The Affluence Line', *Social Indicators Research*, 5.

Drèze, J., and Sen, A. (1989). *Hunger and Public Action* (Oxford: Clarendon Press).

— and — (1990). *The Political Economy of Hunger*, 3 vols. (Oxford: Clarendon Press).

— and Stern, N. H. (1987). 'The Theory of Cost Benefit Analysis', in Auerbach and Feldstein (1987).

D'Souza, F. (1988). 'Famine: Social Security and an Analysis of Vulnerability', in Harrison (1988).

— (1990). 'Preface', in Article 19 (1990).

Dutta, B. (1978). 'On the Measurement of Poverty in Rural India', *Indian Economic Review*, 15.

— (1980). 'Intersectoral Disparities and Income Distribution in India: 1960–61 to 1973–74', *Indian Economic Review*, 15.

— and Ray, D. (1989). 'A Concept of Egalitarianism under

Participation Constraints', *Econometrica*, 57.

Dworkin, G.(1982). 'Is More Choice Better than Less?', *Midwest Studies in Philosophy*, 7.

Dworkin, R.(1978). *Taking Rights Seriously*, 2nd edn.(London: Duckworth)[木下毅・野坂泰司・小林公訳『権利論』, 木鐸社, 2003年].

—— (1981). 'What is Equality? Part 1: Equality of Welfare', and 'What is Equality? Part 2: Equality of Resources', *Philosophy and Public Affairs*, 10.

—— (1985). *A Matter of Principle*(Cambridge, MA: Harvard University Press).

—— (1987). 'What is Equality? III: The Place of Liberty', *Iowa Law Review*, 73.

Dyson, T.(1987). 'Excess Female Mortality in India: Uncertain Evidence on a Narrowing Differential', mimeographed, London School of Economics.

Ebert, U.(1987). 'Size and Distribution of Incomes as Determinants of Social Welfare', *Journal of Economic Theory*, 41.

—— (1988). 'Measurement of Inequality: An Attempt at Unification and Generalization', *Social Choice and Welfare*, 5.

Edgeworth, F. Y.(1881). *Mathematical Psychics*(London: Kegan Paul).

Edwards, R. C., Reich, M., and Weisskopf, T.(1986) (eds.). *The Capitalist System*(Englewood Cliffs, NJ: Prentice-Hall).

Eichhorn, W.(1988a) (ed.). *Measurement in Economics: Theory and Applications in Economic Indices*(Heidelberg: Physica-Verlag).

—— (1988b). 'On a Class of Inequality Measures', *Social Choice and Welfare*, 5.

—— and Gehrig, W.(1982). 'Measurement of Inequality in Economics', in B. Korte(ed.), *Modern Applied Mathematics —Optimization and Operations Research*(Amsterdam:

North-Holland).

Elster, J. (1979). *Ulysses and the Sirens* (Cambridge: Cambridge University Press).

— (1986). *Making Sense of Marx* (Cambridge: Cambridge University Press).

— and Hylland, A. (1986) (eds). *Foundations of Social Choice Theory* (Cambridge: Cambridge University Press).

Erikson, R. (1993). 'Descriptions of Inequality: The Swedish Approach to Welfare Research', in Nussbaum and Sen (1993).

— and Aberg, R. (1987). *Welfare in Transition: A Survey of Living Conditions in Sweden* (1968–81) (Oxford: Clarendon Press).

—, Hansen, E. J., Ringen, S., and Uusitalo, H. (1986). *The Scandinavian Model: The Welfare State and Welfare Research* (New York: Sharpe).

Evans, M. (1982) (ed.). *The Woman Question: Readings on the Subordination of Women* (London: Fontana).

Farmer, A. (1988). *The Developing World* (Dublin: Development Education Support Centre).

Farrell, M. J. (1976). 'Liberalism in the Theory of Social Choice', *Review of Economic Studies*, 43.

Feiwel, G. R. (1987) (ed.). *Arrow and the Foundations of the Theory of Economic Policy* (London: Macmillan).

Ferejohn, J. A. (1978). 'The Distribution of Rights in Society', in Gottinger and Leinfellner (1978).

Fields, G. S. (1979). 'A Welfare Economic Approach to Growth and Distribution in the Dual Economy', *Quarterly Journal of Economics*, 93.

— (1980a). *Poverty, Inequality and Development* (Cambridge: Cambridge University Press).

— (1980b). 'Reply', *American Economic Review*, 70.

— (1990). 'Do Inequality Measures Measure Inequality?', mimeographed, Cornell University.

— and Fei, J. C. H.(1978). 'On Inequality Comparisons', *Econometrica*, 46.

— and Jakubson, G. H.(1990). 'The Inequality-Development Relationship in Developing Countries', mimeographed, Cornell University.

Fine, B. J.(1975a). 'A Note on Interpersonal Aggregation and Partial Comparability', *Econometrica*, 43.

— (1975b). 'Individual Liberalism in a Paretian Society', *Journal of Political Economy*, 83.

— (1985). 'A Note on the Measurement of Inequality and Interpersonal Comparability', *Social Choice and Welfare*, 1.

Fisher, F. M.(1956). 'Income Distribution, Value Judgments and Welfare', *Quarterly Journal of Economics*, 70.

— (1986). 'Household Equivalence Scales and Interpersonal Comparisons', mimeographed, MIT.

— (1987). 'Household Equivalence Scales and Interpersonal Comparisons', *Review of Economic Studies*, 54.

— and Shell, K.(1972). *The Economic Theory of Price Indices*(New York: Academic Press).

Fishkin, J. S.(1983). 'Can There Be a Neutral Theory of Justice?', *Ethics*, 93.

Fishlow, A.(1980). 'Who Benefits from Economic Development? Comment', *American Economic Review*, 70.

Floud, R.(1992). 'Anthropometric Measures of Nutritional Status in Industrial Societies: Europe and North America since 1750', in Osmani(1992a).

— and Wachter, K. W.(1982). 'Poverty and Physical Stature: Evidence on the Standard of Living of London Boys 1770–1870', *Social Science History*, 6.

Fogel, R. W.(1986). 'Nutrition and the Decline in Mortality

since 1700: Some Additional Preliminary Findings', Working Paper 182, National Bureau of Economic Research, Cambridge, MA.

— (1992). 'Second Thoughts on the European Escape from Hunger: Crop Yields, Price Elasticities, Entitlements and Mortality Rates', in Osmani (1992a).

—, Engerman, S. L., and Trussell, J. (1982). 'Exploring the Use of Data on Height: The Analysis of Long Term Trends in Nutrition, Labour Welfare and Labour Productivity', *Social Science History*, 6.

Folbre, N. (1984). 'Cleaning House: New Perspectives on Household and Economic Development', mimeographed, New School for Social Research.

—, Bergmann, B., Agarwal, B., and Floro, M. (1991) (eds.). *Women's Work in the World Economy* (London: Macmillan).

Foley, D. (1967). 'Resource Allocation in the Public Sector', *Yale Economic Essays*, 7.

Foster, J. (1984). 'On Economic Poverty: A Survey of Aggregate Measures', *Advances in Econometrics*, 3.

— (1985). 'Inequality Measurement', in H. P. Young (ed.), *Fair Allocation* (Providence, RI: American Mathematical Society).

—, Greer, J., and Thorbecke, E. (1984). 'A Class of Decomposable Poverty Measurement', *Econometrica*, 42.

—, Majumdar, M. K., and Mitra, T. (1988). 'Inequality and Welfare in Exchange Economies', CAE Discussion Paper No. 88-09, Cornell University.

— and Shorrocks, A. F. (1988a). 'Poverty Orderings', *Econometrica*, 56.

— and — (1988b). 'Poverty Orderings and Welfare Dominance', *Social Choice and Welfare*, 5.

— and — (1991). 'Subgroup Consistent Poverty Indices', *Econometrica*, 59.

Fountain, J. (1980). 'Bowley's Analysis of Bilateral Monopoly and Sen's Liberal Paradox in Collective Choice Theory: A Note', *Quarterly Journal of Economics*, 95.

Foxley, A., and Raczynski, D. (1984). 'Vulnerable Groups in Recessionary Situations: The Case of Children and the Young in Chile', *World Development*, 12.

Frank, R. H. (1985). *Choosing the Right Pond: Human Behavior and the Quest for Status* (New York: Oxford University Press).

Frankfurt, H. (1987). 'Equality as a Moral Ideal', *Ethics*, 98.

Fried, C. (1978). *Right and Wrong* (Cambridge, MA: Harvard University Press).

Fuchs, V. R. (1983). *How We Live: An Economic Perspective on Americans from Birth to Death* (Cambridge, MA: Harvard University Press).

Gaertner, W. (1985). 'Justice Constrained Libertarian Claims and Pareto Efficient Collective Decisions', *Erkenntnis*, 23.

— (1986). 'Pareto, Independent Rights Exercising and Strategic Behavior', *Journal of Economics*, 46.

— (1988). 'Review of Commodities and Capabilities', *Journal of Economics*, 48.

— (1993). 'Comment on Cohen and Sen', in Nussbaum and Sen (1993).

— and Krüger, L. (1981). 'Self-Supporting Preferences and Individual Rights: The Possibility of Paretian Liberalism', *Economica*, 48.

— and — (1983). 'Alternative Libertarian Claims and Sen's Paradox', *Theory and Decision*, 15.

—, Pattanaik, P., and Suzumura, K. (1992). 'Individual Rights Revisited', *Economica*, 59.

Gaiha, R.(1985). 'Poverty, Technology and Infrastructure in Rural India', *Cambridge Journal of Economics*, 9.

— and Kazmi, N. A.(1981). 'Aspects of Poverty in Rural India', *Economics of Planning*, 17.

Galbraith, J. K.(1952). *American Capitalism: The Concept of Countervailing Power*(Cambridge, MA: Riverside Press)［新川健三郎訳『アメリカの資本主義』白水社，2016 年］.

— (1958). *The Affluent Society*(Boston: Houghton Mifflin)［鈴木哲太郎訳『ゆたかな社会』岩波書店，2006 年］.

— (1967). *The New Industrial State*(Boston: Houghton Muf-flin)［都留重人監訳『新しい産業国家』河出書房新社，1968 年］.

Gambetta, D.(1987)(ed.). *Trust and Agency*(Oxford: Black-well).

Gärdenfors, P.(1981). 'Rights, Games and Social Choice', *Nous*, 15.

— and Pettit, P.(1989). 'The Impossibility of a Paretian Loyalist', *Theory and Decision*, 27.

Gardiner, J., Himmelweit, S., and Mackintosh, M.(1975). 'Women's Domestic Labour', *Bulletin of the Conference of Socialist Economists*.

Gardner, R.(1980). 'The Strategic Inconsistency of Paretian Liberalism', *Public Choice*, 35.

Gastwirth, J. L.(1975). 'The Estimation of a Family of Mea-sures of Economic Inequality', *Journal of Econometrics*, 3.

Gauthier, D.(1986). *Morals by Agreement*(Oxford: Clarendon Press)［小林公訳『合意による道徳』木鐸社，1999 年］.

Gevers, L.(1979). 'On Interpersonal Comparability and Social Welfare Orderings', *Econometrica*, 47.

Gibbard, A.(1974). 'A Pareto-Consistent Libertarian Claim', *Journal of Economic Theory*, 7.

— (1979). 'Disparate Goods and Rawls' Difference Principle:

A Social Choice Theoretic Treatment', *Theory and Decision*, 11.

— (1986). 'Interpersonal Comparisons: Preference, Good, and the Intrinsic Reward of a Life', in Elster and Hylland (1986).

Gigliotti, G. A.(1988). 'The Conflict between Naive and Sophisticated Choice as a Form of the "Liberal Paradox"', *Theory and Decision*, 24.

Glantz, M. H.(1976). *The Political Economy of Natural Disaster*(New York: Praeger).

Glover, J.(1977). *Causing Death and Saving Lives*(Harmondsworth: Penguin Books).

Goguen, J. A.(1967). 'L-Fuzzy Sets', *Journal of Mathematical Analysis and Applications.*

Goldin, C.(1989). *Understanding the Gender Gap: An Economic History of American Women*(New York: Oxford University Press).

Goldschmidt-Clermont, L.(1982). *Unpaid Work in the Household*(Geneva: ILO).

Goodin, R. E.(1982). *Political Theory and Public Policy*(Chicago: University of Chicago Press).

— (1985). *Protecting the Vulnerable*(Chicago: University of Chicago Press).

— (1986). 'Laundering Preferences', in Elster and Hylland (1986).

— (1987). 'Egalitarianism, Fetishistic and Otherwise', *Ethics*, 98.

— (1988). *Reasons for Welfare: The Political Theory of the Welfare State*(Princeton, NJ: Princeton University Press).

Gopalan, C.(1983). 'Measurement of Undernutrition: Biological Considerations', *Economic and Political Weekly*, 19(9 Apr.).

Gorman, W. M.(1956). 'The Demand for Related Goods', Jour-

nal Paper J 3129, Iowa Experimental Station, Ames, Ia.
— (1976). 'Tricks with Utility Functions', in M. J. Artis and A. R. Nobay (eds.), *Essays in Economic Analysis* (Cambridge: Cambridge University Press).

Gosling, J. C. B. (1969). *Pleasure and Desire* (Oxford: Clarendon Press).

Gottinger, H. W., and Leinfellner, W. (1978) (eds.). Decision Theory and Social Ethics (Dordrecht: Reidel).

Graaff, J. de v. (1946). 'Fluctuations in Income Concentration', *South African Journal of Economics*, 14.

— (1957). *Theoretical Welfare Economics* (Cambridge: Cambridge University Press) [南部鶴彦・前原金一訳『現代厚生経済学』創文社, 1973年].

— (1977). 'Equity and Efficiency as Components of General Welfare', *South African Journal of Economics*, 45.

— (1979). 'Tastes, Values and the Foundations of Normative Economics', paper read at the 6th Interlaken Seminar on Analysis and Ideology.

— (1985). 'Normative Measurement Theory', unpub. manuscript.

Grant, J. P. (1978). *Disparity Reduction Rates in Social Indicators* (Washington, DC: Overseas Development Council).

Gray, J. (1983). *John Stuart Mill's Doctrine of Liberty: A Defence* (London: Routledge and Kegan Paul).

Green, E. T. (1980). 'Libertarian Aggregation of Preferences: What the "Coase Theorem" Might Have Said', Social Science Working Paper No. 315, California Institute of Technology.

Griffin, J. (1981). 'Equality: On Sen's Weak Equity Axiom', *Mind*, 50.

— (1982). 'Modern Utilitarianism', *Revue internationale de philosophie*, 36.

— (1986). *Well-Being* (Oxford: Clarendon Press).
Griffin, K. (1978). *International Inequality and National Poverty* (London: Macmillan).
— and Knight, J. (1989) (eds.). *Human Development in the 1980s and Beyond, Journal of Development Planning*, 19 (Special Number).
Gutmann, A. (1980). *Liberal Equality* (Cambridge: Cambridge University Press).
— (1983). 'For and Against Equal Access to Health Care', in Bayer, Caplan, and Daniels (1983).
Guttamacher, A. F. (1957). *Pregnancy and Birth* (New York: Viking Press).
Gwatkin, D. R., Wilcox, J. R., and Wray, J. D. (1980). 'The Policy Implications of Field Experience in Primary Health and Nutrition', *Social Science and Medicine*, 14C.
Hagenaars, A. J. M., and de Vos, K. (1989). 'A Comparison between the Poverty Concepts of Sen and Townsend', mimeographed.
— and van Praag, B. M. S. (1983). 'A Synthesis of Poverty Line Definitions', Report P3. 01, Center for Research in Public Economics, Leiden University.
Hahn, F. H. (1971). 'Equilibrium with Transaction Costs', *Econometrica*, 39.
— and Hollis, M. (1979) (eds.). *Philosophy and Economic Theory* (Oxford: Clarendon Press).
Haksar, V. (1979). *Equality, Liberty and Perfectionism* (Oxford: Clarendon Press).
Hamada, K., and Takayama, N. (1978). 'Censored Income Distributions and the Measurement of Poverty', *Bulletin of International Statistical Institute*, 47.
Hamlin, A. (1986). *Ethics, Economics and the State* (Brighton: Wheatsheaf Books).

— (1989). 'Rights, Indirect Utilitarianism, and Contractarianism', *Economics and Philosophy*, 5.

— and Pettit, P. (1989) (eds.). *The Good Polity: Normative Analysis of the State* (Oxford: Blackwell).

Hammond, P. J. (1976a). 'Equity, Arrow's Conditions and Rawls' Difference Principle', *Econometrica*, 44.

— (1976b). 'Why Ethical Measures of Inequality Need Interpersonal Comparisons', *Theory and Decision*, 7.

— (1977). 'Dual Interpersonal Comparisons of Utility and the Welfare Economics of Income Distribution', *Journal of Public Economics*, 6.

— (1978). 'Economic Welfare with Rank Order Price Weighting', *Review of Economic Studies*, 45.

— (1981). 'Liberalism, Independent Rights and the Pareto Principle', in J. Cohen (ed.), *Proceedings of the 6th International Congress of Logic, Methodology and Philosophy of Science* (Dordrecht: Reidel).

— (1982). 'Utilitarianism, Uncertainty and Information', in Sen and Williams (1982).

— (1985). 'Welfare Economics', in G. Feiwel (ed.), *Issues in Contemporary Microeconomics and Welfare* (Albany, NY: SUNY Press).

— (1986). 'Consequentialist Social Norms for Public Decisions', in Heller, Starr, and Starrett (1986).

Hammond, R. J. (1951). *History of the Second World War: Food* (London: HMSO).

Hampshire, S. (1982). 'Morality and Convention', in Sen and Williams (1982).

Hansson, B. (1977). 'The Measurement of Social Inequality', in R. Butts and J. Hintikka (eds.), *Foundational Problems in the Special Sciences* (Dordrecht: Reidel).

Hansson, S. O. (1988). 'Rights and the Liberal Paradoxes', *So-*

cial Choice and Welfare, 5.

Hare, R. M.(1952). *The Language of Morals*(Oxford: Clarendon Press)[小泉仰・大久保正健訳『道徳の言語』勁草書房, 1982年].

—— (1963). *Freedom and Reason*(Oxford: Clarendon Press)[山内友三郎訳『自由と理性』勁草書房, 1982年].

—— (1981). *Moral Thinking: Its Levels, Methods and Point*(Oxford: Clarendon Press)[内井惣七・山内友三郎訳『道徳的に考えること』勁草書房, 1994年].

—— (1982). 'Ethical Theory and Utilitarianism', in Sen and Williams(1982).

Harel, A., and Nitzan, S.(1987). 'The Libertarian Resolution of the Paretian Liberal Paradox', *Journal of Economics*, 47.

Harman, G.(1977). *The Nature of Morality*(New York: Oxford University Press).

Harrison, G. A.(1988). *Famines*(Oxford: Clarendon Press).

Harriss, B.(1977). 'Paddy Milling: Problems in Policy and Choice of Technology', in B. F. Farmer(ed.), *The Green Revolution*(London: Billing).

—— (1990). 'The Intrafamily Distribution of Hunger in South Asia', in Drèze and Sen(1990), vol. 1.

—— and Watson, E.(1987). 'The Sex-Ratio in South Asia', in J. H. Momsen and J. Townsend(eds.), *Geography of Gender in the Third World*(London: Hutchinson).

Harsanyi, J. C.(1955). 'Cardinal Welfare, Individualistic Ethics and Interpersonal Comparisons of Utility', *Journal of Political Economy*, 63.

—— (1982). 'Morality and the Theory of Rational Behaviour', in Sen and Williams(1982).

Hart, H. L. A.(1961). *The Concept of Law*(Oxford: Clarendon Press)[矢崎光圀監訳『法の概念』みすず書房, 1976年].

—— (1973). 'Rawls on Liberty and its Priority', *University of*

Chicago Law Review, 40.(Repr. in Daniels 1975.)[小林公・森村進訳『権利・功利・自由』木鐸社, 1987年, 第7章]

Hart, K.(1987). 'Commoditization and the Standard of Living', in Sen *et al.*(1987).

Hausman, D. M., and McPherson, M. S.(1991). 'Taking Morality Seriously: Economics and Contemporary Moral Philosophy', mimeographed, University of Wisconsin and Williams College.

Hawthorn, G.(1987). 'Introduction', in Sen *et al.*(1987).

Hayek, F. A.(1960). *The Constitution of Liberty*(London: Routledge and Kegan Paul)[気賀健三・古賀勝次郎訳『自由の条件I　ハイエク全集』, 春秋社, 2007年].

—(1967). *Studies in Philosophy, Politics, and Economics*(Chicago: University of Chicago Press).

Heller, W. P., Starr, R. M., and Starrett, D. A.(1986)(eds.). *Social Choice and Public Decision Making: Essays in Honor of Kenneth J. Arrow*(Cambridge: Cambridge University Press).

Helm, D.(1986). 'The Assessment: The Economic Borders of the State', *Oxford Review of Economic Policy*, 2.

Helpman, E., and Sadka, E.(1978). 'Optimal Taxation of Full Income', *International Economic Review*, 19.

Hemmell, V., and Sindbjerg, P.(1984). *Women in Rural China: Policy towards Women before and after the Cultural Revolution*(Copenhagen: Scandinavian Institute of Social Studies and Humanities Press).

Hemming, R.(1984). *Poverty and Incentives: The Economics of Social Security*(Oxford: Clarendon Press).

Hicks, J. R.(1939). *Value and Capital*(Oxford: Clarendon Press)[安井琢磨・熊谷尚夫訳『価値と資本』岩波書店, 1995年].

—(1940). 'The Valuation of the Social Income', *Economica*,

7.
Hilpinen, R.(1971)(ed.). *Deontic Logic: Introductory and Systematic Readings*(Dordrecht: Reidel).
Himmelfarb, G.(1984). *The Idea of Poverty*(London: Faber & Faber).
Hirsch, F.(1977). *Social Limits to Growth*(London: Routledge)［都留重人監訳『成長の社会的限界』日本経済新聞社，1980年］.
Hirschman, A. O.(1958). *The Strategy of Economic Development*(New Haven, Conn.: Yale University Press)［小島清監修／麻田四郎訳『経済発展の戦略』巌松堂出版，1961年］.
—— (1982). *Shifting Involvement*(Princeton, NJ: Princeton University Press).
Hobsbawm, E.(1964). *Labouring Men*(London: Weidenfeld and Nicolson)［鈴木幹久・永井義雄訳『イギリス労働史研究』ミネルヴァ書房，1999年］.
—— (1989). *Politics for a Rational Left*(London: Verso).
Honderich, T.(1985)(ed.). *Morality and Objectivity: A Tribute to J. L. Mackie*(London: Routledge and Kegan Paul).
Hossain, I.(1990). *Poverty as Capability Failure*(Helsinki: Swedish School of Economics).
Houthakker, H. S.(1950). 'Revealed Preference and the Utility Function', *Economica*, 17.
Hull, C. H.(1899)(ed.). *The Economic Writings of Sir William Petty*(Cambridge: Cambridge University Press).
Hurley, S.(1985). 'Objectivity and Disagreement', in Honderich (1985).
—— (1989). *Natural Reasons*(Oxford: Clarendon Press).
Hurwicz, L., Schmeidler, D., and Sonnenschein, H.(1985)(eds.). *Social Goals and Social Organisation: Essays in Memory of Elisha Pazner*(Cambridge: Cambridge University Press).
Hussain, A., Liu, H., and Liu, X.(1989). 'Compendium of Litera-

ture on the Chinese Social Security System', mimeographed, London School of Economics.

Hutchens, R. M.(1986). 'Segregation Curves, Lorenz Curves and Inequality in the Distribution of People across Groups', New York School of Industrial and Labor Relations, Cornell University.

Hylland, A.(1986). 'The Purpose and Significance of Social Choice Theory: Some General Remarks and Application to the "Lady Chattererley Problem"', in Elster and Hylland (1986).

Isenman, P.(1980). 'Basic Needs: The Case of Sri Lanka', *World Development*, 7.

Iyengar, N. S.(1989). 'Recent Studies of Poverty in India', *Journal of Quantitative Economics*, 5.

Jain, D.(1985). 'The Household Trap: Report on a Field Survey of Female Activity Patterns', in Jain and Banerjee (1985).

— and Banerjee, N.(1985). *Tyranny of the Household: Investigative Essays on Women's Work*(New Delhi: Vikas).

Jasso, G.(1981). 'Who Gains and Who Loses under Alternative Income Distribution Regimes that have Identical Magnitudes of the Gini Coefficient', *Proceedings of the Social Statistics Section of the American Statistical Association*, 1981.

Jayawardena, K.(1986). *Feminism and Nationalism in the Third World*(London: Zed Books).

Jayawardena, L.(1974). 'Sri Lanka', in Chenery *et al.*(1974).

Jencks, C.(1972). *Inequality*(New York: Basic Books).

Johansson, S. R.(1991). 'Welfare, Mortality and Gender: Continuity and Change in Explanations for Male/Female Mortality Differences over Three Centuries', *Continuity and Change*, 6.

Jorgenson, D. W., and Slesnick, D. T.(1983). 'Individual and

Social Cost of Living Indexes', in Diewert and Montmarquette (1983).

—— and —— (1984a). 'Inequality in the Distribution of Individual Welfare', *Advances in Econometrics*, 3.

—— and —— (1984b). 'Aggregate Consumer Behaviour and the Measurement of Inequality', *Review of Economic Studies*, 51.

—— and —— (1986). 'Redistribution Policy and the Elimination of Poverty', discussion paper, Harvard Institute of Economic Research.

—— and —— (1987). 'Aggregate Consumer Behaviour and Household Equivalence Scales', *Journal of Business and Economic Statistics*, 5.

——, Lau, L. J., and Stoker, T. M. (1980). 'Welfare Comparison under Exact Aggregation', *American Economic Review*, 70.

Kakwani, N. (1980a). *Income, Inequality and Poverty* (New York: Oxford University Press).

—— (1980b). 'On a Class of Poverty Measures', *Econometrica*, 48.

—— (1981). 'Welfare Measures: An International Comparison', *Journal of Development Economics*, 8.

—— (1986). *Analysing Redistribution Policies* (Cambridge: Cambridge University Press).

—— (1988). 'Income Inequality, Welfare and Poverty in a Developing Economy with Applications to Sri Lanka', *Social Choice and Welfare*, 5.

—— (1992). 'Measuring Undernutrition with Variable Calorie Requirements', in Osmani (1992a).

—— and Subbarao, K. (1990). 'Rural Poverty in India, 1973-86', Working Paper WPS 526, The World Bank.

Kalai, E., and Smordinsky, M. (1975). 'Other Solutions to Nash's Bargaining Problem', *Econometrica*, 43.

Kanbur, R. [S. M. R.] (1979). 'Of Risk Taking and Personal Distribution of Income', *Journal of Political Economy*, 87.

— (1982a). 'Entrepreneurial Risk Taking, Inequality and Public Policy', *Journal of Political Economy*, 87.

— (1982b). 'The Measurement and Decomposition of Inequality and Poverty: A Selective Survey', in F. van der Ploeg (ed.), *Handbook of Applicable Mathematics: Economics* (Chichester: John Wiley and Sons).

— (1987). 'The Standard of Living: Uncertainty, Inequality and Opportunity', in Sen *et al.* (1987).

— and Haddad, L. (1990). 'How Serious is the Neglect of Intrahousehold Inequality', *Economic Journal*, 100.

— and Stromberg, J. O. (1986). 'Income Transitions and Income Distribution Dominance', *Journal of Economic Theory*, 96.

Kaneko, M., and Nakamura, M. (1979). 'The Nash Social Welfare Function', *Econometrica*, 47.

Kanger, S. (1957). *New Foundations for Ethical Theory* (Stockholm). (Repr. in Hilpinen 1971.)

— (1972). 'Law and Logic', *Theoria*, 32.

— (1985). 'On Realization of Human Rights', *Acta Philosophica Fennica*, 38.

Kant, I. (1785). *Fundamental Principles of Metaphysics of Ethics*, English trans. by T. K. Abbott (London: Longmans, 1907) [坂部恵・伊古田理・平田俊博訳『カント全集〈7〉実践理性批判・人倫の形而上学の基礎づけ』岩波書店, 2000 年].

— (1788). *Critique of Practical Reason*, English trans. by L. W. Beck (New York: Liberal Arts Press, 1956) [波多野精一・宮本和吉訳／篠田英雄改訳『実践理性批判』岩波書店, 1979 年].

Kapteyn, A., and van Praag, B. M. S. (1976). 'A New Approach to the Construction of Family Equivalent Scales', *European*

Economic Review, 7.

Karni, E.(1978). 'Collective Rationality, Unanimity and Liberal Ethics', *Review of Economic Studies*, 45.

Kelly, J. S.(1976a). 'The Impossibility of a Just Liberal', *Economica*, 43.

—— (1976b). 'Rights-Exercising and a Pareto-Consistent Libertarian Claim', *Journal of Economic Theory*, 13.

—— (1978). *Arrow Impossibility Theorems*(New York: Academic Press).

Kelsey, D.(1985). 'The Liberal Paradox: A Generalization', *Social Choice and Welfare*, 1.

—— (1988). 'What is Responsible for the "Paretian Epidemic"', *Social Choice and Welfare*, 5.

Kern, L.(1978). 'Comparative Distribution Ethics: An Extension of Sen's Examination of the Pure Distribution Problem', in Gottinger and Leinfellner(1978).

Khan, Q. M.(1985). 'A Model of Endowment Constrained Demand for Food in an Agricultural Economy with Empirical Application to Bangladesh', *World Development*, 13.

Kolakowski, L.(1978). *Main Currents of Marxism: Its Origin, Growth and Dissolution*(Oxford: Clarendon Press).

Kolm, S. Ch.(1969). 'The Optimal Production of Social Justice', in Margolis and Guitton(1969).

—— (1976). 'Unequal Inequalities', *Journal of Economic Theory*, 12.

—— (1977). 'Multidimensional Egalitarianism', *Quarterly Journal of Economics*, 91.

Koopmans, T. C.(1964). 'On the Flexibility of Future Preferences', in M. W. Shelley and J. L. Bryan(eds.), *Human Judgments and Optimality*(New York: Wiley).

Kornai, J.(1988). 'Individual Freedom and the Reform of Socialist Economy', *European Economic Review*, 32.

Korsgaard, C.(1993). 'Comments on Cohen and Sen', in Nussbaum and Sen(1993).

Krelle, W., and Shorrocks, A. F.(1978) (eds.). *Personal Income Distribution*(Amsterdam: North-Holland).

Kreps, D.(1979). 'A Representation Theorem for "Preference for Flexibility"', *Econometrica*, 47.

Krishnaji, N.(1987). 'Poverty and the Sex Ratio: Some Data and Speculations', *Economic and Political Weekly*, 22.

Kumar, B. G.(1987). 'Poverty and Public Policy: Government Intervention and Levels of Living in Kerala, India', D. Phil. thesis(Oxford).

—— (1989). 'Gender, Differential Mortality and Development: The Experience of Kerala', *Cambridge Journal of Economics*, 13.

Kumar, A. K. S.(1992). 'Maternal Capabilities and Child Survival in Low Income Regions: Economic Analysis of Infant Mortality Differentials in India', Ph. D. dissertation, Harvard University.

Kundu, A., and Smith, T. E.(1983). 'An Impossibility Theorem on Poverty Indices', *International Economic Review*, 24.

Kuznets, S.(1959). *Six Lectures on Economic Growth*(New York: Free Press of Glencoe).

—— (1966). *Modern Economic Growth*(New Haven, Conn.: Yale University Press)[塩野谷祐一訳『近代経済成長の分析』東洋経済新報社, 1968年].

—— (1973). *Population, Capital and Growth: Selected Essays* (London: Heinemann).

Kynch, J.(1985). 'How Many Women are Enough? Sex Ratios and the Right to Life', *Third World Affairs 1985*(London: Third World Foundation).

—— and Sen, A. K.(1983). 'Indian Women: Well-Being and Survival', *Cambridge Journal of Economics*, 7.

Laden, T.(1991a). 'Games, Fairness and Rawls's *A Theory of Justice'*, *Philosophy and Public Affairs*, 20.
— (1991b). 'Freedom, Preference and Objectivity: Women and the Capability Approach', mimeographed, Department of Philosophy, Harvard University.
Lambert, P. J.(1985). 'Social Welfare and the Gini Coefficient Revisited', *Mathematical Social Sciences*, 9.
— (1989). *The Distribution and Redistribution of Income* (Oxford: Basil Blackwell).
— and Weale, A.(1981). 'Equality, Risk-Aversion and Contractarian Social Choice', *Theory and Decision*, 13.
Lancaster, K. J.(1966). 'A New Approach to Consumer Theory', *Journal of Political Economy*, 74.
— (1971). *Consumer Demand: A New Approach*(New York: Columbia University Press)[桑原秀史訳『消費者需要—新しいアプローチ』千倉書房, 1989年].
Larmore, C.(1987). *Patterns of Moral Complexity*(Cambridge: Cambridge University Press).
Laslett, P.(1991). *A Fresh Map of Life: The Emergence of the Third Age*(Cambridge, MA: Harvard University Press).
Le Breton, K., and Trannoy, A.(1987). 'Measures of Inequality as an Aggregation of Individual Preferences about Income Distribution: The Arrowian Case', *Journal of Economic Theory*, 41.
—, — and Uriarte, J. R.(1985). 'Topological Aggregation of Inequality Preorders', *Social Choice and Welfare*, 2.
Le Grand, J.(1982). *The Strategy of Equality: Redistribution and the Social Services*(London: Allen and Unwin).
— (1984). 'Equity as an Economic Objective', *Journal of Applied Philosophy*, 1.
— (1990). 'Equity versus Efficiency: The Elusive Trade-off', *Ethics*, 10.

— (1991). *Equity and Choice* (London: Harper Collins).

Lehning, P. B. (1989). 'Liberalism and Capabilities: Some Remarks on the Neutrality Debate', mimeographed, Rotterdam University.

Letwin, W. (1983) (ed.). *Against Equality* (London: Macmillan).

Levi, I. (1982). 'Liberty and Welfare', in Sen and Williams (1982).

— (1986). *Hard Choices* (Cambridge: Cambridge University Press).

Lewis, G. W., and Ulph, D. T. (1987). 'Poverty, Inequality and Welfare', Discussion Paper 87/188, University of Bristol.

Lindahl, L. (1977). *Position and Change: A Study of Law and Logic* (Dordrecht: Reidel).

Lindbeck, A. (1988). 'Individual Freedom and Welfare State Policy', *European Economic Review*, 32.

Lipton, M. (1983). 'Poverty, Undernutrition and Hunger', World Bank Staff Working Paper (Washington, DC: The World Bank).

— (1985). 'A Problem in Poverty Measurement', *Mathematical Social Sciences*, 10.

Little, I. M. D. (1950). *A Critique of Welfare Economics* (Oxford: Clarendon Press).

Lopez, A. D., and Ruzicka, L. T. (1983) (eds.). *Sex Differences in Mortality* (Canberra: Department of Demography, Australian National University).

Loury, G. (1987). 'Why Should We Care about Group Inequality?', *Social Philosophy and Policy*, 5.

Loutfi, M. F. (1980). *Rural Women: Unequal Partners in Development* (Geneva: ILO).

Lucas, G. R. (1990). 'African Famine: New Economic and Ethical Perspectives', *Journal of Philosophy*, 87.

Lucas, J. R. (1965). 'Against Equality', *Philosophy*, 40.

—— (1980). *On Justice* (Oxford: Clarendon Press).

Luce, R. D., and Raiffa, H. (1957). *Games and Decisions* (New York: Wiley).

Luker, W. (1986). 'Welfare Economics, Positivist Idealism and Quasi-Experimental Methodology', mimeographed, University of Texas at Austin.

Lukes, S. (1985). *Marxism and Morality* (Oxford: Clarendon Press).

—— (1990). 'Equality and Liberty: Must They Conflict?', mimeographed, European University Institute.

Lydall, H. F. (1966). *The Structure of Earnings* (Oxford: Clarendon Press).

Maasoumi, E. (1986). 'The Measurement and Decomposition of Multidimensional Inequality', *Econometrica*, 54.

—— (1989). 'Continuously Distributed Attributes and Measures of Multivariate Inequality', *Journal of Econometrics*, 42.

McCord, C., and Freeman, H. P. (1990). 'Excess Mortality in Harlem', *New England Journal of Medicine*, 322 (18 Jan.).

McDowell, J. (1981). 'Non-Cognitivism and Rule Following', in S. H. Holtzman and C. M. Leigh (eds.), *Wittgenstein: To Follow a Rule* (London: Routledge and Kegan Paul).

—— (1985). 'Values and Secondary Qualities', in Honderich (1985).

McElroy, M. B., and Horney, M. J. (1981). 'Nash-Bargained Household Decisions: Toward a Generalization of the Theory of Demand', *International Economic Review*, 22.

MacIntyre, I. D. A. (1987). '"The Liberal Paradox: A Generalisation" by D. Kelsey', *Social Choice and Welfare*, 4.

—— (1988). 'Justice, Liberty, Unanimity and the Axioms of Identity', *Theory and Decision*, 24.

Mack, J., and Lansley, S. (1985). *Poor Britain* (London: Allen

and Unwin).

Mackie, J. L.(1978a). *Ethics: Inventing Right and Wrong* (Harmondsworth: Penguin)[加藤尚武監訳『倫理学 ── 道徳を創造する』哲書房, 1990年].

── (1978b). 'Can There be a Rights-Based Moral Theory?', *Midwest Studies in Philosophy*, 3.

── (1986). 'The Combination of Partially-Ordered Preferences', in J. L. Mackie, *Persons and Values* (Oxford: Clarendon Press).

McLean, I.(1980). 'Liberty, Equality and the Pareto Principle', *Analysis*, 40.

MacLeod, A. M.(1984). 'Distributive Justice, Contract and Equality', *Journal of Philosophy*, 81.

McMurrin, S. M.(1980) (ed.). *Tanner Lectures on Human Values*, i (Salt Lake City: University of Utah Press and Cambridge: Cambridge University Press).

McPherson, M. S.(1982). 'Mill's Moral Theory and the Problem of Preference Change', *Ethics*, 92.

── (1984). 'Limits of Self-Seeking: The Role of Morality in Economic Life', in Colander (1984).

Majumdar, T.(1969). 'Revealed Preference and the Demand Theorem in a Not Necessarily Competitive Market', *Quarterly Journal of Economics*, 83.

Manser, M., and Brown, M.(1980). 'Marriage and Household Decision Making: A Bargaining Analysis', *International Economic Review*, 21.

Marcus, R. B.(1980). 'Moral Dilemmas and Consistency', *Journal of Philosophy*, 1977.

Marglin, S. A.(1984). *Growth, Distribution and Prices* (Cambridge, MA: Harvard University Press).

Margolis, J., and Guitton, H.(1969) (eds.). *Public Economics* (London: Macmillan).

Marx, K. (1844). *The Economic and Philosophic Manuscript of 1844*, English trans. (London: Lawrence and Wishart) [城塚登・田中吉六訳『経済学・哲学草稿』岩波文庫, 1964 年].

— (with F. Engels) (1845–46). *The German Ideology*, English trans. (New York: International Publishers, 1947) [廣松渉・小林昌人訳『新編輯版 ドイツ・イデオロギー』岩波書店, 2002 年].

— (1857–58). *Grundrisse: Foundations of the Critique of Political Economy*, English trans. by M. Nicolaus (Harmondsworth: Penguin Books, 1973) [高木幸二郎監訳『経済学批判要綱』(全 5 冊), 大月書店, 1958–68 年].

— (1867). *Capital*, vol. I, English trans. (London: Allen and Unwin, 1938) [向坂逸郎訳『資本論』(全 9 冊), 岩波書店, 1969 年].

— (1875). *Critique of the Gotha Program*, English trans. (New York: International Publishers, 1938) [望月清司訳『ゴータ綱領批判』岩波書店, 1975 年].

Maskin, E. (1978). 'A Theorem on Utilitarianism', *Review of Economic Studies*, 45.

— (1979). 'Decision-Making under Ignorance with Implications for Social Choice', *Theory and Decision*, 11.

Mazumdar, V. (1985). *Emergence of Women's Questions in India and the Role of Women's Studies* (New Delhi: Centre for Women's Development Studies).

Meade, J. E. (1955). *Trade and Welfare* (Oxford: Oxford University Press).

— (1965). *Efficiency, Equity and the Ownership of Property* (Cambridge, MA: Harvard University Press).

— (1976). *The Just Economy* (London: Allen and Unwin) [柴田裕・植松忠博訳『公正な経済』ダイヤモンド社, 1980 年].

Meeks, G. (1991) (ed.). *Thoughtful Economic Man* (Cambridge: Cambridge University Press).

Mehran, F. (1976). 'Linear Measures of Economic Equality', *Econometrica*, 44.

Meyer, M. (1987). 'Multidimensional Correlation and the Measurement of Ex-Post Inequality under Uncertainty', unpub. manuscript, St John's College, Oxford.

Mezzetti, C. (1987). 'Paretian Efficiency, Rawlsian Justice and the Nozick Theory of Right', *Social Choice and Welfare*, 4.

Mies, M. (1982). *The Lace Makers of Nasrapur: Indian Housewives Produce for the World Market* (London: Zed Press).

Miliband, R. (1977). *Marxism and Politics* (Oxford: Clarendon Press) [北西充他訳『マルクス主義政治学入門』青木書店, 1979年].

Mill, J. S. (1859). *On Liberty* (London). (Republished Harmondsworth: Penguin, 1974.) [塩尻公明・木村健康訳『自由論』岩波書店, 1971年].

— (1861). *Utilitarianism* (London) [水田洋訳「功利主義」, 務台理作他責任編集『世界の大思想 28』河出書房新社, 1972年]

Miller, B. (1981). *The Endangered Sex: Neglect of Female Children in Rural North India* (Ithaca, NY: Cornell University Press).

— (1982). 'Female Labor Participation and Female Seclusion in Rural India: A Regional View', *Economic Development and Cultural Change*, 30.

— (1984). 'Child Survival and Sex Differential in the Treatment of Children', *Medical Anthropology*, 8.

Mincer, J. (1962). 'Labor Force Participation of Married Women', in H. G. Lewis (ed.), *Aspects of Labour Economics* (Princeton, NJ: Princeton University Press). (Repr. in Amsden 1980.)

— and Polochek, S. (1974). 'Family Investments in Human Capital Earnings of Women', *Journal of Political Economy*,

82.(Repr. in Amsden 1980.)

Mirrlees, J.(1971). 'An Exploration in the Theory of Optimum Income Taxation', *Review of Economic Studies*, 38.

—— (1974). 'Notes on Welfare Economics, Information and Uncertainty', in M. Baleh, D. McFadden, and S. Wu(eds.), *Essays on Economic Behaviour under Uncertainty*(Amsterdam: North-Holland).

—— (1982). 'The Economic Uses of Utilitarianism', in Sen and Williams(1982).

—— (1986). 'The Theory of Optimal Taxation', in Arrow and Intriligator(1986).

Mitra, A.(1980). *Implications of Declining Sex Ratio in India's Population*(Bombay: Allied Publishers).

Mookherjee, D., and Shorrocks, A.(1982). 'A Decomposition Analysis of the Trends in UK Income Inequality', *Economic Journal*, 92.

Morris, M. D.(1979). *Measuring the Conditions of the World's Poor: The Physical Quality of Life Index*(Oxford: Pergamon Press).

Moulin, H.(1989). 'Welfare Bounds and Fair Allocation of Private Goods', mimeographed, Virginia Polytechnic Institute.

—— (1990). 'Interpreting Common Ownership', *Recherches économiques de Louvain*, 56.

Muellbauer, J.(1974a). 'Household Composition, Engels Curves and Welfare Comparisons between Households: A Duality Approach', *European Economic Review*, 5.

—— (1974b). 'Inequality Measures, Prices and Household Composition', *Review of Economic Studies*, 41.

—— (1978). 'Distributional Aspects of Price Comparisons', in R. Stone and W. Peterson(eds.), *Economic Contributions to Public Policy*(London: Macmillan).

—— (1987). 'Professor Sen on the Standard of Living', in Sen

et al.(1987).

Mueller, D. C.(1979). *Public Choice*(Cambridge: Cambridge University Press)[加藤寛訳『公共選択論』有斐閣, 1993年].

Murray, C., and Chen, L.(1990). 'Health Transitions: Patterns and Dynamics', mimeographed, Center for Population Studies, Harvard University.

Musgrave, R.(1959). *The Theory of Public Finance*(New York: McGraw-Hill)[大阪大学財政研究会訳『財政理論』有斐閣, 1963年].

Nagel, T.(1979). *Mortal Questions*(Cambridge: Cambridge University Press)[永井均訳『コウモリであるとはどのようなことか』勁草書房, 1989年].

—— (1980). 'The Limits of Objectivity', in McMurrin(1980).

—— (1986). *The View from Nowhere*(New York: Oxford University Press).

Nash, J. F.(1950). 'The Bargaining Problem', *Econometrica*, 18.

Newbery, D. M. G.(1970). 'A Theorem on the Measurement of Inequality', *Journal of Economic Theory*, 2.

Ng, Y.-K.(1971). 'The Possibility of a Paretian Liberal: Impossibility Theorems and Cardinal Utility', *Journal of Political Economy*, 79.

—— (1979). *Welfare Economics*(London: Macmillan).

Nissen, H. P.(1984)(ed.). *Towards Income Distribution Policies*(Tilburg: European Association of Development Research and Training Institute).

Nordhaus, W., and Tobin, J.(1972). 'Is Growth Obsolete?', in *National Bureau of Economic Research, Economic Growth: Fiftieth Anniversary Colloquium*(New York: NBER).

Nozick, R.(1973). 'Distributive Justice', *Philosophy and Public Affairs*, 3.

—— (1974). *Anarchy, State and Utopia*(Oxford: Blackwell)[嶋

津格訳『アナーキー・国家・ユートピア ── 国家の正当性とその限界』木鐸社, 1995 年].
── (1989). *The Examined Life* (New York: Simon & Schuster).
Nurmi, H. (1984). 'On Taking Preferences Seriously', in Anckar and Berndtson (1984).
── (1987). *Comparing Voting Systems* (Dordrecht: Reidel).
Nussbaum, M. C. (1985). *Fragility of Goodness: Luck and Ethics in Greek Tragedy and Philosophy* (Cambridge: Cambridge University Press).
── (1988a). 'Nature, Function, and Capability: Aristotle on Political Distribution', *Oxford Studies in Ancient Philosophy* (supplementary volume).
── (1988b). 'Non-Relative Virtues: An Aristotelian Approach', *Midwest Studies in Philosophy*, 13; revised version in Nussbaum and Sen (1993).
── (1991a). 'Human Functioning and Social Justice: In Defence of Aristotelian Essentialism', paper presented at the WIDER conference on 'Human Capabilities: Women, Men and Equality', 14–16 Aug.
── (1991b). 'Emotions and Women's Capabilities', paper presented at the WIDER conference on 'Human Capabilities: Women, Men and Equality', 14–16 Aug.
── and Sen, A. K. (1993) (eds.). *The Quality of Life* (Oxford: Clarendon Press) [竹友安彦監修・水谷めぐみ訳『クオリティー・オブ・ライフ ─ 豊かさの本質とは』里文出版, 2006 年].
Nygrad, F., and Sandstrom, A. (1981). *Measuring Income Inequality* (Stockholm: Almqvist and Wiksell International).
Okin, S. M. (1987). 'Justice and Gender', *Philosophy and Public Affairs*, 16 (Winter).
── (1989). *Justice, Gender and Family* (New York: Basic

Books).
Okun, A.(1975). *Equality and Efficiency: The Big Tradeoff* (Washington: Brookings)[新開陽一訳『平等か効率か』日本経済新聞社, 1976年].
O'Neill, O.(1986). *Faces of Hunger*(London: Allen and Unwin).
—— (1989). *Constructions of Reason: Explorations of Kant's Practical Philosophy*(Cambridge: Cambridge University Press).
—— (1993). 'Justice, Gender and International Boundaries', in Nussbaum and Sen(1993).
Osmani, S. R.(1978). 'On the Normative Measurement of Inequality', *Bangladesh Development Studies*, 6.
—— (1982). *Economic Inequality and Group Welfare*(Oxford: Clarendon Press).
—— (1990a). 'Nutrition and the Economics of Food: Implications of Some Recent Controversies', in Drèze and Sen (1990), vol. 1.
—— (1990b). 'Freedom and the Choice of Space', mimeographed, WIDER, Helsinki.
—— (1992a) (ed.). *Nutrition and Poverty*(Oxford: Clarendon Press).
—— (1992b). 'On Some Controversies in the Measurement of Undernutrition', in Osmani(1992a).
—— (1993). 'Comments', in Nussbaum and Sen(1993).
Otten, M. W., Teutsch, S. M., Williamson, D. F., and Marks, J. S.(1990). 'The Effect of Known Risk Factors in the Excess Mortality of Black Adults in the United States', *Journal of the American Medical Association*, 263(9 Feb.).
Padmanabha, P.(1982). 'Trends in Morality', *Economic and Political Weekly*, 17(7 Aug.).
Palmer, J., Smeeding, T., and Torrey, B.(1988). *The Vulnerable: America's Young and Old in the Industrial World*

(Washington, DC: Urban Institute Press).

Panikar, P. G. K., and Soman, C. R.(1984). *Health Status of Kerala*(Trivandrum: Centre for Development Studies).

Pant, P., *et al.*(1962). *Perspective of Development 1961–1976. Implications of Planning for a Minimum Level of Living* (New Delhi: Planning Commission of India).

Pantulu, Y. V.(1980). 'On Sen's Measure of Poverty', mimeographed, Sardar Patel Institute of Economic and Social Research.

Papanek, H.(1990). 'To each less than she needs, from each more than she can do: Allocations, Entitlements and Value', in Tinker(1990a).

Parfit, D.(1984). *Reasons and Persons*(Oxford: Clarendon Press)[森村進訳『理由と人格』勁草書房, 1998 年].

Pattanaik, P. K.(1988). 'On the Consistency of Libertarian Values', *Economica*, 55.

— and Sengupta, M.(1991). 'A Note on Sen's Normalization Axiom for a Poverty Measure', mimeographed.

— and Xu, Y.(1990). 'On Ranking Opportunity Sets in Terms of Freedom of Choice', *Recherches économiques de Louvain*, 56.

Payne, P. R.(1985). 'Nutritional Adoption in Man: Social Adjustments and their Nutritional Implications' in Blaxter and Waterlow(1985).

— and Lipton, M., with Longhurst, R., North, J., and Treagust, S.(1988). 'How Third World Rural Households Adapt to Dietary Energy Stress', mimeographed, International Food Policy Research Institute, Washington, DC.

Pazner, E. A., and Schmeidler, D.(1974). 'A Difficulty in the Concept of Fairness', *Review of Economic Studies*, 41.

Peacock, A. T., and Rowley, C. K.(1972). 'Welfare Economics and the Public Regulation of Natural Monopoly', *Journal of*

Political Economy, 80.

Pen, J.(1971). *Income Distribution: Facts, Theories, Policies* (New York: Praeger).

Perelli-Minetti, C. R.(1977). 'Nozick on Sen: A Misunderstanding', *Theory and Decision*, 8.

Petty, W.(1676). *Political Arithmetick*.(Republished in Hull 1899.)[大内兵衛・松川七郎訳『政治算術』岩波書店, 1955年]

Phelps, E. S.(1973)(ed.). *Economic Justice*(Harmondsworth: Penguin).

— (1977). 'Recent Developments in Welfare Economics: Justice et équité', in M. D. Intriligator, *Frontiers of Quantitative Economics*, iii(Amsterdam: North-Holland).(Repr. in Phelps 1980.)

— (1980). *Studies in Macroeconomic Theory*, ii. *Redistribution and Growth*(New York: Academic Press).

Pigou, A. C.(1952). *The Economics of Welfare*, 4th edn. with eight new appendices(London: Macmillan)[気賀健三他訳『厚生経済学』(全4冊), 東洋経済新報社, 1953-55年].

Plott, C.(1978). 'Rawls' Theory of Justice: An Impossibility Result', in Gottinger and Leinfellner(1978).

Pogge, T. W.(1989). *Realizing Rawls*(Ithaca, NY: Cornell University Press).

Pollak, R. A., and Wales, T. J.(1979). 'Welfare Comparisons and Equivalent Scales', *American Economic Review*, 69.

— and —(1981). 'Demographic Variables in Demand Analysis', *Econometrica*, 49.

Preston, S., Keyfitz, N., and Schoen, R.(1972). *Causes of Death: Life Tables of National Populations*(New York: Seminar Press).

Putnam, H.(1987). *The Many Faces of Realism*(La Salle, Ill.: Open Court).

—— (1993). 'Objectivity and the Science/Ethics Distinction', in Nussbaum and Sen (1993).

Putnam, R. A. (1991). 'Why Not a Feminist Theory of Justice?', paper presented at the WIDER conference on 'Human Capabilities: Women, Men and Equality', 14–16 Aug.

Putterman, L. (1986). *Peasants, Collectives, and Choice* (Greenwich, Conn.: JAI Press).

Pyatt, G. (1976). 'On the Interpretation and Disaggregation of Gini Coefficients', *Economic Journal*, 86.

—— (1987). 'Measuring Welfare, Poverty and Inequality', *Economic Journal*, 97.

Rae, D. (1981). *Equalities* (Cambridge, MA: Harvard University Press).

Ram, N. (1990). 'An Independent Press and Anti-Hunger Strategies: The Indian Experience', in Drèze and Sen (1990), vol. 1.

Ramachandran, V. K. (1990). *Wage Labour and Unfreedom in Agriculture* (Oxford: Clarendon Press).

Ramsey, F. P. (1928). 'A Mathematical Theory of Saving', *Economic Journal*, 38.

—— (1978). *Foundations: Essays in Philosophy, Logic, Mathematics and Economics* (London: Routledge).

Ravallion, M. (1987). *Markets and Famines* (Oxford: Clarendon Press).

—— and van de Walle, D. (1988). 'Poverty Orderings of Food Pricing Reforms', Discussion Paper 86, Development Economics Research Centre, University of Warwick.

Rawls, J. (1958). 'Justice as Fairness', *Philosophical Review*, 67 [田中成明編訳『公正としての正義』木鐸社, 1979年].

—— (1971). *A Theory of Justice* (Cambridge, MA: Harvard University Press) [川本隆史・福間聡・神島裕子訳『正義論』

紀伊國屋書店，2010 年].
— (1982). 'Social Unity and Primary Goods', in Sen and Williams (1982).
— (1985). 'Justice as Fairness: Political not Metaphysical', *Philosophy and Public Affairs*, 14.
— (1987). 'The Idea of an Overlapping Consensus', *Oxford Journal of Legal Studies*, 7.
— (1988a). 'Priority of Right and Ideas of the Good', *Philosophy and Public Affairs*, 17.
— (1988b). 'Reply to Sen', mimeographed, Harvard University.
— (1988c). 'The Domain of the Political and Overlapping Consensus', mimeographed, Harvard University.
— (1990). 'Political Liberalism', to be published by Columbia University Press.
—, Fried, C., Sen, A., and Schelling, T. (1987). *Liberty, Equality, and Law*, ed. S. McMurrin (Cambridge: Cambridge University Press; and Salt Lake City: University of Utah Press).
Ray, R. (1984a). 'A Class of Decomposable Poverty Measures: A Correction and a Modified Poverty Measure', unpub. manuscript, University of Manchester.
— (1984b). 'On Measuring Poverty in India: A Synthesis of Alternative Measures', unpub. manuscript, University of Manchester.
Raz, J. (1986). *The Morality of Freedom* (Oxford: Clarendon Press).
Reddy, S. (1988). 'An Independent Press Working against Famine: The Nigerian Experience', *Journal of Modern African Studies*, 26.
Regan, D. H. (1983). 'Against Evaluator Relativity: A Response to Sen', *Philosophy and Public Affairs*, 12.

Riley, J. (1986). 'Generalized Social Welfare Functionals: Welfarism, Morality and Liberty', *Social Choice and Welfare*, 3.
— (1987). *Liberal Utilitarianism: Social Choice Theory and J. S. Mill's Philosophy* (Cambridge: Cambridge University Press).
— (1989a). 'Rights to Liberty in Purely Private Matters: Part I', *Economics and Philosophy*, 5.
— (1989b). 'Rights to Liberty in Purely Private Matters: Part II', *Economics and Philosophy*, 6.
Ringen, S. (1984). 'Towards a Third Stage in the Measurement of Poverty', unpub. manuscript, The Swedish Institute for Social Research, University of Stockholm.
— (1987). *The Possibility of Politics: A Study of the Economy of the Welfare State* (Oxford: Clarendon Press).
Riskin, C. (1987). *China's Political Economy* (Oxford: Clarendon Press).
Riskin, D. (1988). 'Reform: Where is China Going?', mimeographed, Queens University, New York, and East Asia Center, Columbia University.
Robbins, L. (1932). *An Essay on the Nature and Significance of Economic Science* (London: Allen & Unwin)［小峯敦・大槻忠史訳『経済学の本質と意義』京都大学学術出版会，2016年］.
— (1938). 'Interpersonal Comparisons of Utility', *Economic Journal*, 48.
Roberts, K. W. S. (1980a). 'Interpersonal Comparability and Social Choice Theory', *Review of Economic Studies*, 47.
— (1980b). 'Price Independent Welfare Prescriptions', *Journal of Public Economics*, 13.
Rochford, S. C. (1981). 'Nash-Bargained Household Decision Making in a Peasant Economy', mimeographed.
— (1982). 'General Results of Stable Pairwise-Bargained Al-

locations in a Marriage Market', mimeographed.
Roemer, J. (1982). *A General Theory of Exploitation and Class* (Cambridge, MA: Harvard University Press).
— (1985). 'Equality of Talent', *Economics and Philosophy*, 1.
— (1986a). 'An Historical Materialist Alternative to Welfarism', in Elster and Hylland (1986).
— (1986b). 'Equality of Resources Implies Equality of Welfare', *Quarterly Journal of Economics*, 101.
— (1988). *Free to Lose: An Introduction to Marxist Economic Philosophy* (Cambridge, MA: Harvard University Press).
— (1990). 'Welfarism and Axiomatic Bargaining Theory', *Recherches économiques de Louvain*, 56.
— (1993). 'Distributing Health: The Allocation of Resources by an International Agency', in Nussbaum and Sen (1993).
Rogers, B. (1980). *The Domestication of Women* (London: Tavistock).
Rosenzweig, M. R., and Schultz, T. P. (1982). 'Market Opportunities, Genetic Endowments, and Intra-Family Resource Distribution: Child Survival in Rural India', *American Economic Review*, 72.
Ross, D. (1980) (ed.). *Aristotle: The Nicomachean Ethics* (Oxford: Clarendon Press).
Rotberg, R. I., and Rabb, T. K. (1985). *Hunger and History* (Cambridge: Cambridge University Press).
Roth, A. E. (1979). *Axiomatic Models of Bargaining* (Berlin: Springer-Verlag).
Rothschild, M., and Stiglitz, J. (1973). 'Some Further Results in the Measurement of Inequality', *Journal of Economic Theory*, 6.
Rowntree, B. S. (1901). *Poverty: A Study of Town Life* (London: Longmans)［長沼弘毅訳『貧乏研究』千城，1975年］.
— (1941). *Poverty and Progress* (London: Longmans).

Ryan, A. (1979) (ed.). *The Idea of Freedom: Essays in Honour of Isaiah Berlin* (Oxford: Clarendon Press).

Sadka, E. (1977). 'On Progressive Income Taxation', *American Economic Review*, 67.

Samuelson, P. A. (1938). 'A Note on the Pure Theory of Consumer Behaviour', *Economica*, 5.

— (1947). *Foundations of Economic Analysis* (Cambridge, MA: Harvard University Press) [佐藤隆三訳『経済分析の基礎』(増補版), 勁草書房, 1986 年].

— (1956). 'Social Indifference Curves', *Quarterly Journal of Economics*, 70.

Sastry, S. A. R. (1977). 'Poverty, Inequality and Development: A Study of Rural Andhra Pradesh', *Anvesak*, 7.

— (1980a). 'A Survey of Literature on Poverty Income Distribution and Development', *Artha Vijnana*, 22.

— (1980b). 'Poverty: Concepts and Measurement', *Indian Journal of Economics*, 61.

Sawhill, I. V. (1988). 'Poverty in the U. S.: Why is it so Persistent?', *Journal of Economic Literature*, 26.

Scanlon, T. M. (1975). 'Preference and Urgency', *Journal of Philosophy*, 72.

— (1982). 'Contractualism and Utilitarianism', in Sen and Williams (1982).

— (1988a). 'The Significance of Choice', in *Tanner Lectures on Human Values*, viii (Salt Lake City: University of Utah Press).

— (1988b). 'Notes on Equality', mimeographed, Harvard University.

— (1991). 'The Moral Basis of Interpersonal Comparisons', in J. Elster and J. Roemer (eds.), *Interpersonal Comparisons of Well-Being* (Cambridge: Cambridge University Press).

— (1993). 'Value, Desire and Quality of Life', in Nussbaum

and Sen (1993).
Scheffler, S. (1982). *The Rejection of Consequentialism* (Oxford: Clarendon Press).
— (1988) (ed.). *Consequentialism and Its Critics* (Oxford: Oxford University Press).
Schelling, T. C. (1960). *The Strategy of Conflict* (Cambridge, MA: Harvard University Press) [河野勝訳『紛争の戦略—ゲーム理論のエッセンス』勁草書房, 2008 年].
— (1984). *Choice and Consequences* (Cambridge, MA: Harvard University Press).
Schokkaert, E., and Van Ootegem, L. (1990). 'Sen's Concept of the Living Standard Applied to the Belgian Unemployed', *Recherches économiques de Louvain*, 56.
School of Public Health, Harvard University (1985). *Hunger in America: The Growing Epidemic* (Cambridge, MA: School of Public Health, Harvard University).
Schotter, A. (1985). *Free Market Economics: A Critical Appraisal* (New York: St Martin's Press).
Schwartz, T. (1981). 'The Universal Instability Theorem', *Public Choice*, 37.
— (1986). *The Logic of Collective Choice* (New York: Columbia University Press).
Scrimshaw, N. (1987). 'Biological Adaptation in the Maintenance of Nutrition and Health', mimeographed, MIT.
—, Taylor, C. E., and Gopalan, J. E. (1968). *Interactions of Nutrition and Infection* (Geneva: World Health Organization).
Seabright, P. (1989). 'Social Choice and Social Theories', *Philosophy and Public Affairs*, 18.
— (1993). 'Pluralism and the Standard of Living', in Nussbaum and Sen (1993).
Seade, J. (1977). 'On the Shape of Optimal Tax Schedules', *Journal of Public Economics*, 7.

Seastrand, F., and Diwan, R.(1975). 'Measurement and Comparison of Poverty and Inequality in the United States', presented at the Third World Econometric Congress, Toronto.

Seidl, C.(1975). 'On Liberal Values', *Zeitschrift für Nationalökonomie*, 35.

— (1986a). 'Poverty Measures: A Survey', in Bos, Rose, and Seidl(1986).

— (1986b). 'The Impossibility of Nondictatorial Tolerance', *Journal of Economics: Zeitschrift für Nationalökonomie*, 46.

— (1990). 'On the Impossibility of a Generalization of the Libertarian Resolution of the Liberal Paradox', *Journal of Economics*, 51.

Sen, A. K.(1970a). *Collective Choice and Social Welfare*(San Francisco: Holden-Day).(Republished Amsterdam: North-Holland, 1979.)［志田基与師監訳『集合的選択と社会的厚生』勁草書房，2000 年］

— (1970b). 'Interpersonal Aggregation and Partial Comparability', *Econometrica*, 38.(Repr. in Sen 1982a.)('A Correction', *Econometrica*, 40, 1972.)

— (1970c). 'The Impossibility of a Paretian Liberal', *Journal of Political Economy*, 78.(Repr. in Hahn and Hollis 1979; and in Sen 1982a.)

— (1973a). *On Economic Inequality*(Oxford: Clarendon Press and New York: Norton).(本文中では *OEI* として参照されている.)［鈴村興太郎・須賀晃一訳『不平等の経済学』東洋経済新報社，2000 年］

— (1973b). 'Behaviour and the Concept of Preference', *Economica*, 40.(Repr. in Sen 1982a.)

— (1973c). 'Poverty, Inequality and Unemployment: Some Conceptual Issues in Measurement', *Economic and Political Weekly*, 8.

— (1973d). 'On the Development of Basic Economic Indica-

tors to Supplement GNP Measures', *United Nations Economic Bulletin for Asia and the Far East*, 24.

— (1974). 'Informational Bases of Alternative Welfare Approaches: Aggregation and Income Distribution', *Journal of Public Economics*, 4.

— (1976a). 'Poverty: An Ordinal Approach to Measurements', *Econometrica*, 44.(Repr. in Sen 1982a.)

— (1976b). 'Real National Income', *Review of Economic Studies*, 43.(Repr. in Sen 1982a.)

— (1976c). 'Liberty, Unanimity and Rights', *Economica*, 43.(Repr. in Sen 1982a.)

— (1977a). 'Social Choice Theory: A Re-Examination', *Econometrica*, 45.(Repr. in Sen 1982a.)

— (1977b). 'On Weights and Measures: Informational Constraints in Social Welfare Analysis', *Econometrica*, 45.(Repr. in Sen 1982a.)

— (1977c). 'Rational Fools: A Critique of the Behavioural Foundations of Economic Theory', *Philosophy and Public Affairs*, 6.(Repr. in Sen 1982a.)

— (1978a). 'On the Labour Theory of Value: Some Methodological Issues', *Cambridge Journal of Economics*, 2.

— (1978b). 'Ethical Measurement of Inequality: Some Difficulties', in Krelle and Shorrocks(1978).(Repr. in Sen 1982a.)

— (1979a). 'Personal Utilities and Public Judgments: or What's Wrong with Welfare Economics?', *Economic Journal*, 89.(Repr. in Sen 1982a.)

— (1979b). 'Utilitarianism and Welfarism', *Journal of Philosophy*, 76.

— (1979c). 'The Welfare Basis of Real Income Comparisons', *Journal of Economic Literature*, 1.(Repr. in Sen 1984.)

— (1979d). 'Informational Analysis of Moral Principles', in R.

Harrison (ed.), *Rational Action* (Cambridge: Cambridge University Press).
— (1979e). 'Issues in the Measurement of Poverty', *Scandinavian Journal of Economics*, 81.
— (1980a). 'Equality of What?', in McMurrin (1980). (Repr. in Sen 1982a; and in Rawls *et al.* 1987.)
— (1980b). 'Description as Choice', *Oxford Economic Papers*, 32. (Repr. in Sen 1982a.)
— (1980–81). 'Plural Utility', *Proceedings of the Aristotelian Society*, 80.
— (1981a). *Poverty and Famines: An Essay on Entitlement and Deprivation* (Oxford: Clarendon Press) [黒崎卓・山崎幸治訳『貧困と飢饉』岩波現代文庫, 2017年].
— (1981b). 'Public Action and the Quality of Life in Developing Countries', *Oxford Bulletin of Economics and Statistics*, 43.
— (1982a). *Choice, Welfare and Measurement* (Oxford: Blackwell and Cambridge, MA: MIT Press) [大庭健・川本隆史訳『合理的な愚か者——経済学＝倫理学的探求』(抄訳), 勁草書房, 1989年].
— (1982b). 'Rights and Agency', *Philosophy and Public Affairs*, 11. (Repr. in Scheffler 1988.)
— (1982c). 'Liberty as Control: An Appraisal', *Midwest Studies in Philosophy*, 7.
— (1983a). 'Liberty and Social Choice', *Journal of Philosophy*, 80.
— (1983b). 'Evaluator Relativity and Consequential Evaluation', *Philosophy and Public Affairs*, 12.
— (1983c). 'Development: Which Way Now', *Economic Journal*, 93.
— (1983d). 'Poor, Relatively Speaking', *Oxford Economic Papers*, 35.

—— (1984). *Resources, Values and Development*(Oxford: Blackwell and Cambridge, MA: Harvard University Press).
—— (1985a). 'Well-being, Agency and Freedom: The Dewey Lectures 1984', *Journal of Philosophy*, 82.
—— (1985b). *Commodities and Capabilities*(Amsterdam: North-Holland)[鈴村興太郎訳『福祉の経済学 —— 財と潜在能力』岩波書店, 1988 年].
—— (1985c). 'A Reply to Professor Townsend', *Oxford Economic Papers*, 37.
—— (1985d). 'Women, Technology and Sexual Divisions', *Trade and Development*, 6.
—— (1985e). 'The Moral Standing of the Market', *Social Philosophy and Policy*, 2.
—— (1986a). 'Social Choice Theory', in Arrow and Intriligator (1986).
—— (1986b). 'Information and Invariance in Normative Choice', in Heller, Starr, and Starrett(1986).
—— (1987). *On Ethics and Economics*(Oxford: Blackwell)[徳永澄憲・松本保美・青山治城訳『アマルティア・セン講義 経済学と倫理学』筑摩書房, 2016 年].
—— (1988a). 'Freedom of Choice: Concept and Content', *European Economic Review*, 32.
—— (1988b). 'The Concept of Development', in Chenery and Srinivasan(1988), vol. 1.
—— (1988c). 'Africa and India: What do we have to Learn from Each Other?', C. N. Vakil Memorial Lecture, 8th World Congress of the International Economic Association; published in K. J. Arrow(ed.), *The Balance between Industry and Agriculture in Economic Development*(London: Macmillan).
—— (1989a). 'Women's Survival as a Development Problem', *Bulletin of the American Academy of Arts and Sciences*, 43

(Nov.).(A revised version published in *New York Review of Books*, Christmas Number, 1990.)

— (1989b). 'Economic Methodology: Heterogeneity and Relevance', *Social Research*, 56.

— (1990a). 'Welfare, Freedom and Social Choice: A Reply', *Recherches économiques de Louvain*, 56.

— (1990b). 'Justice: Means versus Freedoms', *Philosophy and Public Affairs*, 19.

— (1990c). 'Gender and Cooperative Conflicts', in Tinker (1990a).

— (1991a). 'Welfare, Preference and Freedom', *Journal of Econometrics*, 50.

— (1991b). 'The Nature of Inequality', in Arrow(1991).

— (1992a). 'Minimal Liberty', *Economica*, 59.

— (1992b). 'On Indexing Primary Goods and Capabilities', mimeographed, Harvard University.

— (1993a). 'Markets and Freedoms', text of John Hicks Lecture, *Oxford Economic Papers*, 45.

— (1993b). 'Well-Being and Capability', in Nussbaum and Sen(1993).

— and Sengupta, S.(1983). 'Malnutrition of Rural Indian Children and the Sex Bias', *Economic and Political Weekly*, 19(Annual Number).

— and Williams, B.(1982)(eds.). *Utilitarianism and Beyond* (Cambridge: Cambridge University Press).

—, Muellbauer, J., Kanbur, R., Hart, K., and Williams, B. (1987). *The Standard of Living*(Cambridge: Cambridge University Press).

Sen, P. K.(1986). 'The Gini Coefficient and Poverty Indexes: Some Reconciliations', *Journal of the American Statistical Association*, 81.

Serageldin, I.(1989). *Poverty, Adjustment and Growth in Afri-*

ca(Washington, DC: The World Bank).
Sharma, U.(1980). *Women, Work and Property in North-West India*(London: Tavistock).
Sheshinski, E.(1972). 'Relation between a Social Welfare Function and the Gini Index of Inequality', *Journal of Economic Theory*, 4.
Shklar, J.(1990). *The Faces of Injustice*(New Haven: Yale University Press).
Shorrocks, A. F.(1980). 'The Class of Additively Decomposable Inequality Measures', *Econometrica*, 48.
— (1982). 'Inequality Decomposition by Factor Components', *Econometrica*, 50.
— (1983). 'Ranking Income Distributions', *Economica*, 50.
— (1984). 'Inequality Decomposition by Population Subgroups', *Econometrica*, 52.
— (1988). 'Aggregation Issues in Inequality Measurement', in Eichhorn(1988a).
— and Foster, J. E.(1987). 'Transfer Sensitive Inequality Measures', *Review of Economic Studies*, 54.
Sidgwick, H.(1874). *The Method of Ethics*(London: Macmillan)[中島力造校閲, 山辺知春・太田秀穂訳『倫理学説批判』大日本図書, 1898年(ただし第5版の邦訳)].
Silber, J.(1983). 'ELL(Equivalent Length of Life)or Another Attempt at Measuring Development', *World Development*, 11.
Slottje, D. J.(1984). 'An Analysis of the Impact of Relative Price Changes on Inequality in Size Distribution of Various Components of Income: A Multidimensional Approach', Southern Methodist University, Dallas.
Smart, J. J. C., and Williams, B.(1973). *Utilitarianism: For and Against*(Cambridge: Cambridge University Press).
Smeeding, T., Rainwater, L., and O'Higgins, M.(1988). *Poverty,*

Inequality, and the Distribution of Income in an International Context (Brighton: Wheatsheaf).

Smith, Adam (1776). *An Inquiry into the Nature and Causes of the Wealth of Nations.* (Republished London: Home University, 1910.) [山岡洋一訳『国富論 国の豊かさの本質と原因についての研究(上)(下)』日本経済新聞社出版局，2007年]

— (1790). *The Theory of Moral Sentiments*, revised edn. (Republished Oxford: Clarendon Press, 1975.) [高哲男訳『道徳感情論』講談社学術文庫，2013年]

Solow, R. M. (1984). 'Relative Deprivation?', *Partisan Review*, 51.

Sonstegaard, M. (1987). 'A Reply to Perelli-Minetti', *Theory and Decision*, 22: 3.

Sparrow, J. (1977). *Too Much of a Good Thing* (Chicago: University of Chicago Press).

Srinivas, M. N. (1962). *Caste in Modern India and Other Essays* (Bombay: Asia Publishing House).

Srinivasan, T. N. (1981). 'Malnutrition: Some Measurement and Policy Issues', *Journal of Development Economics*, 8.

— (1992). 'Undernutrition: Concepts, Measurements, and Policy Implications', in Osmani (1992a).

— and Bardhan, P. (1974) (eds.). *Poverty and Income Distribution in India* (Calcutta: Statistical Publishing Society).

— and — (1988) (eds.). *Rural Poverty in South Asia* (New York: Columbia University Press).

Starrett, D. A. (1988). *Foundations of Public Economics* (Cambridge: Cambridge University Press).

Steiner, H. (1982). 'Individual Liberty', *Proceedings of the Aristotelian Society*, 82.

— (1990). 'Putting Rights in their Place', *Recherches économiques de Louvain*, 56.

Stern, N. H. (1976). 'On the Specification of Models of Opti-

mum Income Taxation', *Journal of Public Economics*, 6.

Stevens, D., and Foster, J.(1978). 'The Possibility of Democratic Pluralism', *Economica*, 45.

Stewart, F.(1985). *Planning to Meet Basic Needs*(London: Macmillan).

— (1988). 'Basic Needs Strategies, Human Rights and the Right to Development', Development Studies Working Paper No. 2, Queen Elizabeth House.

Stiglitz, J. E.(1982). 'Utilitarianism and Horizontal Equity: The Case for Random Taxation', *Journal of Public Economics*, 18.

Stocker, M.(1990). *Plural and Conflicting Values*(Oxford: Clarendon Press).

Strasnick, S.(1976). 'Social Choice Theory and the Derivation of Rawls' Difference Principle', *Journal of Philosophy*, 73.

Streeten, P.(1981). *Development Perspectives*(London: Macmillan).

— (1984). 'Basic Needs: Some Unsettled Questions', *World Development*, 12.

— with Burki, S. J., Haq, Mahbubqul, Hicks, N., and Stewart, F.(1981). *First Things First: Meeting Basic Needs in Developing Countries*(London: Oxford University Press).

Subramanian, S.(1987). 'The Liberal Paradox with Fuzzy Preferences', *Social Choice and Welfare*, 4.

Sugden, R.(1981). *The Political Economy of Public Choice* (Oxford: Martin Robertson).

— (1985). 'Liberty, Preference and Choice', *Economics and Philosophy*, 1.

— (1986). 'Review of *Commodities and Capabilities*', *Economic Journal*, 96.

— (1989). 'Maximizing Social Welfare. Is it the Government's Business?', in A. Hamlin and Pettit(1989).

Sukhatme, P. V.(1977). *Nutrition and Poverty*(New Delhi: Indian Agricultural Research Institute).
—— (1982). 'Autoregulatory Homeostatic Nature of Energy Balance', *American Journal of Clinical Nutrition*, 35.
Sundaram, K., and Tendulkar, S. D.(1981). 'Poverty Reduction in the Sixth Plan', Working Paper 233, Delhi School of Economics.
Suppes, P.(1966). 'Some Formal Models of Grading Principles', *Synthese*, 6.
—— (1977). 'The Distributive Justice of Income Inequality', *Erkenntnis*, 11.
—— (1987). 'Maximizing Freedom of Decision: An Axiomatic Analysis', in Feiwel(1987).
—— (1988). 'Lorenz Curves for Various Processes: A Pluralistic Approach to Equity', *Social Choice and Welfare*, 5.
Suzumura, K.(1978). 'On the Consistency of Libertarian Claims', *Review of Economic Studies*, 45.('A Correction', 46.)
—— (1980). 'Liberal Paradox and the Voluntary Exchange of Rights-Exercising', *Journal of Economic Theory*, 22.
—— (1983). *Rational Choice, Collective Decisions and Social Welfare*(Cambridge: Cambridge University Press).
—— (1988). 'Introduction' to the Japanese trans. of *Commodities and Capabilities*(Tokyo: Iwanami Shoten)[鈴村興太郎「訳者あとがき」，アマルティア・セン／鈴村興太郎訳『福祉の経済学』岩波書店，1988 年].
—— (1991). 'Alternative Approaches to Libertarian Rights', in Arrow(1991).
Svedberg, P.(1988). 'Undernutrition in Sub-Saharan Africa: Is there a Sex Bias?', Working Paper 46, WIDER, Helsinki.
—— (1990). 'Undernutrition in Sub-Saharan Africa: A Critical Assessment of the Evidence', in Drèze and Sen(1990), vol. 3.
Swaminathan, M.(1988). 'Inequality and Economic Mobility', D.

Phil. dissertation, Oxford University.

Szal, R. J.(1977). 'Poverty Measurement and Analysis', ILO Working Paper WEP 2-23/WP60.

Szpiro, G. G.(1987). 'Hirschman versus Herfindahl: Some Topological Properties for the Use of Concentration Indexes', *Mathematical Social Sciences*, 14.

Szreter, S.(1986). 'The Importance of Social Intervention in Britain's Mortality Decline *c*.1850-1914: A Reinterpretation', Discussion Paper 121, Centre for Economic Policy Research, London.

Takayama, N.(1979). 'Poverty, Income Inequality and their Measures: Professor Sen's Axiomatic Approach Reconsidered', *Econometrica*, 47.

Tawney, R. H.(1931). Equality(London: Allen & Unwin)[岡田藤太郎・木下建司訳『平等論』相川書房, 1995年].

Taylor, C.(1979). 'What's Wrong with Negative Liberty?', in Ryan(1979).

—— (1982). 'The Diversity of Goods', in Sen and Williams (1982).

Taylor, L.(1977). 'Research Directions in Income Distribution, Nutrition and the Economics of Food', *Food Research Institute Studies*, 15.

Temkin, L. S.(1986). 'Inequality', *Philosophy and Public Affairs*, 15.

—— (1989). 'Inequality', D. Phil. thesis(Oxford); revised version to be published by Clarendon Press, Oxford.

Theil, H.(1967). *Economics and Information Theory*(Amsterdam: North-Holland).

Thomson, W., and Varian, H.(1985). 'Theories of Justice Based on Symmetry', in Hurwicz, Schmeidler, and Sonnenschein (1985).

Thon, D.(1979). 'On Measuring Poverty', *Review of Income*

and Wealth, 25.
—— (1982). 'An Axiomatization of the Gini Coefficient', *Mathematical Social Sciences*, 2.
Thurow, L. C.(1975). *Generating Inequality*(New York: Basic Books)[小池和男・脇坂明訳『不平等を生み出すもの』同文舘出版, 1984 年].
—— (1987). 'A Surge in Inequality', *Scientific American*, 256.
Tilly, L. A.(1983). 'Food Entitlement, Famine and Conflict', in Rotberg and Rabb(1985).
—— (1985). 'Sex and Occupation in Comparative Perspectives', mimeographed, New School for Social Research, New York.
Tinbergen, J.(1970). 'A Positive and Normative Theory of Income Distribution', *Review of Income and Wealth*, 16.
Tinker, I.(1990a) (ed.). *Persistent Inequalities*(New York: Oxford University Press).
—— (1990b). 'A Context for the Field and for the Book', in Tinker(1990a).
—— and Bramsen, M. B.(1976). *Women and World Development*(Washington, DC: Overseas Development Council).
Townsend, P.(1979). *Poverty in the United Kingdom* (Harmondsworth: Penguin).
—— (1985). 'A Sociological Approach to the Measurement of Poverty: A Rejoinder to Prof. Amartya Sen', *Oxford Economic Papers*, 37.
Tsakloglou, P.(1988). 'A Family of Decomposable Poverty Indices', unpub. manuscript, University of Bristol.
Tuomala, M.(1984). 'On the Optimal Income Taxation: Some Further Numerical Results', *Journal of Public Economics*, 17.
—— (1990). *Optimal Income Tax and Redistribution*(Oxford: Clarendon Press).
UNDP(1990). *The Human Development Report 1990*(New

York: United Nations Development Programme).
— (1991). *The Human Development Report 1991* (New York: United Nations Development Programme).
UNICEF (1987). *The State of the World's Children 1987* (Oxford: Oxford University Press) [国連児童基金駐日事務所編訳『世界子供白書 1987』日本ユニセフ協会].
— (1992). *The State of the World's Children 1992* (Oxford: Oxford University Press) [国連児童基金駐日代表事務所編訳『世界子供白書 1992』日本ユニセフ協会].
Usher, D. (1968). *The Price Mechanism and the Meaning of National Income Statistics* (Oxford: Clarendon Press).
Vaidyanathan, A. (1985). 'Food Consumption and the Size of People: Some Indian Evidence', *Economic and Political Weekly*, 20.
— (1987). 'Poverty and Economy: The Regional Dimension', mimeographed, paper presented at the Workshop on Poverty in India, Queen Elizabeth House, Oxford.
Vallentyne, P. (1989). 'How to Combine Pareto Optimality with Liberty Considerations', *Theory and Decision*, 27.
van Ginneken, W. (1980). 'Some Methods of Poverty Analysis: An Application to Iranian Data 1975–76', *World Development*, 8.
Van Parijs, P. (1990a). 'Equal Endowments as Undominated Diversity', *Recherches économiques de Louvain*, 56.
— (1990b). 'The Second Marriage of Justice and Efficiency', *Journal of Social Policy*, 19.
— (1991). 'Why Surfers should be Fed: The Liberal Case for an Unconditional Basic Income', *Philosophy and Public Affairs*, 20.
van Praag, B. M. S. (1968). *Individual Welfare Functions and Consumer Behaviour* (Amsterdam: North-Holland).
— (1978). 'The Perception of Welfare Inequality', *European*

Economic Review, 10.
— (1993). 'The Relativity of the Welfare Concept', in Nussbaum and Sen (1993).
—, Hagenaars, A. J. M., and van Weeren, H. (1982). 'Poverty in Europe', *Journal of Income and Wealth*, 28.
Varian, H. (1974). 'Equity, Envy and Efficiency', *Journal of Economic Theory*, 9.
— (1975). 'Distributive Justice, Welfare Economics and the Theory of Fairness', *Philosophy and Public Affairs*, 4.
Vaughan, M. (1985). 'Famine Analysis and Family Relations', *Past and Present*, 108.
— (1987). *The Story of an African Famine: Gender and Famine in Twentieth Century Malawi* (Cambridge: Cambridge University Press).
Vaughan, R. N. (1987). 'Welfare Approaches to the Measurement of Poverty', *Economic Journal*, 97.
Verba, S., *et al.* (1987). *Elites and the Idea of Equality* (Cambridge, MA: Harvard University Press).
Visaria, P. (1961). *The Sex Ratio of the Population of India*, Monograph 10, Census of India 1961 (New Delhi: Office of the Registrar General).
Waal, A. de (1989). *Famine that Kills* (Oxford: Clarendon Press).
Waldron, I. (1976). 'Why do Women Live Longer than Men?', *Social Science and Medicine*, 10.
— (1983). 'The Role of Genetic and Biological Factors in Sex Differences in Mortality', in Lopez and Ruzicka (1983).
Waldron, J. (1984) (ed.). *Theories of Rights* (Oxford: Oxford University Press).
Walsh, V. (1964). 'Discussion: The Status of Welfare Comparisons', *Philosophy of Science*, 31.
— (1987). 'Philosophy and Economics', in J. Eatwell, M. Mil-

gate, and P. Norman (eds.), *The New Palgrave: A Dictionary of Economics*, iii (London: Macmillan).

— (1991). 'Rationality, Allocation and Reproduction: Some Key Concepts of Microtheory', mimeographed.

Walzer, M. (1983). *Spheres of Justice: A Defence of Pluralism and Equality* (Oxford: Blackwell) [山口晃訳『正義の領分—多次元と平等の擁護』而立書房，1999 年].

— (1993). 'Objectivity and Social Meaning', in Nussbaum and Sen (1993).

Weale, A. (1980). 'The Impossibility of Liberal Egalitarianism', *Analysis*, 40.

Webster, M. (1986). 'Liberals and Information', *Theory and Decisions*, 20.

Wedderburn, D. (1961). *The Aged in the Welfare State* (London: Bell).

Westen, P. (1982). 'The Empty Idea of Equality', *Harvard Law Review*, 95.

Weymark, J. (1981). 'Generalized Gini Inequality Indices', *Mathematical Social Sciences*, 1.

Whitehead, A. (1985). 'Gender and Famine in West Africa', *Review of African Political Economy*.

— (1990). 'Rural Women and Food Production in Sub-Saharan Africa', in Drèze and Sen (1990), vol. 1.

Wiggins, D. (1985). 'Claims of Need', in Honderich (1985).

— (1987). *Needs, Values, Truth* (Oxford: Blackwell) [大庭健・奥田太郎訳『ニーズ・価値・真理—ウィギンズ倫理学論文集』勁草書房，2014 年].

Williams, A. (1985). 'Economics of Coronary Bypass Grafting', *British Medical Journal*, 291 (3 Aug.).

— (1991). 'What is Wealth and Who Creates It?', in J. Hutton, S. Hutton, T. Pinch, and A. Shiell (eds.), *Dependency to Enterprise* (London: Routledge).

Williams, B.(1962). 'The Idea of Equality', in P. Laslett and W. G. Runisman(eds.), *Philosophy, Politics and Society*, Second Series(Oxford: Blackwell).
— (1972). *Morality: An Introduction to Ethics*(New York: Harper & Row).
— (1973a). *Problems of the Self*(Cambridge: Cambridge University Press).
— (1973b). 'A Critique of Utilitarianism', in Smart and Williams(1973).
— (1981). *Moral Luck*(Cambridge: Cambridge University Press).
— (1985). *Ethics and the Limits of Philosophy*(London: Fontana and Cambridge, MA: Harvard University Press)[森際康友・下川潔訳『生き方について哲学は何が言えるか』産業図書, 1993年].
— (1987). 'The Standard of Living: Interests and Capabilities', in Sen *et al.*(1987).
Wilson, G.(1987). *Money in the Family*(Aldershot: Avebury).
Wolf, M.(1987). *Revolution Postponed: Women in Contemporary China*(Stanford, Calif.: Stanford University Press).
Wolfson, M. C.(1974). *Strength of Transfers, Stochastic Dominance, and the Measurement of Economic Inequality*(Ottawa: Statistics Canada).
Wollheim, R.(1955-56). 'Equality and Equal Rights', *Proceedings of the Aristotelian Society*, 56.
World Bank(1984). *China: The Health Sector*(Washington, DC: The World Bank).
— (1990). *The World Development Report 1990*(Oxford: Oxford University Press)[世界銀行『世界開発報告 1990：貧困』, 1990年].
— (1991). *The World Development Report 1991*(Oxford: Oxford University Press)[世界銀行『世界開発報告 1991：

開発の課題』, 1991 年].

Wriglesworth, J. (1982). 'The Possibility of Democratic Pluralism: A Comment', *Economica*, 49.

— (1985). *Libertarian Conflicts in Social Choice* (Cambridge: Cambridge University Press).

Wyon, J. B., and Gordon, J. E. (1971). *The Khanna Study* (Cambridge, MA: Harvard University Press).

Xu, Y. (1990). 'The Liberal Paradox: Some Further Observations', *Social Choice and Welfare*, 7.

— (1991). 'Urgency and Freedom', mimeographed, Murphy Institute, Tulane University.

Yaari, M. E., and Bar-Hillel, M. (1984). 'On Dividing Justly', *Social Choice and Welfare*, 1.

Yitzhaki, S. (1979). 'Relative Deprivation: A New Approach to the Social Welfare Function', *Quarterly Journal of Economics*, 93.

Young, H. P. (1985) (ed.). *Fair Allocation*, American Mathematical Society, Proceedings of Symposia in Applied Mathematics, 33.

Young, K., Wolkowitz, C., and McCullagh, R. (1981) (eds.). *On Marriage and the Market: Women's Subordination in International Perspective* (London: CSE Books).

Ysander, B. (1993). 'Comment on Erikson', in Nussbaum and Sen (1993).

Zadeh, L. A. (1965). 'Fuzzy Sets', *Information and Control*, 8.

Zamagni, S. (1986). 'Introduzione', in A. K. Sen, *Scelta, Benessere, Equita* (Bologna: Il Mulinao).

Zeuthen, F. (1930). *Problems of Monopoly and Economic Welfare* (London: Routledge).